本书为肇庆市哲学社会科学规划2011年度历史文化特色项目“两广总督府驻肇庆大事年表”研究成果，同时受中国博士后基金（2012M520567）资助

两广总督府驻肇庆大事年表

1564—1746

刘利平 编著

LIANGGUANG ZONGDUFU ZHU ZHAOQING DASHI NIANBIAO

暨南大學出版社
JINAN UNIVERSITY PRESS
中国·广州

图书在版编目（CIP）数据

两广总督府驻肇庆大事年表：1564—1746/刘利平编著．—广州：暨南大学出版社，2014.5
ISBN 978 -7 -81135 -600 -7

Ⅰ.①两…　Ⅱ.①刘…　Ⅲ.①总督—大事记—肇庆市—1564—1746—年表
Ⅳ.①E295.2 -62

中国版本图书馆 CIP 数据核字（2014）第 028982 号

出版发行：暨南大学出版社

地　址：中国广州暨南大学
电　话：总编室（8620）85221601
　　　　营销部（8620）85225284　85228291　85228292（邮购）
传　真：（8620）85221583（办公室）　85223774（营销部）
邮　编：510630
网　址：http：//www.jnupress.com　http：//press.jnu.edu.cn

排　版：广州市天河星辰文化发展部照排中心
印　刷：佛山市浩文彩色印刷有限公司

开　本：787mm×960mm　1/16
印　张：11.5
字　数：244 千
彩　插：4
版　次：2014 年 5 月第 1 版
印　次：2014 年 5 月第 1 次

定　价：26.00 元

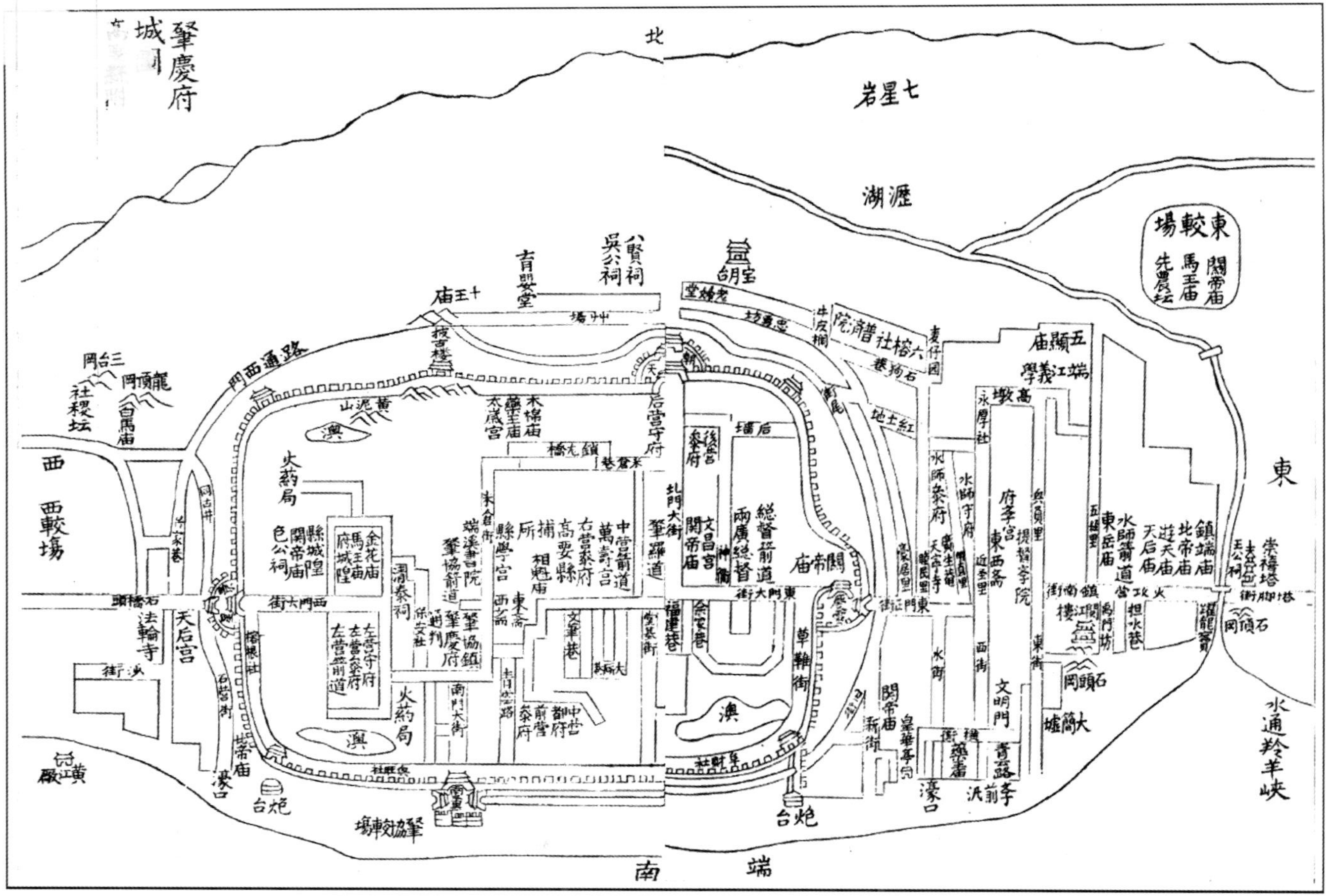

肇庆两广总督府位置图

（图片来源：道光《肇庆府志》卷首《舆图》）

肇庆两广总督府衙前的石雕对狮（作者拍摄）

肇庆两广总督府衙前的石雕对狮（作者拍摄）

这对石狮于明嘉靖四十三年（1564）放置在肇庆两广总督府正门之前，清乾隆以后因两广总督府迁驻广州，原肇庆两广总督府降为总督行台，日渐败落。至道光初年，府衙建筑已倾圮无存，只剩这对石狮存留至今。1965年，这对石狮被迁至七星岩水月宫前供游客观赏，现为市级保护文物。

肇庆两广总督府衙前的石雕对狮侧面照（作者拍摄）

目录
CONTENTS

凡例与说明

1.《两广总督府驻肇庆大事年表》（以下简称《年表》）上起明代嘉靖四十三年（1564），下讫清代乾隆十一年（1746），历时182年。期间，总督府虽曾几度移驻他处（如梧州、广州、廉州、潮州等），但时间短暂，均属临时性移驻，不久均回驻肇庆。《年表》不便将其剔除，故仍将其包括在内。

2.《年表》采用纲目体编撰，纲为提要，目为叙事。以年月为序，以月系年，以事系月。月不详者，书季（如春、夏之类）；月、季具不详者，则书“是年”。每事有一提纲，以大字提要为纲，小字分注为目，纲简目详，便于查阅。

3.《年表》所记史事，简纲用通俗语言表述，方便非专业读者阅读；详目则多引用史料原文，以保持原貌，且均注明史料出处，以便专业读者查核、利用。

4.《年表》所记史事，为两广总督府驻扎肇庆期间发生的与两广总督相关的重大史事。内容涉及政治、军事、经济、文化、教育、外交和民生等诸方面。

5.《年表》所据史料，以《明实录》、《清实录》、《明史》、《清史稿》、《苍梧总督军门志》（《年表》中统一简称《军门志》）以及明清时期两广的省志和府志为主，参用了诸如《粤西文载》、《粤闽巡视纪略》、《利玛窦中国札记》、《明督抚年表》、《明代职官年表》、《清代职官年表》等史料。所据史料及其版本信息，均在《年表》参考文献部分注明。

6. 同一史事，各种史籍所载往往存在差异。编撰《年表》时，凡史料互歧者，除显有讹误外，均以实录为准。所作考证，均在该页以脚注说明。此外，部分史事涉及的具体时间，实录所载往往要早于其他史料特别是地方志所载时间，这多是因为前者为朝廷下诏令的时间，后者则为地方实际执行的时间。如康熙二十八年，总督吴兴祚卸任和石琳上任的时间，《清圣祖实录》卷一四一记为当年五月，而《清史稿》卷一九七《疆臣年表一》则分别记为当年六月和七月。《清圣祖实录》所载，即是康熙皇帝下诏令的时间，而《清史稿》所记，则为实际更替时间，二者皆不误。此种情形在《年表》中不再逐一说明。

7. 史料中的一些称谓，诸如“山贼”、“海寇”、“浪贼”、“黎贼”、“猺贼”、“獞贼”、“叛贼”、“土贼”、“逆贼”和“伪将军”等，均为古代史料编撰者从当时的特定立场出发所持之称谓，在现在看来未必恰当，但为保持原貌，《年表》中涉及这些称谓时，一仍其旧。但读者须知，这些称谓反映的只是古代史料编撰者所持立场，并非《年表》编撰者的立场。

8. 明、清易代之际，肇庆及两广总督府对于南明政权和已入主中原的清朝都至关重要，曾在一小段时期里，两个政权同时设有两广总督。《年表》对二者一视同仁，所涉史事，一并书之。凡属南明者，称“南明两广总督”；属清朝者，称“清两广总督”，以示区别。

9.《年表》以皇帝年号纪年，并注明对应的公历年份，时月（四季、十二月）则一律为传统旧历，以便于查对引用书目。

概　述

一、两广总督的开设

总督之设，始于明代。明正统六年（1441）正月，朝廷出兵云南麓川，镇压思任发叛乱，以兵部尚书王骥总督军务，此为设总督之始。[①] 此后，景泰元年（1450），都御史侯琎、王来相继总督湖广、贵州军务，讨伐贵州叛苗韦同烈。[②] 此时之总督，均因事而设，事平即罢，属临时特遣，未成定制。总督之设成为定制，则始于两广总督的定设。[③] 景泰三年（1452），广西浔、梧一带瑶民作乱，广东总兵董兴与广西总兵武毅相互推诿，镇压不力。兵部尚书于谦将其撤换，代之以翁信、陈旺，并建议派遣朝中一名有威望的大臣前往总督军务。于是，朝廷任命太子太保兼左都御史王翱总督两广军务。[④] 此为两广总督设立之始。两广总督的设立解决了两广军务不统一的问题，对于平定当时此起彼伏的瑶民叛乱起了重要作用。景泰四年（1453）四月，朝廷召王翱回京，副都御史马昂接任两广总督。[⑤] 明英宗复辟后的天顺年间（1457—1464），两广总督被裁撤，而以右佥都御史叶盛巡抚两广。[⑥] 相对于总督而言，巡抚职权更轻，调度两广兵马已属吃力。天顺六年（1462）十二月，朝廷令叶盛专一巡抚广东，升监察御史吴祯为佥都御史，巡抚广西，两广又各自为政。[⑦] 因无统一调度，两广官兵不能相互应援，镇压叛乱时显得力不从心，官员为邀功，只得杀降以奏捷。[⑧] 两广地

---

① （清）张廷玉等：《明史》卷一七一《王骥传》，北京：中华书局 1974 年版。本书所引《明史》均为此版本。

② （清）张廷玉等：《明史》卷一七二《侯琎传》、《王来传》。

③ 王德金：《浅析明代的督抚》，《河北大学学报》2001 年第 4 期，第 40 页。

④ （清）张廷玉等：《明史》卷一七七《王翱传》。

⑤ 《明英宗实录》卷二二八，“景泰四年四月己亥”条，台北：台湾“中央”研究院历史语言研究所 1962 年影校本。本书所引历朝《明实录》均为此版本，恕不一一注明。

⑥ 《明英宗实录》卷二九〇，“天顺二年四月己卯”条 。

⑦ 《明英宗实录》卷三四七，“天顺六年十二月癸亥”条。

⑧ 《明英宗实录》卷三五四，“天顺七年七月丙辰”条。

区的“蛮贼”又日益猖獗，屡次攻克卫所、州县，甚至一度攻破梧州府城。① 显然，裁撤总督，两广又分设巡抚是失策的。为纠正失误，天顺八年（1464）八月，刚继位的成化皇帝命广西巡抚吴祯提督两广军务②，重新统一调度两广军务。成化元年（1465），朝廷欲大举征讨广西大藤峡“蛮贼”，令赵辅佩征夷将军印，充总兵官，升才能出众的浙江布政司左参政韩雍为都察院左佥都御史，提督两广军务，前往广西平“贼”，而改任吴祯提督广西军务兼理巡抚。③ 成化二年（1466）三月，韩雍平定大藤峡瑶乱；六月，朝廷以两广贼寇平，令赵辅等班师回朝，而以韩雍提督两广军务兼理巡抚，留镇两广，“抚剿残贼”。④ 成化四年（1468）三月，韩雍奏称“两广地方广阔，军民事繁，一人不能遍历，乞各增文职大臣一员分理巡抚，仍命文武重臣各一员，专在两广接界梧州府驻劄，提督军务，总制军马”，朝廷遂命韩雍解除兼理巡抚，专一提督两广军务，另命“广东左布政使陈濂为都察院右副都御史，巡抚广东，福建按察使张鹏为左佥都御史巡抚广西”。⑤ 次年，韩雍因丁忧离任，两广提督亦罢，结果“两广贼势复张”。于是，巡按御史龚晟、按察司佥事陶鲁等建言：两广互为唇齿，而军政分而为二，故盗贼难灭。宜在两广之中的梧州设立总府，命大臣一人提督两广军务兼理巡抚，“兼制两广，则事统于一而责有所归”。朝廷从其言，于成化五年（1469）十一月下令，起复右副都御史韩雍升右都御史，总督两广军务兼理巡抚，并开设总府于广西梧州。⑥ 两广总督重新设立，并以梧州为固定驻地，两广“将官并三司官悉听节制，巡抚不复设”，⑦ 总督成为管辖两广地方、抚治军民的大臣。两广总督之设至此成为定制⑧，相沿至清末。这标志着明清时期一个非常重要的官制——总督制度的正式形成。

---

① 《明英宗实录》卷三六一，“天顺八年正月戊辰”条。

② 《明宪宗实录》卷八，“天顺八年八月庚子”条。

③ 《明宪宗实录》卷一三，“成化元年正月乙亥”条。

④ 《明宪宗实录》卷三一，“成化二年六月甲辰”条。另按，万历《明会典》卷二〇九《都察院·督抚建置》说“成化元年，命兼巡抚，定于梧州驻扎”，时间有误。韩雍受命提督两广军务是在成化元年，而受命兼巡抚是在成化二年，定于梧州驻扎则是在成化四年。

⑤ 《明宪宗实录》卷五二，“成化四年三月戊子”条。

⑥ 《明宪宗实录》卷七三，“成化五年十一月乙未”条。

⑦ （明）申时行等：万历《明会典》卷二〇九《都察院·督抚建置》，北京：中华书局1989年版。

⑧ 按，《苍梧总督军门志》卷一《历宦·总督》在记载历任两广总督时，以韩雍为首，而不记之前的王翱、马昂等人，即因之前的两广总督并非常设，常设自韩雍始。

二、两广总督的沿革

两广总督成为定制后，其称谓、权责、驻地等在不同历史时期也有些变化。总体而言，两广总督的称谓有总督、赞理、提督、总制等。名称不同，内涵稍异。在明代，都察院官员“在外加都御史或副、佥都御史衔者，有总督，有提督，有巡抚，有总督兼巡抚，提督兼巡抚……巡抚兼军务者加提督，有总兵地方加赞理或参赞，所辖多、事重者加总督”①。可见，这些官员均列衔都察院，名义上是中央派驻地方的官员，而非地方官。从职权和级别上看，赞理高于提督，总督高于赞理。而“总制”属临时性称谓，正德时曾一度由总督改称总制，这仅是名称的变更。嘉靖、隆庆时，朝廷为便于打击福建、广东沿海的倭寇海盗，曾两度令两广总督兼管福建军务，称为“总督广闽军务”，事毕即除兼职。② 至清代，除雍正时为平“苗乱”，广西曾短暂地归云贵总督管辖，两广总督改称广东总督，及此后两广曾短暂分设总督，称广东总督、广西总督外，两广总督这一称谓一直未变。

两广总督的权责则视其兼职和加衔而定：无兼职者，只管辖两广的军事；兼一省或两省巡抚者，兼管一省或两省的行政和司法；加“带管盐法”时，兼管两广盐政；为“总制闽广军务”时，兼管福建军务。两广总督均加都察院都御史或副、佥都御史衔，嘉靖以后常兼兵部侍郎甚至尚书衔。③ 这些职衔能强化其职权和地位。两广总督的驻地有常驻地，有行台。其常驻地最初为广西梧州，至明嘉靖四十三年（1564），移驻广东肇庆，至清乾隆十一年（1746）迁驻广州，经历了由西往东的移徙过程。梧州为常驻地时，肇庆和广州为其行台；肇庆为常驻地时，梧州和广州则为其行台。现将其历史沿革分述如下。

两广总督、赞理、提督、总制等均为简称，其全称往往表明其权限和职责。最初，两广总督的全称为“总督两广军务”。其权责在朝廷颁给两广总督马昂的敕书中有明确规定：

今特授尔总督关防，往广东、广西总督军务，所在总兵等官并听节制，所有

① （清）张廷玉等：《明史》卷七三《职官二·都察院附总督巡抚》。

② 按，这两次分别是：嘉靖四十二年，因倭寇攻陷福建兴化府城，命两广提督“张臬总督广闽军务”（《明世宗实录》卷五一八，“嘉靖四十二年二月丁丑”条，同年九月吴桂芳代张臬后除兼职。隆庆二年十二月至隆庆三年十月，两广总督刘焘兼理福建军务，称“总督两广福建军务”，之后除兼职（《明穆宗实录》卷二七，“隆庆二年十二月辛卯”条；卷三八，“隆庆三年十月辛丑”条）。

③ 参见吴廷燮撰，魏连科点校：《明督抚年表》卷五《两广》，北京：中华书局1982年版。

一应军务升赏，悉从尔等便宜而行。务在齐心协力，设策运谋，湔除宿弊，振起军威，除盗安民，肃清岭海。凡遇地方有警，即相机抚捕……如军职官自都指挥而下，敢有退怯，怀奸误事，听尔等以军法从事，或径奏闻区处。①

可见其权限是管理广东、广西两省的所有军事，行政及司法则不在其权限之内，其职责是“振起军威，除盗安民，肃清岭海”。至景泰五年（1454）五月，朝廷命两广总督马昂兼任广西巡抚，此为两广总督首度兼任巡抚，其全称遂为“总督两广军务兼巡抚广西地方”，其权限和职责除上述之外，还增加了广西巡抚的权责，即广西省的行政及司法亦归其管辖。具体如敕书所载：

今复命尔兼巡抚广西地方，抚安兵民，操练军马，禁防盗贼，督令所司。凡遇人民饥荒，设法赈济；城池坍塌，用工修理。宣布朝廷之意，振作各司府州县。奉公守法之官员中有廉勤公谨者，量加奖谕；其贪酷徇私、事迹显著者，除五品以上及军职具奏区处，民职六品以下并刁泼军民，尔即拿问如律，轻则就彼发落，重则械送来京。其有军民词讼，轻则量宜责罚，重则送发巡按御史、司府州县究问。凡事有便于军民者，听尔从宜处置具奏。②

成化五年朝廷复设两广总督时，命兼两广巡抚，其全称又改为“总督两广军务兼理巡抚”，其权责扩大为管辖广东、广西两省的军事、行政和司法。正德十四年（1519），因正德皇帝有“总督军务之号”，改总督两广军务都御史为总制军务，不久又改称提督。③ 嘉靖四十二年（1563）二月，朝廷为便于打击福建、广东沿海倭寇，命两广提督张臬兼理福建军务，全称改为“总制闽广军务”，九月吴桂芳接任后除兼职。④ 嘉靖四十三年（1564），因广西盗贼纷起，另设广西巡抚，两广提督只兼巡抚广东。⑤ 嘉靖四十五年（1566），改两广提督为总督两广军务兼理粮饷巡抚广西地方，另设广东巡抚。⑥ 隆庆三年（1569），增设广西巡抚，除兼职。隆庆四年（1570）复革广东巡抚，改为提督两广军务兼理粮饷巡

---

① 《明英宗实录》卷二二八，“景泰四年四月己亥”条。

② 《明英宗实录》卷二四一，“景泰五年五月癸酉”条。

③ 《明武宗实录》卷一七五、《苍梧总督军门志》卷一《开府》、《国榷》卷五一，“正德十四年六月丙子”条。另按，万历《明会典》卷二〇九《都察院·督抚建置》将该时间记为正德十一年，误。

④ 《明世宗实录》卷五一八，“嘉靖四十二年二月丁丑”条；卷五二五，“嘉靖四十二年九月乙巳”条。

⑤ 万历《广东通志》卷六《藩省志六》。

⑥ 《明世宗实录》卷五六二，“嘉靖四十五年九月丁巳”条。

抚广东，广西新设巡抚与两广总兵、参将、游击、守备并三司等官俱听节制。万历二年（1574），以惠、潮有寇，暂移提督驻潮州，事平复后归肇庆。万历三年（1575）仍改称总督，加“带管盐法”，全称为“总督两广军务兼理粮饷带管盐法兼巡抚广东地方”①，相沿至明末。崇祯五年（1632），总督熊文灿为便于打击海盗，暂时移驻广州，九年（1636）回驻肇庆。② 崇祯十七年（1644）三月，明朝灭亡，但两广总督并未随之而亡，而是依附南明政权续存了八年，且成为南明永历政权的重要力量。直到清顺治九年即南明永历六年（1652）六月，清军攻克琼州（今海南），南明最后一任两广总督杜永和降清，南明两广总督才寿终正寝。③

清室入主中原后继承了明朝的督抚制度，并进一步制度化，在两广设立两广总督，且明确了其作为两广地区最高地方长官的属性。④ 关于清朝设立两广总督的时间，《清史稿》卷一一六《职官志三·外官》“总督巡抚”条说：“顺治元年，置广东总督，驻广州，兼辖广西。”这种说法显然有误，因为清军在顺治二年（1645）五月攻克南京以前，未曾过长江，首次攻克广州则是在顺治三年（1646）十二月，故不可能在顺治元年置广东总督，驻广州。清朝首次置两广总督是在顺治三年冬。清军经福建入广东，克潮州、惠州后，清将佟养甲奉命署两广总督，以便平定两广。至顺治四年（1647）五月，广东初定，清廷正式任命佟养甲为兵部尚书兼右都御史，总督两广军务带管盐法兼巡抚广东，⑤ 驻广州。顺治五年（1648），江西金声桓、广东李成栋相继反叛，归附南明桂王朱由榔，总督佟养甲被胁迫而降，不久被杀，清朝两广总督亦废。⑥ 顺治六年（1649）五月，广东、广西分设巡抚。⑦ 顺治十年（1653）六月，复设两广总督，不兼巡

---

① （明）申时行等：万历《明会典》卷二〇九《都察院·督抚建置》，北京：中华书局1989年版。

② 道光《广东通志》卷一二九《建置略五·广州府上》。

③ （清）夏燮：《明通鉴》附编卷六《附记六》。

④ 赵尔巽等：《清史稿》卷一一六《职官志三·外官》。

⑤ 《清世祖实录》卷三二，“顺治四年五月癸丑”条。按，《清史稿》卷一九七《疆臣年表一》记两广总督自顺治四年五月始，确。

⑥ 按，据《岭表纪年》卷二，佟养甲被杀是在顺治五年十一月。《清史稿》卷一九七《疆臣年表一》将顺治六年、七年、八年的两广总督也记为佟养甲，且于八年之处注曰“佟养甲殉难”，均误。其实，自顺治五年李成栋胁迫佟养甲反叛，至顺治十年复设两广总督止，清朝并不存在两广总督。《清史稿》误记顺治八年佟养甲殉难，当是源于《清世祖实录》卷五九的一条记载：“顺治八年八月丙午朔，赠殉难总督两广兵部尚书佟养甲为太子少保。”《清史稿》的编撰者很可能是误将朝廷赠恤佟养甲的时间当作其殉难时间。

⑦ 《清世祖实录》卷四四，“顺治六年五月丙子”条。

抚。[①] 顺治十三年（1656）二月，两广总督移驻梧州。[②] 顺治十八年（1661）八月，广东、广西分设总督[③]，广东总督移驻廉州。康熙二年（1663）三月，广东总督移驻广州。[④] 康熙四年（1665）五月，广西、广东总督复合并为两广总督，仍驻肇庆。[⑤] 雍正元年（1723）八月，广东、广西又各分置总督，次年四月复合。雍正六年（1728）十月，因苗乱，以广西隶云贵总督，两广总督改称广东总督。[⑥] 雍正十年（1732），广东总督府移驻广州。[⑦] 雍正十二年（1734）十二月，广西复归广东总督管辖，改称两广总督，仍驻肇庆。[⑧] 乾隆十一年（1746），两广总督府迁驻广州[⑨]，之后一直驻扎于此。光绪三十一年（1905），两广总督仍兼广东巡抚。[⑩] 宣统三年（1911）九月，在武昌起义的影响下，广东革命党人发动广州起义，建立军政府，宣布独立，清朝最后一任两广总督张鸣岐逃往香港。[⑪] 至此，历经明清两代，前后延续近450年的两广总督制度几乎同时与清王朝一起退出了历史舞台。

三、两广总督府驻肇情况简介

（一）两广总督府常驻肇庆的时间

两广总督府常驻肇庆，始于明嘉靖四十三年（1564）两广提督吴桂芳将总督府从广西梧州迁至肇庆，终于清乾隆十一年（1746）两广总督策楞将总督府从肇

① 《清世祖实录》卷七六，“顺治十年六月乙巳”条。

② 《清世祖实录》卷九八，“顺治十三年二月戊辰”条。

③ 《清圣祖实录》卷四，“顺治十八年八月丁亥”条。

④ 《清圣祖实录》卷八，“康熙二年三月己巳朔”条。

⑤ 《清圣祖实录》卷一五，“康熙四年五月丁未”条。

⑥ 《清世宗实录》卷七四，“雍正六年十月丁亥”条。

⑦ 《清史稿》卷三二三《鄂弥达传》。

⑧ 《清世宗实录》卷一五〇，“雍正十二年十二月癸丑”条；《清史稿》卷三二三《鄂弥达传》。

⑨ 《清史稿》卷七二《地理志十九》“广东”条、光绪《肇庆府志》卷一三《职官三・国朝》。另，道光《广东通志》卷一三三《建置略九》将两广总督移驻广州的时间误记为乾隆七年，同书卷一二九《建置略五》则记为乾隆十一年。

⑩ 赵尔巽等：《清史稿》卷一一六《职官志三・外官》“总督巡抚”条之两广总督。另按，该书该卷所记清朝两广总督沿革为：“顺治元年，置广东总督，驻广州，兼辖广西。十二年，徙梧州。康熙二年，别置广西总督，移广东总督驻廉州。三年，复并为一，驻肇庆。雍正元年，复分置。明年仍合。七年，以苗患，令云贵总督兼辖广西。十二年仍隶广东。光绪三十一年，兼广东巡抚事。”其中舛误甚多，凡与上文不合者，均误。

⑪ 《清史稿》卷二五《宣统皇帝本纪》、卷四九六《忠义传十・陈兆棠传》。

庆迁往广州，前后通计约182年。其间，两广总督府曾几度短暂移驻梧州、广州等地，故明清时期，两广总督府实际驻肇庆的时间不足182年。对此，王元林、张孟刚曾撰有《明清两广总督驻肇庆的时间初探》[①] 一文进行了初步考证，其结论是：明代（含南明的2年）两广总督驻肇庆的时间为82年，清代两广总督实际驻肇庆的时间为73年，二者共计155年。从笔者接触到的史料来看，这个结果仍有商榷的余地。首先，王文计算总督府驻肇时间在明代为82年，是从嘉靖四十三年（1564）起至南明隆武二年（1646）止，然而其间总督府也曾短暂迁驻梧州和广州，实际常驻肇庆的时间不到82年。尽管成书于万历中期的《广东通志》卷六《藩省志六》记载说，自吴桂芳将总督府徙于肇庆后，“迄今不易”，似乎吴桂芳一举而定，至万历中期，总督府一直驻扎于肇庆。其实不然。当时，总督军门尚处于“移镇无定”[②] 的状态。隆庆初，户部在议复两广总督张瀚的一份奏疏中说“先年将总督军门移镇梧州，居中调度”[③]；隆庆五年（1571）六月，兵部在议复两广总督李迁的奏疏中又说“提督军门驻扎梧州，为两广要地”[④]。此外，清乾隆时《梧州府志》的修撰者曾亲见梧州总府题名碑，该碑所记“先后驻节于梧有功绩可稽者”，“自韩雍，止李迁”[⑤]，隆庆五年八月由广西巡抚升任接替李迁总督之位的殷正茂则不在该题名碑之上[⑥]。据此可以推测，在隆庆初，总督军门曾回驻梧州，最迟至隆庆五年八月尚在梧州；两广总督府最后定驻肇庆，当是始自殷正茂。对于两广总督府移回梧州及殷正茂将其定驻肇庆，史籍应有明确记载，但笔者多方查搜，只找到上述间接史料以凭推测，相关的直接史料只能留待博洽君子求之。当然，总督府定驻肇庆后，总督因事亦常短暂移驻他处，如万历八年（1580），总督刘尧诲为征剿广西十寨，就曾将“督府移驻苍梧”，事平即回肇庆[⑦]；又如前文提到的万历二年以惠、潮有寇，督府暂移驻潮州，事平复后归肇庆。这种情况不当视为总督府的迁徙。因此，明代两广总督府常驻肇庆的时间应减去隆庆间回驻梧州的4年，再减去上文已提到的崇祯五年至九年移驻广州的4年，共计约74年。

其次，王先生在统计清代两广总督府驻肇庆的时间时，所用的史料是舛误甚

---

① 该文载《肇庆论丛》2011年第2期。

② （明）李迁：《议复梧镇兵粮疏》，载《苍梧总督军门志》卷二五《奏议三》，第296页。

③ （明）李迁：《议复梧镇兵粮疏》，载《苍梧总督军门志》卷二五《奏议三》，第294页。

④ （明）李迁：《议复梧镇兵粮疏》，载《苍梧总督军门志》卷二五《奏议三》，第296页。

⑤ （清）吴九龄等：乾隆《梧州府志》卷一三《职官·驻劄·明·总督两广军务》，台北：台湾成文出版社1967年影印同治十二年刊本，第289页。

⑥ 《明穆宗实录》卷六〇，“隆庆五年八月甲寅”条。

⑦ （明）汪道昆：《平蛮碑》，载《苍梧总督军门志》卷二八《碑文》，第371页。

多的《清史稿》卷一一六《职官志三・外官》“总督巡抚”条下的“两广总督”目，且将两广分设总督时广东总督驻肇庆的年份也排除在外，故其统计结果73年并不准确。据上文“两广总督沿革”的清代部分可知，清代两广总督驻肇庆的时间为：康熙四年四月至雍正元年七月（计58年），雍正二年四月至六年九月（计4年），雍正十二年十二月至乾隆十一年（计12年），共计74年。此外，雍正元年八月至次年三月、雍正六年十月至雍正十年，共计约5年的时间，两广分设总督或广西暂归云贵总督管辖时，广东总督亦驻肇庆。若将这5年包括在内，则共计79年。因此，明清两广总督（含广东总督）实际驻肇庆的时间应为153年，比驻梧州的时间（约105年）长49年，比驻广州的时间（约177年）则短24年。[①] 在两广总督府驻肇庆的153年间，共有两广总督（含广东总督）48任47人，其中明朝27任27人，南明4任4人，清朝17任16人（见附录2）。

（二）两广总督府移驻肇庆的原因

明清时期，两广总督府的常驻地曾经三变：始驻广西梧州，再移广东肇庆，终驻广东广州。从地理上看，两广总督府的创设及其由西向东、由边缘向中心区域迁驻的过程，是明清时期史称“南蛮之地”的两广地区逐渐被朝廷完全控制（首为军事，次为政治，最后是思想文化）并全面纳入国家统治之下的过程。因此，两广总督府由西向东移驻的根本原因就是明清两代的朝廷对两广地区（特别是苗、瑶、壮、黎等少数民族聚集区域）控制的强化。而每次移驻的具体原因还涉及地理条件、历史背景、军事形势、政治格局等因素，甚至还可能有一些偶然的主观因素，较为复杂。

明嘉靖四十三年（1564），两广提督吴桂芳应两广军事形势变化的需要，将总督府自广西梧州迁驻广东肇庆，此后一直到清乾隆十一年（1746）总督府再迁驻广州，两广总督府几乎一直驻肇庆，前后延续达183年，实际驻肇庆的时间也超过一个半世纪。可以说，这次移驻是一个具有历史意义的重要事件，它开启了两广总督府的新时代。

吴桂芳为什么要把始驻于广西梧州的总督府迁驻广东肇庆？具体的原因要从众多的史籍中探寻。吴桂芳迁总督府于肇庆一事，《明世宗实录》未见记载，而多见于两广的地方志，然甚为简略，对于迁驻的原因亦只言其概，未明其详。明

---

① 根据本文“两广总督的沿革”部分，总督府驻梧州的时间为：明成化五年至嘉靖四十三年，隆庆元年（1567）至五年，计99年；清顺治十二年至十八年，计6年，合计105年。总督府驻广州的时间为：明崇祯五年至九年，清顺治四年、顺治十年至十三年、康熙二年四月至四年四月、雍正十年至十二年十二月，乾隆十一年至宣统三年九月，合计约177年。

万历《肇庆府志》载："嘉靖四十三年，督府始移肇庆。自成化来总督府设于梧州。嘉靖间吴桂芳分守岭西久，吴都御史遂以旧按行台建督抚行台移居之。是后皆居于此。"① 又载，吴桂芳于嘉靖"甲子，总督两广，郡人喜其复临，鼓舞迎之。时东省军兴，开府于肇庆"②。清嘉庆、道光年间的两广总督阮元在其所作《重建肇庆总督行台并题名碑记》中说："嘉靖四十三年，总督吴桂芳因东事重于西事，始移驻肇庆，以行台为署，据各营劲兵，为兼顾之计，诚据形胜也。"③唯清雍正九年郝玉麟所修《广东通志》所载该事稍加详细：

初，两广各置巡抚，成化五年以事权相左，置总督而罢广西巡抚。至是（引者按，指嘉靖四十三年）复设，提督侍郎吴桂芳始开府于肇庆。桂芳以开府梧州，惠、潮山海寇时发，相去二千里，文檄往来，征调为难，乃徙于肇庆。④

上述史料表明，吴桂芳于嘉靖四十三年将两广总督府移驻肇庆，以原来的总督行台作为衙署。至于迁移的原因，万历《肇庆府志》说是"东省军兴"，阮元则说"因东事重于西事"，均很含糊，唯《广东通志》所记较详细，说是因当时粤东惠州、潮州山海寇频发，而总督府远在梧州，两地"相去二千里，文檄往来，征调为难，乃徙于肇庆"。

其实，《广东通志》所说的原因只是一个诱因。两广总督府在嘉靖四十三年从广西梧州迁到广东肇庆，并不是历史的偶然，它与成化以来两广军事形势的变迁及肇庆的地理位置有着必然联系。这就要从两广总督的设置说起。

两广总督之设，源于景泰三年（1452）的广西"浔、梧瑶乱"。瑶乱发生后，广东总兵董兴与广西总兵武毅相互推诿不任事，兵部尚书于谦"请以翁信、陈旺易之，而特遣一大臣督军务，乃以命（王）翱。两广有总督自翱始"⑤。但此时的两广总督并非常设，至天顺元年（1457）就被裁撤。成化初，韩雍平定广西大藤峡瑶乱后，为便于协调两广军政事宜，朝廷复设两广总督，以韩雍充任。成化五年（1469），韩雍开府于梧州，次年四月始建总督府于府城东北面，成化

---

① （明）叶春及：万历《肇庆府志》卷一《郡事纪》，肇庆端州图书馆影印上海图书馆藏本，第25页。

② （明）叶春及：万历《肇庆府志》卷一八《名宦传二》，肇庆端州图书馆影印上海图书馆藏本，第224页。

③ （清）阮元：《重建肇庆总督行台并题名碑记》，载阮元：《揅经室续集》集二，四部丛刊本。

④ （清）郝玉麟：《广东通志》卷六《编年志》。

⑤ （清）张廷玉等：《明史》卷一七七《王翱传》，第4702页。

七年（1471）六月总督府正式落成。[①] 至此，两广总督成为定制，总督府则自此时至嘉靖后期的近百年间一直驻扎在梧州，梧州因此成为天下雄镇。

两广总督府之所以驻扎在梧州，主要因为当时军事防务的重点是在瑶乱不断的广西而非广东，朝廷的当务之急是要镇压广西境内的瑶族、壮族人民的反抗，防止浔州、梧州二府的瑶族反叛势力进入广东的雷（州）、廉（州）、高（州）、肇（庆）地区。由于梧州地处广西境内，虽与广东相邻，然离广东省会广州有千里之遥，离粤东的潮、惠二府则更远，达两千余里。两广总督处理广西的事务非常方便，但对于广东的事务只能遥制，甚为不便。所以，韩雍在梧州开府之后，又在肇庆设立两广总督的行台[②]，后来广州亦有总督行台之设[③]。

自嘉靖中期以来，两广的防务形势开始发生变化。广西的瑶乱经成化以来的大规模征剿后，声势日弱，而广东境内（特别是粤北、粤东及琼州府）的瑶乱、黎乱、山贼、海寇等此起彼伏，日益猖獗，两广总督的防务重点逐渐转移到了广东。尤其是嘉靖后期，浙闽沿海一带的倭寇在戚继光等人的打击下纷纷逃向粤东潮、惠二府。这些倭寇动辄数万人，往往与当地的山贼、海盗相互勾结。他们攻占县城，烧毁民宅，杀戮官民，抢夺财物，奸淫妇女，无恶不作，气焰十分嚣张。[④] 粤东形势更加严峻，成为两广总督的燃眉之急。当时的两广总督张臬就是因为没能处理好粤东的防务问题而被劾罢官的。[⑤]

嘉靖四十二年九月，刚被任命为总理河道且还未来得及履新的吴桂芳突然被调往两广，改任两广提督，接替张臬。三个月后，吴桂芳抵达梧州两广总督府履任。他在梧州仅待了二十天，便率部东向，前往粤东潮、惠二府指挥讨倭平贼的战事。[⑥] 在粤东讨倭平贼的过程中，吴桂芳深刻地体会到，总督府远在广西梧州，与当时两广军事防务广东重于广西的态势不相协调。于是，他决定把总督府东移至广东肇庆。

吴桂芳之所以把肇庆作为两广总督的新驻地，主要是基于两方面的考虑。其

---

① （明）韩雍：《开设总府记》，载《苍梧总督军门志》卷二八《碑文》，第357页。

② 按，光绪二年《肇庆府志》卷一二《职官二・明》引邹光祚《高要县志》云："肇两粤扼塞，嵚然巨镇，自韩襄毅公开行府而文武僚属协然盛矣。"可知，肇庆的督抚行台乃为韩雍所开。

③ （清）阮元《重建肇庆总督行台并题名碑记》云："两广总督若明韩雍、王守仁皆驻兵广西梧州，而广东肇庆、广州皆有行台。"

④ 详情参见拙文《论明代两广提督吴桂芳》一文"讨倭平贼"部分，载《肇庆论丛》2011年第2、3期。

⑤ 《明世宗实录》卷五二五，"嘉靖四十二年九月乙巳"条。

⑥ 史载吴桂芳"莅苍梧甫二旬，即躬董师东向"。见《苍梧总督军门志》卷二一《讨罪五》，第203页。

一，肇庆“襟五岭，带三江，绾两粤咽喉，为东南扼要之地”①，地理位置十分优越。当时两广防务的新形势要求两广总督将防务的重点放在广东，但同时要兼顾广西。肇庆在广东境内，地处西江中游，顺流而下可直抵省会广州，逆流而上可直达广西梧州，正好符合两广防务新形势的要求。正如明人林大春所言，总督府东移肇庆后，“俨然与苍梧旧镇角立而峙。即西省有事，直鼓行而西耳。假令东省诸郡有不虞，亦可以传檄而至。自不至于偏重遥制之患”②。其二，自韩雍以来，肇庆一直是两广总督府的行台所在地，而且两广总督府驻梧州时“去岭东郡甚远，地属炎荒，暑气为烈，故自先朝以来，先辈督府诸公往往以夏月移镇端州，名曰避暑，而实以城彼东方也”③。端州即肇庆府城所在地。可见，总督府在移驻肇庆之前，两广总督常在夏季移驻肇庆行台办公，名为避暑，实为以肇庆为基地，加强对广东的控制。因此，肇庆作为两广总督的驻地有着良好的历史及政治基础。此外，吴桂芳早年任广东参政分守岭西道时，舍省城广州而定居肇庆，任职期间深受肇庆官民的拥戴，以至于他任两广提督重回肇庆时，“郡人喜其复临，鼓舞迎之”④。吴桂芳曾在肇庆为官，对肇庆既熟悉又有民众基础，这对于他决定将总督府迁到肇庆亦有一定的影响。

（三）肇庆两广总督府的建置

据明崇祯《肇庆府志》记载，两广总督府位于肇庆府城东门内，原为元代廉访司旧址。明洪武初改为按察分司，洪武二十年（1387）改为岭南道，弘治中改为察院，嘉靖十五年（1536）改为抚按行台，于行台西旧府学空地建燕室，外建三司厅、把总厅及赏功所，是为总督行台衙署。嘉靖四十三年六月，吴桂芳把总督府迁到肇庆之时，正值讨倭平贼军情吃紧之际，未来得及大兴土木，修建一座像梧州总府那样雄伟壮观的总督衙门，而是因陋就简，在原有总督行台衙署的基础上，改建正堂五间、穿廊一间、后堂五间，左右各为耳房，堂西衙二列各五间。肇庆总督府的规制较为简陋，远逊于梧州的总督府。如此简陋的建筑显然与镇守两广的总督衙门的地位不相称。当时吴桂芳也意识到，如此规制“非所以重军旅、肃夷夏之具瞻也”，想待事宁之后进行重建。但当海盗山寇初定，吴桂芳正提议扩修总督府之际，朝廷一纸调令，将他调往南京兵部任侍郎。吴桂芳旋即离粤北上赴任，扩建总督府的计划就此搁置。好在他的继任者们终将其未竟之业

① （清）珠尔杭阿：《重修肇庆府志序》，载光绪《肇庆府志》卷首，肇庆端州图书馆藏本。

② （明）林大春：《改建端州督抚行台碑》，载《苍梧总督军门志》卷二八《碑文》，第373页。

③ （明）林大春：《改建端州督抚行台碑》，载《苍梧总督军门志》卷二八《碑文》，第373页。

④ （明）叶春及：万历《肇庆府志》卷一八《名宦传二·吴桂芳》，第224页。

逐步完成。

隆庆五年（1571），总督李迁在总督府衙的东面新建了一座谷阴亭。万历五年（1577），总督凌云翼重建后堂五间，名曰广益堂；建东、西二廊各七间，东、西二楼各五间，东楼叫大观楼，西楼叫读书楼；又建仪门、大门各三间，门外左边建坐营司、赏功所，右边建中军厅、医药局。[①] 万历八年（1580），总督刘尧诲大规模重建总督府衙，历时半载而成。新的总督府"堂寝、门庭、廊庑、轩墀之属，高耸深闳，弘敞壮丽，巍然为一方巨制"，"俨然与苍梧旧镇角立而峙"。[②] 至此，肇庆总督府衙巍然壮观，足与梧州总府相媲美，与总督的地位亦相称。万历十六年（1588），总督刘继文迁衙于广益之后宅中正位，而以旧衙为广益堂，又扩建改建读书楼。崇祯十二年（1639），总督张镜心改建文来阁，并在其西面辟地修建射圃，用以练习射箭。[③]

清康熙四年（1665）五月，两广总督府回驻肇庆。康熙八年（1669），总督周有德重建改建筹远楼、运筹堂。次年，总督金光祖捐俸重修总督衙署。乾隆二十四年（1759），肇庆知府吴绳年修撰《肇庆府志》时，将亲眼所见的总督行台衙署（按，两广总督府已于乾隆十一年迁往广州，肇庆的总督府已降为总督行台）的规制和布局作了如下叙述："今查现存头门一座三间，前为照壁，两傍为东西辕门，为东西牌楼，后为仪门三间，又后为牌楼，又后为大堂三间，又后为二堂三间，又后为宅门，又后为后堂五间，后为后楼，又后为诸小房。辕门之东、大街之南为手本房，为号房，北为司道厅、府县厅，厅后西为厨房，中为马王庙，东为关帝庙，庙后为文来阁，为东西稿房，又后西为东书房，东为账房，又后西为福字堂，东为云壑堂，云壑堂后为大花园，园北为挹清堂。旁为亭者三，为池者一。花园西为小箭亭二堂，东有横门，通东箭道，箭亭二座，辕门西大街南为皂隶房，大街北为武官厅，后为盐政房，房后为来鹤堂，又后为幕客房，又后为双柱堂。大堂东有横门通西箭道，箭道后为关帝庙。"[④] 此时的总督行台即为13年前的总督府。从吴绳年的描述中，我们不难看出，清代两广总督府衙的规制要比明代的宏大得多。毕竟，清代的两广总督已经完全地方化，成为

---

① （明）陆鏊、陈烜奎等修：崇祯《肇庆府志》卷一一《建置志》，广东历代方志集成本，第329页。另按，该书原文中，"赏功所"缺"赏功"二字，现据《苍梧总督军门志》卷一《开府·总督行台》（第18页）补。另，乾隆《肇庆府志》卷六《建置志》将"医药局"写作"火药局"，误。

② （明）林大春：《改建端州督抚行台碑》，载《苍梧总督军门志》卷二八《碑文》，第373页。

③ （清）屠英等修，江藩等撰：道光《肇庆府志》卷五《建置二·肇庆府》，广东历代方志集成本，第708页。

④ （清）吴绳年修，何梦瑶辑：乾隆《肇庆府志》卷六《建置志》，广东历代方志集成本，第89、90页。

封疆大吏，其品级、权力、体统均要高于明代的两广总督[1]，故其规制比明代宏大乃理所当然。可以想见，乾隆十一年前后是肇庆两广总督府衙最为壮观辉煌的时期。

此后，随着两广总督府迁驻广州，肇庆两广总督府降为总督行台，又因乾隆以降，粤西地方日趋安宁，总督西巡肇庆的机会越来越少，肇庆的总督行台遂日益衰败。因长期无人居住，总督行台的堂室等建筑逐渐朽坏而无人修葺，数十年后竟然全部倾圮。嘉庆十八年（1813），总督蒋攸铦令肇庆府会同肇庆协亲往勘明、拣出倒塌大小栋柱及砖瓦可用者，造具册档，分别点交高要县，申令查照存贮备案，并于头门外筑砌砖墙一道，与围墙接连，出示晓谕，不许兵民人等擅入，将总督府旧址封存保护。至道光初年两广总督阮元（1816—1826 年在任）莅临肇庆时，昔日豪华气派的总督府衙及府内的楼台亭榭早已荡然无存，剩下的只是一片凄凉的瓦砾场和一对曾经雄踞于府衙大门前的石狮，以及一些残破的碑础。督府行台已成一片废墟，阮元只得借宿于阅江楼。阮元认为，肇庆为广东、广西两省的扼要之地，总督署虽移驻广州而兵不可移，驻扎于肇庆的各营将官尚且在城内都有衙署，而总督在城中却无片瓦，殊非政体。于是，他于道光五年（1825）在总督行台旧址重建行台，并续刻了止于乾隆九年的总督提名碑，立于大堂之前。新建总督行台的规制较以前简陋得多，“凡建东西辕门、仪门一进，屏门一进。正中为演武厅，恭悬御赐福寿字匾额。后堂五间，小楼房一间，上望七星岩。东西耳房各三间，厨房一间。前后周围垣墙修葺一新”[2]。此外，在大堂西面“开马射之埒，阶上设步射之序，阶下可练小队，东南建帅字旗，修复城南炮台”[3]。这样，总督巡历肇庆时就有了专门的暂时住所，且便于检阅军队，与肇庆作为总督行台驻地的体制基本相符。现在，肇庆两广总督行台旧址已成为城中路 49 号肇庆市人民政府所在地。除了这块永远搬不走的旧址外，两广总督府衙建筑实物幸存至今的唯有昔日高踞雄坐于府衙门前的那对石狮子，它们现在作为市级保护文物，露天存放在七星岩风景区内水月宫前，供游客观赏。

---

① 按，尽管明代总督有日益地方化的趋势，但在制度上，总督属都察院派驻地方的中央官员，故《明会典》、《明史·职官志》等将总督附于都察院之下。终明一代，总督只是个职务，而非正式的官职，故总督本身无品级，其品级要视其兼衔而定，兼都御史或兵部尚书者为正二品，兼副都御史或兵部侍郎者为正三品，兼佥都御史者为正四品，少数加衔太子太保者为从一品。而清代的总督尽管也挂都察院的职衔（右都、副、佥都御史），但已明确为地方官员，故《清会典》、《清史稿·职官志》等将总督置于“外官”条下，且总督是个正式官职，本身有固定的品级，即正二品。

② 道光《肇庆府志》卷五《建置二·肇庆府》。

③ （清）阮元：《揅经室续集》集二《重建肇庆总督行台并题名碑记》，四部丛刊本。

四、两广总督府驻肇对肇庆的影响[①]

两广总督府移驻肇庆，不仅开启了两广总督府的新时代，更是开创了肇庆历史上的一个新时代。因为两广总督总领两广文武之政，两省“将官并三司官悉听节制”[②]，是两广的政治、军事权力核心，两广总督府驻扎肇庆，自然就使得肇庆成为两广的政治、军事中心，其地位一下跃居作为省城的广州之上。这在肇庆历史上是空前绝后的，对肇庆产生了广泛而深远的积极影响。

（一）提升肇庆府城的政治地位和知名度

中国古代县级以上的城市（含县城）几乎都是政治性的城市，其政治地位主要取决于常驻该城的最高政府机构的政治地位。在两广总督常驻肇庆之前，肇庆府城为肇庆知府驻地，知府为正四品官职，所辖仅肇庆一府之区。当然，肇庆府城也曾是岭西分守道和分巡道的常驻地。分守道官员由布政司参政（从三品）或参议（正四品）担任，分巡道则由按察司副使（正四品）或佥事（正五品）担任，其政治地位比知府稍高，所辖也不过数府。[③] 两广总督常驻肇庆之后，肇庆的政治地位骤然上跃。在明代，两广总督一般由都察院都御史（正二品）、副都御史（正三品）或佥都御史（正四品）担任，以副、佥都御史身份上任的两广总督，其品级虽低于正二品的都指挥使和从二品的布政使，但因京官的身份，更因有皇帝颁发的“将官并三司官悉听节制”的敕命，其权力和政治地位远高于都、布、按三司官员。在清代，两广总督定为正二品官职，加尚书衔则为从一品，品级、职权和政治地位都比从二品的巡抚和布政使高。[④] 肇庆因两广总督府的驻跸，成为广东、广西两省的政治、军事中心，两广的藩臬大僚均要听命于肇庆的总督，故肇庆的政治地位已然跃居省城广州、桂林之上。

因成为两广的政治、军事权力中心，肇庆在全国乃至世界的知名度也获得大幅提升。朝廷在任命两广总督或讨论两广总督上奏的奏章时，必然会关注到肇庆，肇庆因此广为朝中官员所知。两广总督离任后，多转任他处或升任京官，所

---

① 按，本节内容参考了肇庆行政学院的任志强副教授撰写的《两广总督府驻肇期间对肇庆府的积极影响》一文（载《社科论丛》2011 年第 6 期），特此说明，并在此向任教授致以诚挚的谢意！

② （明）申时行等：万历《明会典》卷二〇九《都察院·督抚建置》，北京：中华书局 1989 年版，第 1040 页。

③ （清）张廷玉等：《明史》卷七五《职官志四》。

④ （清）阮元：道光《广东通志》卷四三《职官表三十四·国朝一》；赵尔巽等：《清史稿》卷一一六《职官志三》。

到之处，他们亦有可能向当地人提及肇庆。总督驻扎于肇庆，两广的藩臬大僚及将官不时要来肇庆请示汇报，两广重大的官方庆典活动也多在肇庆举行，总督们散居全国各地的亲朋好友、门生故吏及文人墨客等亦不时来肇庆相会，肇庆因此人气大增，这必然大大地提升了肇庆在全国的知名度。此外，明清时期，两广总督受朝廷委托，还直接管辖着西洋、南洋各国与中国的商贸和外交。因此，南洋、西洋各国来华的商人和外交人员要与中国交往，也要首先来肇庆，向总督府申请。即便是遭遇海上风暴漂泊至中国东南沿海的外国百姓，凡被中国官军擒获者，也要先送往两广总督府，再由总督将其遣送回国。如万历三十九年（1611）十一月，浙江温处兵备道擒获因风漂入境内的安南国升华府河东县民裴福宁等140人，就“按往例送至两广总督府，发还本国安插处置，以示天朝柔远之化”[①]。通过这些到过肇庆的外国商贸、外交人员，以及被两广总督遣送回国的外国民众，必然会在一定程度上提升肇庆的世界知名度。特别值得一提的是，当被誉为“沟通中西文化第一人”的西方传教士利玛窦想要打开在中国传教的大门时，也将两广总督驻地的肇庆作为进入中国大陆的第一站和基地。从此，肇庆在西方传教士的心目中有了特殊的地位，“肇庆”一词开始在他们的言谈、书信和著作中频频出现，并随着这些书信和著作在西方世界的出版、传播而走向世界。

（二）促进肇庆社会经济的发展

两广总督府驻肇期间，各任总督相继推行鼓励垦荒的政策，招募流民，垦殖荒地，促进农业的发展。明代隆庆、万历时期，经两广总督殷正茂、凌云翼、刘尧诲等的大力经营，广东瑶区进入了社会经济开发的高潮。清代两广总督孔毓珣、阿克敦、鄂弥达、郝玉麟、策楞等先后颁布、施行了一系列劝垦措施，较有力地促进了肇庆府及两广其他府县的农业生产。同时，历任两广总督都积极治理西江水患，兴修水利，为农业生产创造了良好的条件。如明万历四十四年（1616）六月，西江大水，高要、景福等地江堤多处溃决，总督周嘉谟、巡抚田生金等积极主持修复工程，动用公费白银近万两，征集民工数万人，历时四月，共修圩堤三十九围，填决口一百六十七处，补筑崩陷三万八百余丈。[②] 清雍正九年（1731），两广总督郝玉麟奏准，建立沿江基围由知县或县丞督理，而由巡检司官员专管的制度。这些官员要“每年按时督率修筑。凡遇潦水涨发，加意防

---

① 《明神宗实录》卷四八九，“万历三十九年十一月戊申”条。

② 光绪《肇庆府志》卷四《舆地·水利》、崇祯《肇庆府志》卷二《纪事二》。

护，傥有贻误，入于大计内分别核参”[①]。乾隆元年（1736），两广总督鄂弥达鉴于广州、肇庆二府所属“沿江一带基围，关系民田庐舍，前经分设各属水利人员动项岁修，然基围皆系土筑，每年不过增高培厚，险要之地，大水常致冲坍，欲除大患，莫如建筑石堤”，建议将堤围“顶冲险要者，先筑石工，以资捍御。次冲者陆续兴建”。建议得到朝廷批准后，他“将广州所属围基，责令广南韶连道；肇庆所属围基，责令肇高廉罗道，督率水利各官，即行雇募工役，分别首险、次冲办理”[②]。围基的改土为石工程，大大提高了西江堤围的抗洪能力，不仅减少了水患，保障了沿江人民的生命财产安全，也为农业生产创造了良好的条件。

西江航道是连接两广的交通干线，肇庆地处航道之中，上连广西梧州，下接广州。航道的畅通对肇庆社会经济的发展至关重要。两广总督府驻肇期间，历任总督都非常重视西江航道，为维护航道的安全和畅通做了大量工作。如嘉靖四十四年（1565）二月，德庆罗旁下江山瑶作乱。瑶民沿江劫掠，过往官民时遭不测，西江航道一时行旅阻塞。[③] 时任两广提督的吴桂芳随即采取措施，督令官兵，自南江口下至新村浲水一百二十里间，沿江开山伐木，各辟土深入十里，立营十所，每营以兵百名或二百名戍守。从此西江沿岸“旌旗相望，砲鼓相传，木拔道通，狐潜兔伏。于是，江道肃清，孤帆夜渡矣”[④]。

此外，两广总督府驻肇期间，由总督控制的财力、物力等资源源源不断地从两广各地输往肇庆，从而大大促进了肇庆社会经济的发展和繁荣。如明万历二年（1574），总督殷正茂在肇庆府治近郭建造船厂，大量建造海洋战舰，肇庆从此有了大型的造船工业。[⑤] 万历四年（1576），总督凌云翼在肇庆府城南门外设立黄江税厂[⑥]，检验货物并征收税金，随后撤销泷水口税卡。黄江税厂的设立，表明肇庆成为沟通粤西山区与珠江三角洲地区水运交通的中心，集散于肇庆的客货日益增多。[⑦] 清康熙二十四年（1685），两广总督吴兴祚于肇庆府城开设铸钱局[⑧]，铸造康熙通宝钱币，肇庆一度成为两广钱币的发行中心。由于上述诸因素的推动，肇庆的社会经济呈现出一片繁荣景象，以至于到清末仍有人对肇庆昔日的繁

---

① 《清世宗实录》卷一〇三，“雍正九年二月壬寅”条。
② 《清高宗实录》卷二八，“乾隆元年十月乙丑”条。
③ （清）郝玉麟：《广东通志》卷六《编年志》。
④ （明）刘尧诲：《苍梧总督军门志》卷二一《讨罪五》，第 204 页。
⑤ 《明神宗实录》卷二八，“万历二年八月癸亥”条。
⑥ 崇祯《肇庆府志》卷二《纪事二》。
⑦ 刘伟铿、吴咏平编著：《肇庆历史风貌》，广州：广州文化出版社 1989 年版，第 128 ~ 129 页。
⑧ 《清圣祖实录》卷一二二，“康熙二十四年十月戊子朔”条。

华怀念不已："那时商业之交通，亲朋之酬酢，莫不以肇庆为中心，彼此往来，全恃帆船，以故夹岸下碇，帆樯如织，而舵工舟子之属赖以谋生者辄数千人，肇河水面之繁盛固可念也。"①

（三）促进肇庆教育事业的繁荣

作为进士出身的高级文官，大部分的两广总督都特别关心、支持驻地的教育事业。两广总督常驻肇庆期间，总督们通过经费资助、修建书院、督课学业和厚待文士等各种方式，推动了肇庆教育事业的发展。如首任常驻肇庆的两广提督吴桂芳，对肇庆文教事业的支持可谓是不遗余力。他筹集经费，主持修葺肇庆学宫，修建尊经阁，创建仰湖书院。此外，他还亲自讲学，一有闲暇就召集肇庆府学的生员到总督府里听其讲学。即便总督府里的官员们仍在办公，他也毫不顾及，照讲不误，秩序井然。由于他重视教育，爱惜人才，所以当地的读书人对吴桂芳十分敬重，吴桂芳任满离开肇庆之时，"门人诸生送三百里"，随后还为之立祠。② 万历十九年（1591），总督萧彦"尝捐俸七百修肇庆学及崧台书院，又捐金二十改建高要学……复作养十郡士，亲校其文，厚饩之"③。万历二十五年（1597），总督陈大科在府城东创建庆云书院。④ 此后，总督张鸣冈、周嘉谟等都曾募资修建过肇庆府学。⑤

清代的两广总督更加重视肇庆的教育事业。康熙十一年（1672），总督金光祖捐俸重修肇庆府学；康熙三十九年（1700）总督石琳将七星岩水月宫左边的熊公祠恢复为星岩书院；康熙四十七年（1708），总督赵宏灿在铸钱局旧址复建天章书院。雍正十二年（1734），总督郝玉麟奉旨拨地丁帑银一千两，发商生息，每年筹备银二百四十两，遇闰年另增二十两；后来又拨盐羡银两千两，发商生息，每年息银四百八十两，给端溪书院作经费。⑥ 郝玉麟又捐银两千两，为书院延聘名儒，甚至亲往授课。经过这番努力，肇庆的书院名师云集，学生众多，一时盛况空前。两广总督府驻肇期间，端溪书院成为省级书院，可招两广学子入学，一度成为两广地区规模最大的学府。⑦ 由此可见，当时肇庆的学校教育已走在了两广的前列。

① 宣统《高要县志》卷一一。
② （明）叶春及：万历《肇庆府志》卷一八《名宦传二·吴桂芳》，第244页。
③ （明）叶春及：万历《肇庆府志》卷一三《藩省志十三·名宦三》，第338页。
④ （明）叶春及：万历《肇庆府志》卷四六《郡县志三十三·肇庆府·学校至水利》。
⑤ （清）屠英等修，江藩等撰：道光《肇庆府志》卷六《建置三·学校》。
⑥ （清）屠英等修，江藩等撰：道光《肇庆府志》卷六《建置三·学校》。
⑦ 王献军：《端溪书院史话》，《广东史志》2002年第2期。

（四）繁荣肇庆的文化事业，留下大批文化遗产

两广总督府驻肇庆期间，作为高级文官和文化人的历任总督，在政事之余，也很重视肇庆文化事业的发展。他们或亲自参与文化建设，创建文化设施和场馆，或间接支持他人的文化活动，并以其特殊的政治地位和身份，吸引国内外众多文化人来到肇庆，使肇庆成为人文荟萃之地，从而极大地繁荣了肇庆的文化事业，创造并留下了一大批珍贵的文化遗产。

除上述的府学和书院外，历任两广总督在肇庆还创建了祠、楼、塔、亭、观等众多文化设施和场馆。明万历年间，总督刘继文在崇禧塔东面修建了刘公祠，又在七星岩的屏风岩创建三仙观。崇祯九年，总督熊文灿花费十万两白银在七星岩创建水月宫，供奉元女铜像，同时在水月宫右侧建熊公祠，祀奉自己的铜像。崇祯十四年，总督张镜心在东门外石头庵旧址创建阅江楼。清代建有李公祠，祀奉总督李率泰，后以王国光、李栖凤附，称督府三公祠，后又附以周有德、金光祖、杨宗仁、杨文乾和鄂弥达，共八人。康熙年间又建吴赵二公祠，祀奉总督吴兴祚、赵宏灿。雍正六年建孔公祠，祀奉总督孔毓珣。顺治十二年，总督李率泰在东门外创建云锦亭。康熙四十五年，总督赵宏灿在城内米仓巷建太岁庙。雍正二年，总督孔毓珣命人扩建大鼎山的大鼎庙。

两广总督还支持其他人创建了各种文化设施。如万历年间，副使李材在七星岩修建鄰天阁，副使李开芳在石室岩修建三元阁，知府王泮在府城西江旁修建崇禧塔和文昌阁，西方传教士利玛窦在崇禧塔旁修建仙花寺等。七星岩里的景星亭、星聚亭、栖云亭、树德亭和泛斗亭等都修建于万历年间。有“肇庆四塔”之称的崇禧塔、文明塔、元魁塔和巽峰塔也都修建于明万历、崇祯年间。此外，由于肇庆特殊的政治地位，不少文人考取进士后，为光宗耀祖、显身扬名，也到肇庆来修建进士牌坊。如进士萧九成等在城北建有“星岩钟秀坊”、邝灏等建有“冀北群英坊”，明万历乙丑科进士高明县的区大伦、区大相两兄弟在东门内建有“双凤齐鸣坊”，万历丁酉科进士王佩在天宁寺左边建有“解元坊”，万历癸丑科进士陆有恒、程可登等在东门内建有“文明启曜坊”。这些进士牌坊，无疑为肇庆增添了浓郁的文化内涵和氛围。可惜的是，这些牌坊早在清道光以前就已全部倾圮无存。

这些文化设施和场馆建成后，又成为官员和文人墨客记述、吟咏的对象。他们作“记”以叙述修建的目的和过程，作“诗”、“赋”以赞美这些建筑的宏伟秀丽。如总督王国光重建阅江楼后，即亲自作有《重建阅江楼记》。此后，清人查慎行、朱彝尊、翁方纲等都留下了吟咏阅江楼的诗篇。李材在七星岩修建鄰天阁后，梁景先即作有《鄰天阁赋》。这样一来，又衍生出一大批优秀的文学作

品。这些为数众多的记、诗、赋等文学作品，大多通过历朝修撰的《肇庆府志》得以保存至今。当有些建筑因种种原因荡然无存之后，这些文学作品就成为探寻、反映历史的唯一珍贵史料。如现在的七星岩风景区内，五百多年前李材修建的鄰天阁早已不见丝毫痕迹，但我们通过梁景先所作的《鄰天阁赋》，却可以目睹其昔日的风华。[①] 当我们想恢复部分历史建筑以增添市区或景区内的历史文化内涵时，这些作品中对这些建筑的具体地址、规模、外形、构造和色调等的记载，就成为重建时的重要依据。

值得一提的是，现已成为全国重点文物保护单位的七星岩摩崖石刻群，就是在两广总督府驻肇庆的明清时期得到快速发展并形成规模的。据统计，七星岩摩崖石刻群现共存石刻题勒523则，其中唐代4则、宋代80则、元代13则、明代146则、清代117则、民国10则、现代109则、年代不详者44则。若不计年代不详者44则，则明清两代共有263则，占清代以前总数360则的73.06%。而形成于明嘉靖四十三年（1564）至清乾隆十一年（1746），即两广总督府驻肇庆期间的石刻数量，又占整个明清时期石刻总数的绝大多数。而且摩崖石刻群中众多著名的石刻，如明代两广总督吴桂芳、张瀚、戴凤岐，南京户部侍郎区大伦，广东巡抚熊桴、参政程宝，学政李调元，岭南副使李材、李开芳、王泮，抗倭名将俞大猷、陈璘，著名学者屈大均、吴绮、晓山道人等官宦、文人的题刻，也都集中出现在这个时期。[②] 可见，正是由于两广总督府驻扎肇庆这一政治上的优势，肇庆才得以汇聚空前旺盛的人气，七星岩摩崖石刻的数量才得以迅速增加并形成规模，才能留下众多高级官员和著名文人的珍贵题刻。可以说，七星岩摩崖石刻群这一珍贵历史文化遗产的形成和发展，与两广总督府常驻肇庆这段辉煌的历史是分不开的。假如没有这段历史，七星岩摩崖石刻群就不可能发展到今天的规模。

更加值得一提的是，两广总督府常驻肇庆还促成了肇庆在中西文化交流史上的特殊地位。正是由于两广总督府驻扎肇庆，西方传教士罗明坚和利玛窦等人才会选择肇庆而不是广州或其他地方作为他们进入中国大陆传教的第一站。正是由于当时的两广总督陈瑞允许他们在肇庆长期居住并在城区建造仙花寺，才有了利玛窦日后在中西文化交流史上所作出的诸多贡献。利玛窦在肇庆居住了整整六年。在肇庆期间，他修建了中国内地第一座欧式风格的建筑——仙花寺；绘制了第一幅中文世界地图，开阔了国人的视野；第一次教会中国人掌握机械自鸣钟的

① 按，以上内容未注明出处者，均出自道光《肇庆府志》卷七《建置四·坛庙》、卷八《古迹》。

② 参见肇庆市文物志编辑委员会编：《肇庆文物志》第四章《石刻》，广州：广东省新闻出版局1996年版，第108～131页。

制作技术；合编了第一部中西文的《葡汉辞典》，使国人与外国人交流有了一本语言工具书，并为汉字拼音的出现做了铺垫；传播了西方的天文、数学、地理等先进科学知识；开始将中国的《四书》等文化典籍翻译成拉丁文，并介绍到西方世界，开启了“西学东渐”和“东学西传”的新时代。① 中西文化交流史上众多的“第一次”发生在肇庆，肇庆因此被称为“中西文化融合的第一座城市”，② 在中西文化交流史上享有特殊的地位。

（五）改善肇庆的水陆交通和城市建设

两广总督府驻肇庆期间，总督坐镇肇庆，东控广东，西制广西，不论是平常之时政令的传达，还是非常之际亲赴事发现场，都有赖于系统、畅通的水陆交通。因此，在肇庆的两广总督为改善肇庆的水陆交通做了大量工作。嘉靖末年，提督吴桂芳为确保西江航道的畅通，曾在长达120里的西江两岸开山伐木，立营十所，设兵驻守，为西江航道的过往旅客保驾护航。③ 肇庆府城的防护更为周密，它四周被一条很深的护城河环绕，“时常有炮船或军舰在其中巡逻”④。在清代，两广总督在西江沿岸的城镇及悦城、马墟、绿水、江浦等重要渡口，以及地形险要之处都设立汛兵，配备兵船，巡逻防护。⑤ 万历十年（1582），总督陈瑞“将顺德、新会等县商民打造乌艚、横江等船给与军门印票，任从贩盐运货，税差尽行蠲除”⑥，以增加西江航道的运力。清雍正九年（1731），总督鄂尔泰主持大规模疏浚了西江上游桂林府属的灵渠，维护了肇庆通往西南、湖南乃至长江水系商路的畅通。⑦

在陆路方面，两广总督则通过开辟新的驿道、维护驿道安全等方式来改善肇庆的陆上交通。如万历年间，两广总督凌云翼曾在粤西开辟以罗定为中枢的粤西新驿道。其驿道路线如下：移德庆寿康驿至泷水入西江口之南江口（今郁南县南江口镇），仍名寿康驿，在今郁南县连滩镇新设晋康驿；今罗定市区内原有的泷水驿仍保留，罗定城南七十里新设朗沟驿（今太平镇）；再往南八十里，新设平豆驿（今信宜市合水镇）；再南行八十里，新设掘峒驿（今高州市马贵镇）；再

---

① 萧健玲：《利玛窦》，广州：广东人民出版社2007年版，第2页。

② 曾峥：《对“中国现代数学起源于肇庆”命题的若干思考》，《数学教育学报》2007年第2期，第35页。

③ （明）刘尧诲重修：《苍梧总督军门志》卷二一《讨罪五》。

④ ［法］裴化行著，肖浚华译：《天主教十六世纪在华传教志》下编第四章，上海：商务印书馆1936年版。

⑤ 《清高宗实录》卷一六二，“乾隆七年二月戊辰”条，卷一七二，“乾隆七年八月丙申”条。

⑥ 《明神宗实录》卷一二八，“万历十年九月辛酉”条。

⑦ 唐兆民：《灵渠文献粹编》，北京：中华书局1982年版，第207页。

南行一百里，新设大陵驿（今茂名市）；再南行一百二十里，即接上原肇庆至高州驿道中的古潘驿。[①] 清代雍正至乾隆年间，鹤山县大官田地方，“因有昆仑、皂幕诸大山，昔称盗薮”，驿道常因之梗阻。于是总督添设肇庆府同知一员，“驻劄鹤山县城，管辖新宁、新会、开平、恩平、鹤山各县捕务”。至乾隆七年，这些地方“均已平宁，且现有知县、典史等官，又有药迳、双桥二巡检巡缉，洵为周密，亦应将大官田同知裁汰。所管捕务仍归各府同知、通判管辖。至鹤山县捕务，请归肇庆府通判兼管”[②]。

肇庆的城市建设也因有两广总督府的长期驻临而得到了很大程度的提升。规模宏大的两广总督府衙署的建设，城内学校、庙宇和城外周边的祠堂、塔亭等大量文化教育类建筑的修建，以及城区防洪排水系统、城墙和护城河的修缮、街道的拓宽、市容环境的整治等，都与两广总督的长期驻扎是分不开的。到明代万历中期，肇庆已发展成粤西重镇，城市规模十分壮观。据当时西方传教士的描述，肇庆府城“完全被高厚的城垣所围绕，在城垣以内，尽是堂皇宽阔的房屋，道路是非常之优美，不但是宽阔、远长，而且是笔直，从街的这一端可以看清在街的那一端的行人。到处是五光十色的美丽的牌坊，它们的距离，都是按照由风俗习惯而规定的长度。在每座城门上面，有一处极雄健的炮楼，围绕着城垣的四周，有一条深湛的小河，时常有炮船或军舰在其中巡逻。护城河的深度，是这样的高强，就是最大的炮舰，也能靠近城垣的身边。在城的对面江心中，有一座秀丽的孤岛，中间有一道用石质及木材造成的大桥，但在石质筑成的一段里，为外客预备的寓所，就有三十所以上”。肇庆府城的风景，“是十分富于兴趣的：它是充满了种种最悦目的绿草、灌木和果树；到处都可遇到花园、鱼池及休憩的处所”。“城外有多处极清凉之郊野，浓荫遍地，景色宜人”，“是中国南部最清秀、最清洁的一个城市”。当时肇庆城区的“居民约一万二千户”[③]。

① （明）凌云翼：《奉命大征功已垂成并预计善后之图以保久安疏》，载（明）刘尧诲重修《苍梧总督军门志》卷二六《奏议四》。

② 《清高宗实录》卷一七三，“乾隆七年八月癸卯”条。

③ 参见［法］裴化行著，肖浚华译：《天主教十六世纪在华传教志》下编第四章，上海：商务印书馆1936年版。

五、编撰《年表》的意义与价值

《两广总督府驻肇庆大事年表》（下文简称《年表》）的编撰具有较为重要的学术意义和现实价值。其学术意义体现在以下三个方面：

1. 填补了该领域学术研究的空白。

迄今为止，史学界尚未有人对两广总督府驻肇期间的重大史事进行过系统的耙梳与整理，更谈不上系统的研究，该领域的研究仍处空白状态。《年表》的编撰，在一定程度上能填补这一空白。

2. 为两广总督府的深入研究提供便利，促进对两广总督府相关专题的研究。

全面、系统地耙梳、整理两广总督府驻肇期间的相关史料，是编撰《年表》的基础。《年表》编撰出来后，两广总督府驻肇期间在政治、军事、经济、文化、教育、社会等方面发生的重大事件将以编年体的形式呈现出来。这将为对两广总督府相关专题的深入研究提供便利，从而促进对两广总督府专题的研究。

3. 有利于进一步挖掘两广总督府的历史文化内涵。

历史文化内涵无疑是要通过丰富、生动的历史人物和历史事件才能体现出来。《年表》将以时间为序，把两广总督府驻肇 180 余年间的重大历史事件和历史人物呈现出来，这将有助于充分挖掘两广总督府的历史文化内涵。

编撰《年表》的现实价值主要有如下几点：

1. 响应肇庆市委、市政府提出的文化强市战略，推动当前的文化强市建设。

2010 年 8 月，肇庆市委、市政府审议通过了《肇庆市建设文化强市规划大纲（2011—2020 年）》，要求从提升肇庆综合竞争力的高度充分认识建设文化强市的重大意义，大力推进文化强市建设。两广总督府驻肇跨越明清两代，时间长达 180 余年，给明清的肇庆带来了无限的风光与荣耀，也为肇庆留下了一笔宝贵、独特而厚重的历史文化资源。这是省内其他地级市所无而为我市所特有的，理应成为我市的特色文化品牌。因此，这引起了市委、市政府的高度重视。《肇庆市建设文化强市规划大纲》已将挖掘肇庆两广总督府的历史文化资源、恢复总督府衙遗址列为未来几年中文化强市建设的重要举措。《年表》的编撰，将为充分挖掘肇庆两广总督府的历史文化资源、充实其文化内涵，为进一步全面、深入研究肇庆两广总督府的一系列问题打下基础。这对响应市委、市政府提出的文化强市战略，大力推进文化强市建设有着较大的现实价值。

2. 为肇庆人了解本土历史文化提供一个读本。

当前，肇庆的普通百姓对本地的历史文化知识了解不多，知道肇庆曾经作为两广总督府驻地这一历史事件的人更少。其主要原因在于，迄今还没有一本专门介绍肇庆两广总督府的读本。因此，《年表》编撰出来后，可视为首部专门介绍肇庆两广总督府的读本，有利于在肇庆的百姓中普及和弘扬肇庆的总督文化，增强他们对肇庆的认同感和自豪感。

3. 为肇庆文博机构提供一份展示肇庆两广总督府相关知识的历史资料。

两广总督府驻肇庆是肇庆历史上重大的历史事件，市博物馆、肇庆两广总督府衙遗址（若能恢复）等文博机构应当对此有所体现，应将这一重大历史事件通过各种途径展示给当地市民及外来游客。《年表》的编撰，在一定程度上正好能满足这一需求。

两广总督府驻肇庆大事年表（1564—1746）

时间	大事记
嘉靖四十三年（1564）	正月，倭寇侵犯潮州，两广提督吴桂芳、总兵官恭顺侯吴继爵率兵讨平之。 前后调动狼土劲兵四万五千，福建兵一万五千，以伸威营总兵官俞大猷帅之，俘斩倭寇三千余人。（《军门志》卷二一《讨罪五》） 四月，潮州柘林海兵因饷乏叛乱，乘战舰进犯广州，两广提督吴桂芳督兵平叛，擒获一千余人。（万历《广东通志》卷六《藩省志六》） 六月，命两广提督兼任巡抚广东，另设巡抚于广西。提督吴桂芳将总督府从广西梧州迁到广东肇庆，以旧抚按行台建督抚行台。设练兵游击于肇庆。 诏以提督兼巡抚广东，更设巡抚于广西。初两广各置巡抚。成化五年，以事权相左，寇盗益烦，置督抚大臣而罢巡抚。至是，以广西盗贼纵横，复设。提督侍郎吴桂芳始开府于肇庆。桂芳以开府梧州，惠潮山海寇时发，相去二千里，文檄往来，征调为难，乃徙于肇庆。迄今不易（万历《广东通志》卷六《藩省志六》）。提督吴桂芳改建正堂五间、穿廊一间、后堂五间，左右各为耳房，堂西衙二列各五间。（崇祯《肇庆府志》卷二《纪事二》、卷一一《建置志》） 八月，海寇吴平率众犯惠州、潮州两府地方，皇帝令闽、广会师讨伐。（万历《广东通志》卷六《藩省志六》） 九月，提督吴桂芳等因海丰大捷，受皇帝嘉奖。因两广兵荒，提督吴桂芳奏准，留广东原派蓟州军饷银十八万两于本省备用。 提督吴桂芳等以海丰捷闻，上嘉桂芳及总兵俞大猷、吴继爵，巡抚吴百朋及参将王诏功，各赐银币。复劾副总汤克宽祖职。所上功次，仍令御史勘实……以两广兵荒，诏留嘉靖四十年原派蓟州军饷银三万两、四十一年五万两、四十二年十万两于本省备用。（《明世宗实录》卷五三八） 十二月，广西古田凤凰山贼夜劫布政司银库，杀署印参政黎民衷。 广西古田凤凰山贼自永福突桂林，乘夜縋城而入，进劫布政司库。署印参政黎民衷闻变，以为宗室也，出而谕止之，为贼所杀。凡劫库银四万两有奇，及金珠各若干，仍取原道縋城而去。（《明世宗实录》卷五四一） 是岁，兴宁叶丹楼、归善花腰峰、韶州马五等作乱，提督吴桂芳督副使方逢时等讨平之，斩首千余级。（《军门志》卷二一《讨罪五》）

（续上表）

时间	大事记
嘉靖四十四年（1565）	二月，提督吴桂芳、总兵官吴继爵等被劾罚俸。提督吴桂芳奏准，江西吉安府、湖广衡州府仍行销广东盐。 夺镇守两广总兵官恭顺侯吴继爵禄米，提督军务侍郎吴桂芳、南赣巡抚都御史吴百朋俸各二月，仍趣令剿平贼党，以靖地方。初继爵等以守备贺铎、指挥蔡允元死事闻，而奏内不详贼情。给事中邢守庭言，闻群盗有众二千，骚动二府，铎等死事在贼发数月之后。今镇巡官熟视地方之残破，人民之卤掠，悉置不言，而首以恤录死事闻，使臣等茫然不知事所从始，怀欺匿罪，非忠臣也。疏入，兵部覆当罚治。因有是命。已桂芳上疏自劾，且言南夷北虏事体不同，北虏声势重大，其来有时，其去难剿，故奏报宜速。南方民夷错杂，易于蠢动，须责成扑灭，功罪始定，故奏报或缓，非敢隐蔽也。因称疾求退，不许。……丁丑，诏湖广衡州府，江西吉安府仍行广盐。国初湖广、江西俱行淮盐，后因两广用兵，都御史叶盛等建议设立盐厂，广西则于梧州，许行湖广衡、永二府；广东则于潮州、南雄，许行江西南、赣二府。嗣复增袁、吉、临三府，后袁、临旋罢，惟南、赣、吉、临、永食广盐。久之，其榷盐之法，每盐课司正引一许带余盐六引，引抽税银一钱二分，外有夹带，每引抽银一钱五分，岁留二分供军饷，以八分解户部。近岁都御史鄢懋卿始议改衡州，御史朱炳如复议改吉安，俱行淮盐，民情大称不便。于是总督两广侍郎吴桂芳、南赣都御史吴百朋以为言，且谓国课顿减，无以充饷，请各行广盐如故。户部覆议，从之。（《明世宗实录》卷五四三、万历《广东通志》卷六《藩省志六》） 春，肇庆兵叛。 时募浙兵三千以备调拨，攘夺民居，遂鼓众叛。知府郐光祚抚之，二日乃解。（崇祯《肇庆府志》卷二《纪事二》） 四月，提督吴桂芳等奏报夷目哑喏唎归氏者求贡事宜。海盗吴平复叛。 有夷目哑喏唎归氏者浮海求贡，初称满剌加国，已复易辞称蒲丽都家，两广镇巡官以闻。下礼部议，南番国无所谓蒲丽都家者，或佛朗机诡托也，请下镇巡官详审，若或诡托即为谢绝，或有汉人通诱者，以法治之。奏可……诏安贼首吴平先闻二省官兵夹剿，惧而请降，总兵俞大猷受之，使居梅岭杀贼自效。至是，复叛，造战舰，数有聚众万余，筑三城守之，行劫广东惠、潮及诏安、漳浦等处。福建总兵戚继光督兵袭之，平尽彩其辎重入舟，率众遁入海，保南澳。福建巡抚都御史汪道昆以闻。上命督抚等官协力夹剿，以靖地方，不许妄分彼此，及以招安为名，养寇贻患。（《明世宗实录》卷五四五）

（续上表）

时间	大事记
	五月，提督吴桂芳参奏去年古田贼劫库杀人诸臣失事罪状。 提督两广侍郎吴桂芳奏上去年古田贼劫库杀人诸臣失事罪状。总兵、巡闸等官桂林卫指挥王冕等，桂林府署印同知成相等，指挥金策、都指挥袁爵、佥事朱安期等，皆玩寇失守，当重论；参政陈其乐，虽以出巡不与，始失堤防，亦宜薄罚。诏罚其乐一月，宠降实职二级，爵革任，仍与冕、相下按臣逮问。（《明世宗实录》卷五四六） 六月，德庆罗旁下江瑶民出江道为患，提督吴桂芳开山伐木，立营兵镇守，江道肃清。 罗旁上下江道为广东、广西两省咽喉，瑶人出江劫掠，尤以下江为甚。官民船舶经过之时多被劫杀，人不敢行，咸请政府出兵大征，为民除害。提督吴桂芳几经调查，提出了他称之为"治以不治之策"的对策。他认为，瑶民禀性顽冥无知，出兵诛之不足示武，留之又足为浪贼藩篱。瑶民所恃者，为沿江茂林深箐，潜伏伺劫，而行人不能避，故及于难。若督兵将沿江两岸的山林砍伐，撤其屏障，剪其羽毛，然后驻兵两岸，且耕且守，以坐制其出没之命，使瑶民不得播恶于江上，则可听其偷生于山林之中，而不必兴师动众，广为诛戮，有伤生化。如此，则省费罢兵，有近功而未尝不有远效。吴桂芳将该对策上报朝廷后，得到朝廷称赞。于是，他以原任副总兵解明道、分巡佥事李偕专司董，督知府邹光祚、德庆守备杨弘举、通判杨士中分董之。工程始于嘉靖四十四年正月，成于当年十二月。上自南江口下至新村浲水的一百二十里江道两岸，山林一扫而光，各辟地入深十里，立营十所，每所设兵一百至二百名戍守，旌旗相望，炮鼓相传，瑶民不敢出没，江道萧清，孤帆夜渡。（《军门志》卷二一《讨罪五》）
嘉靖四十五年（1566）	自嘉靖三十六年以来，李亚元等以盗矿倡乱，转相煽诱，联络广州、韶州、惠州三府及河源、翁源、龙门、英德、从化、和平六县，为巢二百余所，有众四万余人。附近郡邑千里之间屠戮焚掠，惨不可言。吴桂芳请调土汉闽浙官兵八万，分五道进兵讨之。以伸威营总兵官俞大猷为五大哨总统，参政郭应聘、副使张子弘、刘稳、王化、佥事李偕及王诏亦、孔昭、周嶅、游击将军魏宗瀚、戴冲霄等各领一道，由南向北进击，并约南赣官军为龙南一哨，自岭北南进，南北夹击，兵威大振，所向克捷。俘斩一万零四百六十七人，抚处过四千一百三十人，山贼服毒、自刎、投崖、纵火自焚死者不计其数。贼首李亚元、邓廷凤等皆被生擒处死。诸巢尽平。之后，吴桂芳再移师顺剿惠州归善杀虏职官剧贼王西桥、黄鹿嵛等，斩首一千零二十级，王西桥亦被生擒处死。随后，吴桂芳请新设二县，以杜盗源。（《军门志》卷二一《讨罪五》）

（续上表）

时间	大事记
	二月，广东听抚贼王西桥等复叛，劫掠东莞县，执肇庆府同知郭文通为人质，以求招抚。 广东听抚贼王西桥等复叛，劫掠东莞县。都司刘世恩、肇庆府同知郭文通引兵击之，贼袭败我军，杀百户王銑等，执文通为质求抚。提督吴桂芳等许之，文通乃得脱归。事闻，诏世恩、文通姑准戴罪立功自赎，督抚官仍密图剿贼，以靖地方。（《明世宗实录》卷五五五） 四月，剿灭海上巨盗吴平，吴平落水死。① 闽广官兵追击海寇吴平于安南万桥山澳，大破之。初，平自阳江乌猪羊战败奔安南，提督侍郎吴桂芳檄安南万宁宣抚司发兵征剿，遣参将汤克宽、都司傅应嘉等以舟师会之，夹击平于万桥山下。会暮，大风，我军纵火攻，焚平所乘舟。平军大败，赴水死者无算。官兵生擒贼众及斩首共三百九十八人。（《明世宗实录》卷五五七） 九月，提督吴桂芳奏准复设柘林守备。两广提督吴桂芳改任南京兵部右侍郎。复设广东巡抚②，改提督军门为总督两广军务兼理粮饷巡抚广西地方，召吴继爵还京，以总兵官俞大猷代之。 壬辰，复设柘林守备，以澄海、潮阳二县水兵隶之，令往来南澳及河渡门等处备盗。时吴平既败，余党陈新老、林道乾等复窥南澳。议者以南头参将去海洋远，不便弹压，欲于南澳别设参将，募重兵守之。侍郎吴桂芳以南澳中地险而腴，在胜国时设兵戍守，其后戍兵即据之以叛。此所谓御盗生盗，覆辙照然。不如置戍柘林，而以南头参将及该府补盗官节制督察之便。报可……辛亥，改提督两广兵部右侍郎吴桂芳为南京兵部右侍郎……丁巳，兵科都给事中欧阳一敬奏：两广原各设巡抚一员，后因提督开府苍梧，而巡抚遂废。今地方多事，请复设巡抚于广东。其广西总兵官原以流官都督为之，后改用勋臣，与督府同驻梧州，为地方烦扰。且今恭顺侯吴继爵绵劣不足任事，宜召令回京，仍选用留官，命移镇广西会省便。吏部覆如其言。诏暂设广东巡抚，改提督军门为总督两广军务兼理粮饷巡抚广西地方，召吴继爵还京，以总兵官俞大猷代之。（《明世宗实录》卷五六二、《军门志》卷二一《讨罪五》）

① 关于海盗吴平是否死于该役，史籍有不同记载。对此，笔者曾撰文考证过，认为吴平确实在该役中落水而死。见拙文《明代海盗吴平及其生死考》，载《兰台世界》2011 年第 6 期。

② 按，关于复设广东巡抚的时间，《军门志》卷二一《讨罪五》记为十一月，当为实际复设时间。实录所记的九月，当为下诏时间。另，万历《广东通志》卷六《藩省志六》将复设广东巡抚的时间系于隆庆二年十月，误。

（续上表）

时间	大事记
	九月，提督吴桂芳招降广西古田獞贼韦银豹，奏设广西总兵。 古田獞贼韦银豹等降。时银豹久据古田，与诸獞分其地为上、下里居之。银豹两犯省城，独下四里人从之。提督军务吴桂芳因以其间，遣典史廖元入上四里谕降诸獞，诸獞复业者一千九百余人。于是银豹势孤，亦请降。桂芳即以古田平闻。因言，古田自弘、正来，县令未尝入城。今与吏廖元恢复已有次第，宜量升本县主簿，俟其政成，即擢为令。又本省副总兵止以都指挥充之，不兼制柳、庆，权轻位下，凡事辄为抚夷道所持。今诸獞虽纳款，犬豕之性，难保其终。欲为地方长久之计，莫如稍重将权，则选材勇堪任者代门崇文，镇守仍守其便宜行事。兵部覆从其言。于是革崇文职听调，改设总兵一员，加都督职衔，兼制柳庆诸獞。廖元升擢俱如拟。（《明世宗实录》卷五六二） 十月，谭纶由四川巡抚升兵部右侍郎兼右佥都御史，总督两广军务兼理粮饷巡抚广西地方。（《明世宗实录》卷五六三） 是年，提督吴桂芳主持修成广州外城。 广州城外西南面商贾辏集成市，滨临大海，毫无障蔽，海寇来袭，无险可恃，商民易受重创。于是，吴桂芳提议修筑广州外城。在其主持下，于嘉靖四十四年至四十五年间增筑了自西南角楼以及五羊驿，环绕至东南角楼的城墙，把商贾云集的濠畔街等地包括在内，称为外城。广州外城长一千一百余丈，周三千七百余丈，高两丈八，有九座城门，较旧城大为扩展，自东往西，防御严密。隆庆初，海寇曾一本曾欲入犯广州，终被外城所阻，民恃无恐。（道光《广东通志》卷六四） 是年，提督吴桂芳主持改造梧州民居，以砖瓦房取代竹庐。 嘉靖四十四、四十五年，梧州城外连续两个夏天发生火灾，数百间民居毁于一旦。吴桂芳为根除火患，劝梧州居民移风易俗，改竹庐为瓦屋，百姓永受其惠。“其令民自远今皆易竹庐为瓦屋。力不足者，官为赀给以助之能，以义倡为。凡民先者，旌之；有不如令者，罚之；甚者，籍以地而虚之。于是乃发窑戍千人，命中军监制砖瓦，凡累数十巨万，恣贫民所易取。令藩、臬使者以意行之。行之郡县五阅月，而镇城内外居民无敢复为竹舍矣”。（林大春《肇造全镇民居碑记》，载汪森：《粤西文载》卷四四） 是年，广东河源、翁源、龙门、英德大贼首李亚元、邓廷凤、官祖政等作乱。提督侍郎吴桂芳、恭顺侯吴继爵讨平之。
隆庆元年（1567）	八月，召两广总督谭纶入京，命漕运总督、兵部左侍郎兼都察院右都御史张瀚总督两广军务兼理粮饷、巡抚广西。（《明穆宗实录》卷一一）

（续上表）

时间	大事记
	是年，广东澄海县民陈世业、余乾仁等作乱，总督谭纶令广东巡抚李佑讨平之。 先是，倭报警急，各贼遂纠集二千余徒，内二百有奇髡首装作倭样，倡乱叛劫。督行镇守广东总兵官汤克宽等官兵水陆进攻。贼首陈世业等率众八百余徒迎敌官兵，擒斩首从贼连思恭、陈世业等二百二十二颗，余乾仁等残党负伤奔入大山避命，告称岁饥乏食，愚民无知，致干法纪，乞要招安。委潮阳县丞豊汝登抚定回还，原土安插复业。（《军门志》卷二一《讨罪五》）
隆庆二年（1568）	正月，总督谭纶等招抚广东岑冈巢贼江月照等，条陈善后事宜。 两广督抚等官谭纶等言，广东岑冈巢贼江月照等招抚初定，宜亟为安集，因条陈善后事宜。一修复防守军兵，谓和平县乌虎镇与岑冈为邻，故有隘兵防御，今渐废不振，请查复原额，慎简将官统领弹压之。一编立党正保甲，谓岑冈上下陵地近高沙渚，巢势成犄角，遂为逋逃薮，宜将近抚新民严立保甲，以消意外之变。从之。（《明穆宗实录》卷一六） 三月，新任总督张瀚到任。（万历《广东通志》卷六《藩省志六》） 四月，澄海县大家井民乱，总督张瀚令广东巡抚李佑讨平之。（万历《广东通志》卷六《藩省志六》） 六月，海寇曾一本杀参将缪印，率众数千乘船二百余，突犯广州，杀掠无数，外兵入援，乃引去。（万历《广东通志》卷六《藩省志六》） 九月，总督张瀚奏留该省解京盐课、铁税、赃罚等银五万七千五百五十两给军饷。张瀚与广东巡抚熊桴会奏处置两广山寇、海盗事宜。 奏称，广东山寇七十二巢，海寇四种而林道乾、曾一本最为陆梁，不一大创之，恐岭南之乱终不能已。谨条具其事如左：一申谕各官兵，凡陆地战胜者擒斩仍依赏格。若海上战胜者，擒贼一名即赏银四两，斩首一级银二两，冲锋虽无首级而能夺获一舡者一百两。其有斩获曾一本、林道乾首恶者，加赏银一千两，生擒者三千两，仍赏实授一级。其兵卒临阵退缩者，即斩首以狥。将领逗遛观望，如魏宗瀚、王如澄者，宜首正国法，以示劝惩。一总兵郭成长于陆战，俞大猷长于水战，宜分地责成，俾无推诿。而分守惠潮及雷琼廉参将宜亟行处补。一全广有官兵、乡兵、狼兵、募兵、抚兵，又加以闽浙之兵，多而不精，何以应率，迫置水寨六所，练兵同知六员，宜令造舡剿贼之后，将舡兵分配六寨，有事听调，无事听练。同知不许谋管印信，把总不许他委避难，而巡海、海防、海南、海北兵备四道，各给敕书，委以训阅之责，视其勤惰而赏罚之。一惠潮之间百姓伤残特甚，或逃或叛，里社为墟。乞将嘉靖四十三年以后带征起存钱粮暂行停免，其被患尤惨者，臣等量行赈恤，庶孑遗之民犹有更生之望，而喜于自新。兵部覆议，从之。

（续上表）

时间	大事记
	其议处分守一事，桴则恐侵总兵之权，欲以把总代之。瀚则谓雷琼廉所属地方辽远，又琼州孤悬海外，岐黎叛服不常，非参将不能弹压。上两视之。诏裁革惠潮参将耿宗元，而以浙江把总潘吉调补惠潮如桴言，以宗元补调琼廉，如瀚言。（《明穆宗实录》卷二四） 　　十二月，升兵部左侍郎刘焘为右都御史兼兵部左侍郎，总督两广军务兼理粮饷巡抚广西，随后兼理福建军务，准备兴兵征寇。吏科都给事中郑大经条奏两广经略事宜。 　　吏科都给事中郑大经上疏曰：顷皇上以两广用兵，特简侍郎刘焘为之总督，可谓得人。故今所患不在无焘，而在任焘之未至耳。臣谨条上六事：一曰重事权。假之节钺，令其便宜行事，临阵得斩副将以下，及都、布、按三司俱听其自行调遣，不必奏闻。一曰久信任。迟之岁月，令其多方筹画，务为一劳永逸之计。小有挫失，言官不得辄为论列，以养镇重之体。一曰宽文法。行师十万，日费千金，间谍犒赏之际，缓急多寡，令自处置，而持法者毋得以操切临之。一曰听委用。广中士夫有长于韬略者，不问显晦，令焘取置军门，资其赞画，有功仍疏名叙用。一曰广招徕。胁从之众，令焘用计招抚，中有斩首来献者，听其论功行赏。一曰厚赏格。海上一切斩获功或加之职级，或赐之金帛，皆倍溢常格，以作士气。仍刻该部发银济之。凡此皆所以委任将帅而责成功也。夫将帅之才与常调异，军旅之任与吏事殊。今诸边需才不独两广而已，乞敕吏部将近举边才逐一分别，仍行两京九卿堂上、科道官并在外抚按官各举堪任边务者，量具宜于南北开送该部。督抚员缺，即按籍而任，使之一如臣所云六事委任而责成之。吏部覆谓，两广经略事宜，悉如大经言。而广、福接壤为唇齿之地，宜令焘兼督福建军务，庶事权归一，易于成功。得旨允行。（《明穆宗实录》卷二七）
隆庆三年（1569）	正月，论闽广剿寇功，赏前两广总督张瀚、广东巡抚熊桴、总兵郭成各银二十两，纻丝一表里，参将张元勋、蒋伯清等赏银若干。以广东惠州府河源县、归善县地广多盗，增设长宁、永安二县。（《明穆宗实录》卷二八） 　　正月，把总周云翔杀将投倭作乱，总督张瀚督兵讨平之。 　　先是，倭犯海丰，参将耿宗元等领兵进战，部将周云翔先退，致贼逐北伤兵。宗元憾其无功，欲斩以狗。云翔惧诛，鼓众二千，焚营反叛，袭杀宗元等，直逼惠州城，进而投靠倭寇。总督张瀚借调南赣参将蔡汝兰等官兵三千五百名，协同总兵郭成与之激战，三战三捷，通计擒斩倭、贼一千三百七十五名，周云翔亦被生擒处死。（《军门志》卷二一《讨罪五》） 　　四月，右都御史兼兵部侍郎总制闽广军务刘焘到任。六月初，刘焘向朝廷奏报广东贼情及整兵治贼方略，获准。 　　刘焘奏言： 　　广贼有五种，其首恶曾一本及竭石残倭流毒最甚，亟宜殄灭。其次贼沿

（续上表）

时间	大事记
	海通贼居民，若一概诛剿贼，既绝其可生之路，而益坚其从贼之心，请揭标晓谕，许其自新，不悛乃重置之法。其次山贼，黎汝诚等抚之固无所顾忌，剿之亦不可胜诛，宜抚剿并行，殄其首恶，则余党自可传檄而定。其次抚贼，林道乾叛服不常，固有养虎贻害之忧，然业已听抚，又立功海上，宜察其果无异志，即当推心置腹，勿使自疑。此三种者，皆可以计定而不可以兵劫者也。其目前平寇之计有二，厚赏格以励士气，查得原议赏格，凡斩贼首一颗赏银二两，斩获曾一本升职一级，军中咸以为轻。乞仿征蛮事例，一人自擒斩三名颗、四名颗、五名颗者，升实授一级，不赏；六名颗以上者，亦升一级，余功扣赏领军领哨等官部下擒斩一百名颗，升署一级；三百名颗，升实授一级，俱不赏；四百名颗以上，亦升一级，余功扣赏。例应赏者，仍量贼大小，成功难易，分为下中上奇四等给散，有斩获曾一本者，若平民即升授指挥佥事，指挥即加升都指挥使，俱准世袭，仍照前议给赏。一积粮饷以裕兵食，前者兵户二部已发银十万两，今调兵数多，馈饷犹恐不给，乞令户部移文督责各省，原代广中军饷银两速行补还，并南京户部再发公帑五万两给取。兵部覆奏，得旨如议。（《明穆宗实录》卷三三） 六月，刘焘督两广、福建三省兵力围剿闽广巨寇曾一本，诛之。 曾一本，福建诏安人，聚党数万，横行于福建、广东沿海一带，攻城掠地，虏杀百姓、官兵，为害一方，曾于二年六月进犯省城，数年不能平。皇帝大怒，派兵部左侍郎刘焘升右都御史，总督福建、两广军务，发帑银十五万两以资兵食①，于四月二十一日入境，督催广东巡抚熊桴、福建巡抚涂泽民、总兵俞大猷、郭成、李锡等进兵讨之。三战皆捷，于六月二十六日，生擒贼首曾一本，擒斩数千人。（《军门志》卷二一《讨罪五》） 八月，朝廷叙录平闽广巨寇曾一本功，两广督抚等官各有升赏。 升总督两广、福建军务右都御史刘焘为左都御史，巡抚福建右佥都御史涂泽民、巡抚广东右佥都御史熊桴俱右副都御史，荫一子入监读书，督抚如故。广西总兵都督同知俞大猷为都督，福建总兵都督佥事李锡、广东总兵都督佥事郭成俱署都督同知，原任参将王诏实职二级、副使柴涞、广东道佥事杨芷、监军副使江一麟各一级，及福建三司府州县官陈典等二十三人各赏银币有差。（《明穆宗实录》卷三六） 十月，总督两广、福建都御史刘焘以海寇既平，辞免兼理福建军务。（《明穆宗实录》卷三八） 十一月，专设广西巡抚，以殷正茂为之。两广总督不再兼任广西巡抚。

① 按，《军门志》记为十万两，误。据《明穆宗实录》卷三三改。

（续上表）

时间	大事记
	隆庆三年十一月戊戌，升江西按察司按察使殷正茂为都察院右佥都御史巡抚广西。先是，广西以总督兼巡抚，后以广东未宁，而广西古田之变寻起，势不能专制。于是，议者皆言宜设专官督理军饷。兵部以为请，诏吏部举劾任者，以正茂为之。（《明穆宗实录》卷三九） 是年，两广总督刘焘讨平广西永安、荔浦峒民之乱，又平定潮州贼首郭明、陈一义等叛乱。 时荔浦县中峒贼首韦公海等纠同朦胧上下二峒贼五千人，攻劫荔浦县城；永安州榕峒贼首李都堂纠集一千五百余人为乱，阻截道路。总督刘焘令广西都司张启谟调兵讨平之，韦公海、李都堂等被擒斩。 时贼首郭明与海寇陈一义勾结，在潮州、揭阳一带聚众作乱近二十年，焚杀军民以千百计。总督刘焘行令潮州兵备佥事杨芷、监军副使江一麟、总兵郭成分兵进剿，擒斩六百余人，俘获贼属及被虏男女一千三百余人。郭明、陈一义等被斩杀。（《军门志》卷二一《讨罪五》） 是年，总督刘焘重建广州总督行台嘉靖四十年被火焚毁之前堂、后堂。（《军门志》卷一《开府·总督行台》）
隆庆四年（1570）	正月，倭寇攻陷广海卫。 指挥王祯、镇抚周秉唐、百户何兰力战身亡，千户宁绍杰弃城而逃。倭寇据广海卫四十六日，杀戮三千余人，官民房舍焚毁殆尽。二月，肇庆府同知郭文通乘倭寇撤退之机，督帅狼兵、浙兵追击，因两军不和，败绩。倭寇满载东归，虏男女五百余人。（万历《广东通志》卷六《藩省志六》） 正月，总督两广、福建都御史刘焘奏讨平海寇林容等功，命赏兵备张士纯等银两有差，磔贼首林容等于市。 林容本为海寇吴平残党，巢聚西海，劫掠为患，与曾一本残党许瑞相攻于吴川赤水河面，容败被执，瑞遂因容所虏千户朱本源求抚，献容等首从三百余名，被虏教官谢赞、谢式、谢庠、陈渐阶、生员周坦等男妇四百余名。事闻，兵部因请释瑞勿诛，许其立功自效，报可。（《明穆宗实录》卷四一） 二月，升南京兵部右侍郎李迁为兵部左侍郎兼都察院右佥都御史，总督两广军务兼理粮饷。因福建巡按蒙诏的建议，在广东沿海六寨之外，增设马耳水寨，与柘林相为犄角；添设南路都司佥书一员，驻守南头，而令参将驻守澄海，以便防御。（《明穆宗实录》卷四二，按，李迁升任两广总督事，万历《广东通志》卷六《藩省志六》记为七月，当为到任时间。） 三月，改广东巡抚熊汝达为浙江巡抚。（《明穆宗实录》卷四三） 五月，裁革广东巡抚，改两广总督李迁为提督两广军务兼广东巡抚。 先是，都给事中光懋言，两广总督建置已久，开府苍梧，坐镇东西两省，居上游之地，握要害之区，调兵转饷，势若连瓴，盖责成专则推诿无

（续上表）

时间	大事记
	词，事权重则掣肘勿虑，号令一则耳目不分。今更设二抚臣，不惟多官多费，适滋纷扰，而于人情驰骛，事势牵挽，尤为多端。盖两广钱粮兵马止有此数，向尝以一提督用之则有余，今以二巡抚参之则不足。况号多门，一遇有警，辄彼此相仗，在提督则曰彼有专职，我难以遥制也；在巡抚又曰彼乃兼统，我不可专制也。宜革抚臣，复提督便。御史苏士润亦言，二粤势如辅车，总督居中控制，在广西不足于粮饷，则资广东以转输，在广东不足于战士，则调广西以应援，不惟声援联络，且事体归一。章并下，吏部覆可，故有是命。（《明穆宗实录》卷四五） 夏，潮、惠巨贼苏继相、曾魁、杜高山等为乱，总督李迁讨平之。 苏继相等聚众数千，占山为巢，攻城略村，杀戮官民，阻绝通衢，屡剿屡起，民甚苦之。于是总督李迁调兵二万，分三路并进，大破贼众，生擒苏继相、曾魁、杜高山等，械解军门，同磔于市。地方底宁，士民称快。（《军门志》卷二一《讨罪五》）
隆庆五年（1571）	春，平广西古田蛮贼韦银豹之乱，改古田县为永宁州。 广西古田县蛮贼久为乱，占据县城，杀戮官民。总督李迁会同广西巡抚殷正茂，调两江土兵十万，兴师围剿。于隆庆四年十二月初一进兵。首克东山石玉龙口数十巢，次破三千藤、浪渌里等巢，又次克龙旋等村，各斩首千余。贼势披靡，悉众走据潮水巢拒敌，相持半月。正茂申令促之，遂夜遣死士乘雨登绝顶埋伏。黎明举铳，众贼惊溃，大破之。马浪、苦利诸巢相继尽克。诸寨悉平。是役也，擒斩七千四百六十六名，俘获贼属一千零三十三人，牛马器杖无算，抚过良獞六百六十五村。贼首韦银豹被械解京师处死，古田乱平。总督李迁、巡抚殷正茂等因请改古田县为州治，改常安、富禄、桐木三镇巡检司为土，召东兰州族目韦忠承管常安，那地州族目罗永山承管福禄，南丹州族目莫崖承管桐木，各提兵二千名，世守其地。改驿传佥事为古田兵备副使，设参将一员，与兵备驻州城弹压。诏可，州名改永宁。（《军门志》卷二一《讨罪五》） 二月，提督李迁奏准，增设分守惠潮参将及南头寨把总官各一员，令南头参将陈濠、高肇参将罗继祖更调。（《明穆宗实录》卷五四） 五月，以广西古田平寇功，提督李迁、广西巡抚殷正茂等各受升赏。 叙广西古田平寇功，升提督侍郎李迁为都察院右都御史，仍兼兵部左侍郎总督如故；巡抚右佥都御史殷正茂为兵部右侍郎，仍兼都察院右佥都御史，荫一子为国子生，暂留巡抚；镇守总兵官俞大猷实职二级，世袭，仍各赏银币有差。（《明穆宗实录》卷五七） 五月，总督李迁、广西巡抚殷正茂等调陈古田善后事宜。

（续上表）

时间	大事记
	一请增设兵备参将各一员，专驻古田，弹压其地；一设防守官军千户二员、百户四员、旗军操军四百人，以严堤备；一龙门隘、都狼隘、牛河三厄诸险，猝难平治，请令兵备官督所司树栅立堡，或招集土舍狼兵，或暂拨参将募兵据险立营，分布防守；一古田自獞贼窃据，四衢梗塞，请芟伐林箐，夷其险阻，每二十里建一递铺，铺兵即以獞民充之；一古田既改为州，又增设兵备参将，一切夫马廪给请以桂林所属柳浦、建安、横塘等驿分拨；一古田版图既复，宜以下陆里分安宁、安和二里隶常安镇土司，崇良、永盈二里隶富禄镇土司，仁良、永安二里隶桐木镇土司，凡残獞在各里者，悉以属之。其新兴等四里，不分民獞俱属于州，其十里田系歼绝各獞所遗者，候踏勘处分。其复业残民，编立里甲保长，听抚獞人每村立一獞长，俱听里长管束。粮差规则悉从轻省，俱听里长催纳。州官严禁，不许科扰以启衅端；一广西三镇目兵、募兵等项，费银不过四万，而布政司所贮各项军需不下十二万，宜时加稽核登记册籍，专备古田军需，无以他费借用。户、兵二部覆奏，上皆从之。（《明穆宗实录》卷五七） 五月，广西巡抚殷正茂奏准，官运广盐行销湖广衡州、永州，以盐利充古田善后军饷之需。 丁卯，巡抚广西都御史殷正茂以古田既平，欲修举盐法，以足兵食，乃疏言："贩盐在广西，出盐在广东，行盐在湖广衡、永。诚令官出资本，岁买盐三百艘，逐时估消息，收其奇赢，可以不烦朝廷，不用民力，而广西岁饷数万金，充然有余。且十年之后，舳舻交通，货物充牣，广西遂为富藩矣。因条上八事：一议法守，一明赏罚，一计工本，一造官船，一谨防范，一限时月，一禁私贩，一明职掌，一谨始事。户部是其议，请饬正茂及时修举，兼行两广提督、湖广巡抚及各巡按御史协心共济，所议船只或酌量兴造，或暂雇民船，俟通行更议。有未尽事宜及掣肘不便者，令各讲求长策，以图永久。上是之。（《明穆宗实录》卷五七） 六月，总督李迁奏准，复令广东拨戍守官军四千六百余名守梧州，每年以广备仓粮三万石解梧州。（《明穆宗实录》卷五八） 八月，总督李迁升南京刑部尚书，升广西巡抚殷正茂总督两广军务兼巡抚广东。（《明穆宗实录》卷六〇） 秋，广东英德贼首廖廷璧、钱孔恩、成周山等作乱，提督李迁讨平之。 廷璧据天堂寨，孔恩、周山据大竹园寨，巢穴联络，声势相倚。自嘉靖四十一年倡乱，寇劫清、英、三水等县，与湖广蓝武、广西怀集等处高道等乡杀虏人畜，占据良田。廷璧僭号为五府大都督，称雄逾十年，流毒遍三省。邑人陈益明、黄瑜等两次叩阙声冤。事下总督右都御史刘焘剿处。时兵

（续上表）

时间	大事记
	力牵于海上，未暇及此。贼益猖炽。迨侍郎李迁莅镇，警报日闻。于是，檄南韶兵备佥事，诸察调集所在官抚猺兵，初战于大陂坑，仅有擒斩。再战于天堂大巢，遂擒廷壁；又战于茶坪砦，并孔思、周山皆生缚焉。余党悉平。（郭棐：《粤大纪》卷三） 冬，倭寇大犯高州、雷州，新任总督殷正茂檄总兵张元勋、兵备佥事李材、许孚远、参政江一麟等讨平之，俘斩一千零七十五人。（以上均出《军门志》卷二一《讨罪五》） 是年，两广总督殷正茂奏准，澳门蕃舶征税实行丈量制。（万历《广东通志》卷六九《丈量》）
隆庆六年（1572）	春，河源贼首唐亚六、从化贼首万尚钦、英德贼首张廷光等久作乱，总督殷正茂讨平之。 先是，各贼皆以盗矿倡乱，劫掠广州、韶州、惠州三府地方。嘉靖四十五年大征，唐亚六等漏网。之后，陆续纠集亡命一千余人，流劫增城、龙门、从化、和平、河源、翁源、三水等县，逼近省城，远近震惊。五年十月，总督李迁调官兵一万二千，分四道进讨，以总兵张元勋为统帅。布署既定，而李迁升任他处，继任殷正茂莅镇督战，俘斩七百余人，诸酋悉被生擒，押往军门处死。（《军门志》卷二一《讨罪五》） 二月，总督殷正茂请新设新宁州，隶广西南宁府。 提督两广侍郎殷正茂等言，南宁所属四都界思明、忠州、罗阳、陀陵诸土司之间，为白沙渠黎诸贼出没之地，去府甚远，不便约束。宜添设州治，铨除知州、吏目各一员，分割忠州故所侵宣化县那投十五村，并如禾一二四图渠乐塞土巡检司皆以隶之，可以一政令，杜衅端，于地理民情甚便。户部请从其议。诏可，乃命名曰新宁。（《明穆宗实录》卷六六）二月，调整两广部分军职设置，广东总兵郭成等因盗寇流劫惠州受到处分。 裁革广西梧州游击将军及广东巡抚标下领兵把总，改设两广军门坐营中军官一员，增设广海卫守备一员。治广寇流劫惠州失事罪，总兵府坐营都指挥同知李峨论斩，军门坐营都指挥金丹、白沙寨把总宋天爵充军，总兵郭成罚俸三月。先是，峨部兵剿曾一本余党，违误师期失利，乃纵所部妄杀良民二百余人报功。丹承委抚贼，受取贼贿五十金，又从天爵所借商船遗贼，引与为市，已而贼犯崖陵，天爵复坐视不救。巡按御史赵焞勘实以闻，并劾成委用非人，故有是命。（《明穆宗实录》卷六六） 二月，以进剿惠、潮山寇功，前任总督李迁等受到朝廷赏赐。 巡按广东御史赵焞勘报进剿惠潮山寇功，凡俘斩一千二百一十人。诏赏总督侍郎李迁、布政使张子弘、方弘静，副使江一麟、施尧臣，参议许天琦，

（续上表）

时间	大事记
	佥事杨芷，府州县官侯必登等银币有差。（《明穆宗实录》卷六六） 二月，倭寇犯广东化州石城县，山寇黄朝太等复作乱，其势猖獗，令总督殷正茂督兵驱剿。 倭寇分道犯广东化州石城县，攻破锦囊所，杀千户黄隆，又陷神电卫县城，一时吴川、阳江、高州、海农等并遭大劫，而山寇黄朝太等复起，势甚猖獗，官兵不能御。总督殷正茂以闻，并自劾待罪。兵部以正茂初致任，宜赦勿问。上曰，广东旧贼未平，新倭复炽，至陷城池，皆守臣向来怠废玩愒，守备无策所致，罪不可宥，通候事宁核治。殷正茂素有才略，兹初任事，其督率将领、司道等官悉力驱剿，务期荡灭。其地方机宜，悉听破格整理，敢有梗挠者，奏闻重治。（《明穆宗实录》卷六六） 闰二月，应总督殷正茂之请，复设广西总兵官；发饷银十万两以备军兴。殷正茂条奏广东军务四事，得旨准行。 丁丑，两广提督抚按官殷正茂等议以两广总兵不当裁革，因奏言：广西设总兵所以弹压安南，约束土官，非独为区区猺獞。且系祖宗旧制，安得计小费而议变更。此揆之国体，终不可革者也。广东总兵虽近时增设，但连岁用兵，未有休时。水陆将士，尽属总兵统领，责其次第剿荡。俟诸巢尽泠，地方敉宁，更从议革，亦未为晚。此方今时势，未可遽革者也。宜敕本部亟推补广西总兵，而革坐营中军官。其广东总兵，容臣等督令征剿，候事宁别议。兵部覆请，从之。 戊寅，提督两广军务右侍郎殷正茂以亟乏军兴为请，兵部议发南京兵部马价、舡料银十万两，以应天府等处应解明年太仆寺马价银内抵补。上可其奏。 己卯，提督两广军务右侍郎殷正茂条议四事：一分信地，令广东巡视海道驻东莞南头城，分守岭南道驻省地，分守岭东道驻惠州府城，往来海丰，分守岭西道驻高州府城，分守海北道驻雷州府城，广州兵备兼分巡道驻新会县城，岭西兵备兼分巡道驻肇庆府城，往来德庆、泷水，南韶兵备分巡道驻韶州府城，惠州兵备分巡道驻长乐县城，海防兵备分巡潮州道驻州府城，海南兵备分巡道驻琼州府城，海北兵备分巡道驻廉州府城，监军道随军调度。自后推补各道员缺，即于文凭内明驻各分驻地方，使便行事。一议问遣，言漳、泉、兴化之人，以罪谪戍边者例编戍岭表滨海诸郡，乃其人率生事喜乱，每倭夷入寇，辄为向道，是腹心之疾，宜更置濒海之戍，戍云贵川湖诸地，他濒海诸郡不得编发，以杜勾引之患。一议召募，言土兵利水战，浙兵利陆战，而广人多言练土者，将领多言募浙兵，臣以为兵在训练，何并彼此，愿训练之效其于他日而寇盗之患急在日前，请召募浙兵六千人，合土兵

（续上表）

时间	大事记
	万二千人，分三十营以备征剿。一议民壮，言各府县编佥民壮，动以抽解济边为辞，不知抽解之议起于往时隐占乾没，故取其赢余，以济边耳。令既设官操练，编成队伍，皆为民兵，与曩时异而岭海之急甚于九边，安得复泥前说，宜暂停抽解，候事宁别处。章下，部议皆以为可。上乃允行之。（《明穆宗实录》卷六七） 三月，总督殷正茂奏准，增设广州府南头广海海防同知一员。（《明穆宗实录》卷六八） 四月，总督殷正茂奏减广东上供珠额。广西府江瑶乱，令督抚相机剿除。 提督两广侍郎殷正茂言，广东山海之寇日益充斥，民疲于奔命，死徒过半。陛下岁令采珠八千两，必三年然后已，计所费至三千万金。今军兴，一切尚苦不赡，岂复能办此。即上供不可缺，宜稍杀之，改千为百，宽三年为十年，其银朱铜蜡诸物，郡县兵荒者可罢征，以苏重困之民。户部覆奏，上从之……己卯，广西府江右江诸猺獞复乱，巡抚都御史郭应聘请给兵饷剿除之。兵科都给事中梁问孟以贼党甚众，不可尽灭，宜令守臣熟计。兵部覆言，府江自正德十二年都御史陈经征讨之后，且六十年，而右江北三比五等巢，素未惩创，生齿曰繁，遂肆猖獗。顷者大征古田，各巢咸畏威敛戢，独府江右江恃险为乱，若复纵之，非惟无以固八寨怀远之招，亦恐以启古田携二之渐。臣以为剿之便。但兵在万全，宜即以科臣所虑，备行两广提督侍郎殷正茂及广西抚按郭应聘等相机行事，毋贻后患，其调兵给饷诸务悉听便宜。上是之。（《明穆宗实录》卷六九） 七月，总督殷正茂令岭西兵备佥事李材讨怀宁等贼，平之。（崇祯《肇庆府志》卷二《纪事二》） 十二月，总督殷正茂条陈两广用兵机宜。 两广提督殷正茂奏，岭海兵机，议事者主剿黜抚，当事者则权宜于抚剿之间。今日之抚，视先年情势迥异，随时酌势之机权，惟当事者得以通变。臣先任广西，不行召募，盖以狼制獞，譬之以猫捕鼠；广东则海贼、山贼、倭贼、番贼、狼贼、猺贼、里海贼，其种不一，非浙兵必不能冲锋。议水陆约用兵三万，募浙兵八千，余悉募土兵，俟教练既成，堪以冲锋，渐汰浙兵，计用银三十余万两，因请本省额运钱粮停解三年，以充饷费。户部言金花颜料蜡茶果品等银系供上用，难以轻议。其盐课、铁税、赃罚、事例银，虽系济边，但该省急缺军饷，酌停解二年，并以前拖欠者共八万七千六百两有奇。报可……辛未，总督两广军务兵部右侍郎殷正茂奏言，受事以来备查丁田额办以至市舶盐课等项，通计岁入四十一万有奇，水陆兵将岁支三十一

（续上表）

时间	大事记
	万有奇，而船只器具火药行粮功赏等项，以至江堡土兵不与焉。宜酌议定例，明主赏罚责成，因列条上请，一置簿籍以便查并，一明赏罚以示责成，一严查治以警怠肆，一重赏典以查欺隐。部皆如议覆行之。按广自盗起，民苦流离，重以调募，更苦征输，数年以来抚剿初无定策，而地方实受其祸。及五议既行户部考成之法，铨部升迁之典，尽归巡抚，司道府县奉行唯谨，无复拊绥之意，而更惧弹治之威，赂遗之门从此大启，将领殆如输户矣。（《明神宗实录》卷八） 是年，恩平等地贼首罗绍清等、海寇郑大汉等作乱，殷正茂督兵讨平之。 恩阳会宁交界怀宁苔村三巢贼首罗绍清、侯惟贞、林翠兰等，恩平十三村贼首陈金、金莺，新宁藤峒、九逕、白石等十巢贼首黄飞鹰、丘胜富等伏诛。各贼据险盘巢，久为恩、兴、会、宁、阳、电诸县患。至是，总督殷正茂整顿军务，令岭西兵备佥事李材、广州兵备佥事何子明、总兵张元勋、副总兵梁守愚等征剿，擒斩八百余人，俘获贼属五百余人。海寇郑大汉、许俊美久作乱，总督殷正茂令海道副使刘稳、把总吴天赏、监军副使吴一介、参将晏继芳等讨平之。（《军门志》卷二一《讨罪五》）
万历元年（1573）	五月，朝廷命总督殷正茂督兵平海盗林道乾、林凤、朱良宝等，又议剿广西怀远猺贼。开通广西府江水陆诸路，改复四土巡检司，改昭平都司为参将，以约束之。 令提督两广侍郎殷正茂督兵平海贼。林道乾闻山寇荡平，叛招出海，驾言奔投外国。又林凤、朱良宝等济恶猖狂。正茂计大集水陆之众，期一鼓就擒。其或广海茫洋，不能穷追，一面扑灭凤、宝诸贼，剪其羽翼，一面捣其巢，移大将提兵，一使据其倚山跨海之险，以待其来，即使勾倭内犯，亦已有备无患。兵科都给事中张书遂请申饬正茂刻期征剿，务在必诛。兵部两覆之，仍乞行福建镇、巡严兵协剿……兵部又议剿广西怀远猺贼，言国事当论缓急，用兵宜假便宜。岭东乘破竹之势，事贵急图；怀远乃问罪之师，功不必速就。客兵调募与师期迟速，俱听督抚便宜，不从中制。其借募浙江鸟铳手、湖广勾刀手，行该巡抚依数督发。如岭东事定，因此及彼客兵可以不调，亦听从宜中止。俱报可……己未，开通广西府江水陆诸路，改复四土巡检司，寻改昭平都司为参将以约束之，从提督殷正茂议也……丙午户部覆提督侍郎殷正茂等条陈三事：一酌处兵费，言府江南岸三洞议复土司，并设各堡，合用兵饷及听用员役廪粮各项建置、开山通道等带，议动平乐府及贺库贮及借布政使司与梧镇饷银共二万一千余两；一预定县治，言自平乐至梧镇五百余里，声教不通，法令不行，议于昭平对江西岸设复县治，割平乐、富

（续上表）

时间	大事记
	川、贺三县地，并先回土司田粮属之；一处田粮，言猺獞所占三洞两岸仙回田土除清还民外，尚七万余亩，议拨今立土司募兵领每名十亩，头目量加，初年给饷，并处牛种，三年后量科亩三升，其防守调征外一切差徭尽行蠲免。报可。（《明神宗实录》卷一三） 春，总督殷正茂督兵平惠、潮二府山寇。 惠、潮二府山寇蓝一清、赖元爵、马祖昌、黄民泰、鲁廷凤、典鸣时、李仲山、卓子望、叶景清、鲁仕龙等各占山为巢，纠党万余久作乱，彼此响应，远近附从。自岭东一带，外而赣南，内而翁、英、东莞等处，无不受其荼毒，杀人动以千百计。至是，总督殷正茂檄调广西狼土官兵二万，调营兵及募兵共二万，分四道进讨，以参将李诚立、沈思学、游击将军王瑞、原任参将王诏各领一道，而总之以总兵官张元勋，以参政唐九德、陈奎、副使苏愚、参议顾养谦分道监之，以副使吴一介总监诸军兼粮赏纪功，与总兵官同营调度。谋算既定，于隆庆六年十二月初二日进讨。官军所向即克，各巢相继而下，望风瓦解。是役历时三月，费饷五万六千两，俘斩一万二千二百八十六人，内经奏有名大贼首六十一人，次贼首、贼总六百余人。捷闻，万历皇帝大喜，殿前宣捷，百官称贺。（《军门志》卷二一《讨罪五》） 春，广西府江瑶民久作乱，总督殷正茂、广西巡抚郭应聘讨平之。 府江为两广咽喉，瑶民盘据其间，久为行旅害。至是，督抚会行调集各州司土官兵分四道进剿，以参将王世科、钱凤翔、原任都司董龙、都司王承恩为统督官，以副使金柱、郑茂、佥事夏道南为监督官，总兵李锡为总统官，参政胡直为理饷官，使使刘廷举为纪功官，于隆庆六年十月望日分道突袭，各峒俱平，俘斩四千六百六十七人，俘获贼属四千四百一十八人，牛马二百四十头。府江悉平。（《军门志》卷二一《讨罪五》） 五月，析东莞县，置新安县。（雍正《广东通志》卷六《编年》） 十月，总督殷正茂立盘验所于封川，验船榷税。设海防同知，驻阳江。海贼许恩杀贼首郑大汉以降，居之阳江北津，授以军职保界。（崇祯《肇庆府志》卷二《纪事二》）
万历二年（1574）	春，广西怀远瑶民倡乱，总督殷正茂、广西巡抚郭应聘讨平之，俘斩三千三百四十四人，获贼属牛马无算。 正月，广西永宁、荔浦、洛容等县瑶民作乱，杀死千户章继宗、典史谢漳等人。总督殷正茂、广西巡抚郭应聘令总兵李锡率兵讨平之，俘斩四千零一十三人，贼首韦狼要被活捉处死。 三月，潮州叛贼朱良宝久作乱，总督殷正茂命总兵张元勋等讨平之，俘斩一千二百五十人。（以上均出《军门志》卷二一《讨罪五》）

（续上表）

时间	大事记
	八月，总督殷正茂奏准平定惠、潮善后事宜。 一重彻兵，散遣狼兵，给与路粮犒赏，仍责成土官押回，并无沿途骚扰；一塞盗穴，移惠州参将于新田，以本府捕盗通判同住调度之，移惠潮守备于南岭，以惠州府抚民通判同住调度之；一勤抚恤，海丰、永安、长乐、河源诸邑被贼害尤甚，合行赈蠲；一训练土兵，近年剿贼率调浙兵，今设练兵参将一员，招募土人，就中择出把总、哨官、哨队长，编成队伍，练成二十营，视远募实为得策；一制造战船，沿海六寨船只时或漂溺，方行议造，缓不及事。令于肇庆府治近郭建置船厂，预行制造；一定格升赏，海上用兵飓风呼吸不知死所，其海洋功次，合照斩倭事例，数倍于陆功，领兵官自二年为始，即部功亦与世袭；一申明连坐，捕获盗贼并其父兄户长从重究罪。均获准。（《明神宗实录》卷二八） 八月，广西巡抚郭应聘请令广西怀远县各地方设立社学，以教化归附之民。 巡抚郭应聘题称，怀远习犷猂之余，沦于夷貊，不知礼义久矣。兹者地方荡平，正其改观易听之时，可以兴礼施教之会，合将县内外各立社师，择其嗜学敦行者，凡残民八岁以上，俱入学听其教诲。其子弟内有谙晓文字者，县官申请学道，给与衣巾，以示激劝。其社师果训迪有方，亦听本县申请，提学准其充附帮补，若子弟不率教，及社师虚冒名目者，亦听县申处，庶残民知所向方，夷风繇此丕变，其于粤西善后之策，亦大有裨矣。（《明神宗实录》卷二八） 九月，应总督殷正茂之请，将伸威道移驻惠州，岭东道移驻长乐，肇庆府添设海防同知，广西博白听海北分巡管辖，广东开建县听广西苍梧道管辖。（《明神宗实录》卷二九） 冬，倭寇攻占双鱼所，总督殷正茂督兵讨平之。 殷正茂督令广东总兵张元勋、监军副使赵可怀、参政刘志伊、参将梁守愚等督兵分别从新会、肇庆、阳江三道进讨，擒斩九百余人。（《军门志》卷二一《讨罪五》） 十月，倭突入新兴二十四山，知县王民顺擒之。（崇祯《肇庆府志》卷二《纪事二》） 闰十二月，总督殷正茂题请广西梧州府添设盐课副提举二员，专理盐法，以供军饷。 应总督殷正茂之请，于广西梧州府添设副提举二员，照例请给关防，常轮一员前往广东买盐运回梧州，候桂林船到转发，仍于桂林、梧州二府原设管粮通判，令其兼理盐法，以所抽盐税供军饷。（《明神宗实录》卷三三）

（续上表）

时间	大事记
	是年，以惠州、潮州府有寇乱，暂移提督驻扎潮州，事平复归肇庆。（万历《明会典》卷二〇九《督察院·督府建置》）
万历三年（1575）	四月，升广东都司佥书陈璘为肇庆游击将军。（《明神宗实录》卷三七） 六月，总督殷正茂升任南京户部尚书，升兵部右侍郎凌云翼为兵部左侍郎兼都察院右佥都御史提督两广军务。（《明神宗实录》卷三九） 十月，总督殷正茂奏请大征肇庆府罗旁瑶民，陈进剿事宜十事，获准。（《明神宗实录》卷四五） 冬，大海盗林凤突犯广澳，总督凌云翼令总兵张元勋、监军副使赵可怀督兵击之，俘获八十余人，击沉贼船二十余艘，林凤逃往外洋。① 林凤与林道乾皆曾一本余党也。各拥众数千，流劫海上，猖獗多年，为官兵所逐，凤因奔外洋，攻吕宋玳瑁港，筑城据守，且修战舰，谋胁番人复图内逞。福建巡抚刘尧诲遣人谕吕宋国主，集番兵击之，巢船烧毁，贼众大挫。至是，又从外洋突入广澳。云翼乃檄总兵张元勋、监军副使赵可怀追剿之。与福建总兵胡守仁兵合，追至碣石卫，获贼徒男妇八十余人。复追至淡水洋，贼船飘遁，兵随击之，焚沉艘二十余只，凤走遁外夷，不敢复回。（《军门志》卷二一《讨罪五》） 是年，广州、岭西、岭北等地山寇海盗频发，总督凌云翼督兵讨平。 广州、岭西、岭北、南韶等地山寇、海盗流劫为患，总督凌云翼督岭西兵备石磐、参将陈璘，广州兵备徐汝阳、指挥赵升，南韶兵备姜忻、守备张鸾，海北兵备道督指挥刘炳等各率兵进讨，擒斩百余人，诸路悉清。（《军门志》卷二一《讨罪五》）

① 按，郭棐：《粤大记》卷三二《政事类·海防》亦载有此事，文字与《军门志》所载基本相同而有漏误，疑二者源自同一史源，或《粤大记》之文即源自《军门志》。因为刘尧诲重修《军门志》成书于万历九年，当年时任四川按察司副使的郭棐就受邀为该书写了一篇后序（见《军门志》第482页），显然他是看过该书的。郭棐编撰的《粤大记》始于万历初年，成于万历二十六年，修撰过程中很有可能参看了《军门志》。而且，笔者对照二文后发现，《军门志》所载完整无误，而《粤大记》的文字中有脱漏及笔误。如《军门志》文为："云翼乃檄总兵张元勋、监军副使赵可怀追剿之。与福建总兵胡守仁兵合，追至碣石卫，获贼徒男妇八十余人。"《粤大记》则为："云翼乃檄福建总兵胡守仁兵合，追至，获贼徒男妇八十余人。"显然，是郭棐在摘抄时脱漏了"总兵张元勋、监军副使赵可怀追剿之。与"及"碣石卫"等文字。又如将"焚沉艘二十余只"之"十"笔误为"千"。1998年出版的点校本《粤大记》，因未参考《军门志》，上述脱漏未能校出，只据《明史·殷正茂传》校出以"十"为"千"之误（见点校本《粤大记》，广州：中山大学出版社1998年版，第897页）。凡有关明代广东军事类的大事，《粤大记》所载与《军门志》基本相同，而以后者更为完备。故在编撰此《年表》时，凡被二书共载之事，均选用《军门志》的记载。

（续上表）

时间	大事记
万历四年（1576）	三月，总督凌云翼为大征罗旁，筹集军饷，得饷银十一万两。（《明神宗实录》卷四八） 十一月，总督凌云翼讨平琼州府上下四屯瑶民之乱。 十二月，总督凌云翼讨平罗旁瑶贼。 凌云翼督广东总兵张元勋、广西总兵李锡、监军副使赵可怀等率二十万大军征剿罗旁瑶民，攻破贼巢五百六十四个，擒斩一万六千一百零四人，俘获贼属两万三千一百五十一人，夺获器杖牛马无数。皇帝为之宣捷告庙，受百官贺，赐凌云翼白金、飞鱼服。（以上均出《军门志》卷二一《讨罪五》） 是年，总督凌云翼奏设阳江北津寨。 寨设船三十四，官兵九百七十六员名，自芒洲娘澳接广海汛地，历海陵放鸡莲头至吴川赤水港止，与白鸽汛地相接。改西路巡海参将为阳电海防参将。（《粤闽巡视纪略》卷二、崇祯《肇庆府志》卷二《纪事二》） 是年，总督凌云翼重修广州总督行台。（《军门志》卷一《开府·总督行台》） 是年，广西柳庆瑶民作乱，总督凌云翼、广西巡抚吴文华讨平之，斩首三百七十人，贼首韦金线等皆就戮。 是年，海盗林凤部将马志善、李成受抚，解散徒党一千七百一十二人，贼属五百六十六人，释放被虏男女三百二十四人。
万历五年（1577）	五月，兵部覆两广总督凌云翼条奏罗旁善后事宜，升泷水县为罗定州。 一建设州县，东山黄姜峒、西山大峒原系贼巢，今虽荡平，难保必无遗孽，遽欲建官设县，恐贻后艰。请先升泷水县为州，其二峒各筑营城，选委将领，屯兵驻扎，伺有贼出，许其便宜抚剿，果无他虞，题请建县。目下各峒地方，通属新州管辖，其南乡、富霖、封门、函口设千户所四，调官军防守。一专设宪臣，改惠州伸威道副使为岭西兵巡，岭西兵巡道佥事为泷水兵备，其潮州海防兵备兼管惠潮两府兵巡。一更置将领，添设参将二员分守二峒，德庆守备移驻泷水，高肇参将径行裁革；一议处戍兵，拨江道并各营堡兵补足营伍，余留江堡哨守。一充实官军，就近省卫抽拨不足，以问遣新军充之，若土民狼獞愿受田，隶所者即以补伍。一调用官员。一开辟道路，改寿康驿置南江口，东亭驿置晋康，新昌驿置泷水，恩平驿置满沟，西平驿置平豆，立石驿置掘冈，那夏驿置大陵，以通水陆。一经费钱粮。一程课殿最。得旨：设县该抚按再加详议，如果贼巢尽拔，保无他虞，即请设官建治，不必以年月为限，余如议行。又命升泷水县为罗定州。（《明神宗实录》卷六二） 潘积善等慑于官军大征罗旁之余威，率众乞降，愿为编民。总督凌云翼、

（续上表）

时间	大事记
	广西巡抚吴文华受之，移浔梧参将王德懋驻岑溪弹压，选指挥千户五员提兵三千，分屯其地。（《军门志》卷二一《讨罪五》） 十月，总督凌云翼奏准调整广西兵防。 广西思恩府自弘治中岑浚叛后改土为流，嘉靖初土酋王受作乱，新建伯王守仁抚平之，始迁府治于荒田，割南宁府武缘县止戈一二图为编户，裂思恩旧治为九土巡检司，而统于府。至是，两广总督凌云翼以九司种类日悍，蔑视汉官，府治编民甚少，缓急难恃，议改武缘一县全属思恩，以资弹压。又言梧州地方辽阔，守巡二道共驻府城，临警不及策应，欲将巡道移驻郁林州，分辖北流等县，庆远府西德胜镇逼近峒贼，欲将府同知移驻督捕河池，控扼东兰南丹、那地三土州以屏蔽。庆远颇称要害，请添设州同一员，居中抚驭。户、兵二部覆奏如议，从之。（《明神宗实录》卷六八） 十二月，总督凌云翼督兵平定广西北三、河池、咘咳诸巢贼乱。 先是，各巢瑶民攻城焚堡，劫库杀官，屠戮军民，阻断交通，久为地方害。万历五年，广西巡抚吴文华与总督凌云翼谋议设法剿灭。十二月十五日，守备王尧臣、参将倪化中统兵五千进剿河池诸巢，斩贼首韦宋武等三百七十级，俘获一百五十三人。十六日，参将王瑞率兵进剿咘咳诸巢，斩贼首罗公通等三百三十三级，俘获贼属一百余人。之后，集各路兵马，于六年正月初六日围攻北三，官军大获全胜，攻克贼巢一百余个，擒斩贼首韦三层、廖廷才等三千八百五十余人，俘获贼属七千余人，牛马一千余头，恢复田粮一千二百余石，抚定二百八十二村，一方底定。随后，增设营堡于河池、咘咳、北三，令各土司兵分屯其地。捷闻，凌云翼、吴文华等受到皇帝嘉奖。（《军门志》卷二一《讨罪五》） 是年，立黄江厂，征税饷军。 总督凌云翼以罗旁既平，许民入山伐取材木物货，至厂验税，军饷赖之。商病其重，万历十二年，督府吴文华廉百凡撙节，山税递减，著为令。商民大悦。（崇祯《肇庆府志》卷二《纪事二》） 是年，总督凌云翼重建总督府广益堂、大观楼、读书楼、仪门等衙署。 总督凌云翼重建后堂五间，名曰广益，东西廊各七间，楼二，东曰大观，西曰读书，亦各五间。又建仪门、大门各三间，门外左坐营司赏功所①，右中军厅、医药局。（崇祯《肇庆府志》卷一一《建置志》） 是年，广西岑溪县六十三山獞贼潘积善等乞降。

① 按，崇祯《肇庆府志》原文“坐营司、赏功所”中，漏了“赏功”二字，现据《苍梧总督军门志》卷一《开府·总督行台》补。

（续上表）

时间	大事记
万历六年（1578）	英德巢贼以大庙为最，常与周边诸巢贼相犄角，流劫清远、英德、从化、番禺诸县，久为民害。南韶兵备佥事姜忻请总督凌云翼出兵剿贼。凌云翼在南赣巡抚的支持下，令姜忻等督兵围剿，擒斩贼首何本盛、梁宗富等九十余名，俘获贼属一百余名。大庙乱平。（《军门志》卷二一《讨罪五》） 秋，梧州岑溪县兵变。 协总金仲恩与教官谢讲聚饮官厅中，县吏唐祐以逐鸡突入，因相与诟。仲恩及把总张之贤遣卒逐之，至县门大噪。知县叶诗者，故与讲有隙，欲因事中之。乃偈言兵变，具白军门。及道府参将王德懋惧祸，乃械之贤，仲恩诣府城，而知府李椽辄遣人就捕诸为变者。众益汹汹，乃各奔窜四出，兵备副使王原相发兵邀之，或擒或斩，死者二十七人，余皆听抚。（《明神宗实录》卷六八） 十月，朝命总督凌云翼升任南京工部尚书，升江西巡抚刘尧诲为兵部右侍郎兼都察院右佥都御史总督两广军务巡抚广东地方。（《明神宗实录》卷八〇） 是年，总督凌云翼批准葡萄牙人于每年夏冬两季到广东海珠岛贸易。（裴化行：《天主教十六世纪在华传教志》） 是年，平定英德大庙巢贼。
万历七年（1579）	郁林人黄邦绿等久据木头峒、城隍、崆峒等巢，勾结广东海北铜鼓巢贼黄章弟等，近千人流劫郁林州博白县，虏获男女数百人，扎营于金顶山，竖旗为号，招降纳叛，欲攻州城。州县官向新任总督刘尧诲告急，总督遂令参政王原相、都司周熏等率兵分道围剿，历时两月，擒斩俘获五千一百五十六人，牛马三百四十六头，黄邦绿等押解军门斩首。（《军门志》卷二一《讨罪五》） 十一月，总督刘尧诲题请剿除八寨瑶贼事宜获准。 兵部题覆总督两广侍郎刘尧诲题剿除八寨傜贼事宜，已奉明旨，惟称广西巡抚咨请加兵，四营与全军所用器械火药等项，俱委东省处办，所费不赀。今江右岁歉米贵，必增籴广储，方克有济。容督行广东布政司及监军道，量支解发，调处给用。今据征剿傜贼，大兵克期进举，并候命下，行彼处巡按令风官一员，随营纪验功次，勿得委官虚应，以致枉滥。报可。（《明神宗实录》卷九三） 是年，广西郁林木头峒等巢贼首黄邦绿、覃扶王等作乱，总督刘尧诲讨平之。

（续上表）

时间	大事记
万历八年（1580）	三月，总督刘尧诲重建端州总督衙门落成，蔚为壮观。 万历七年十一月，总督刘尧诲新建督抚行台于端州，越四月而行台成，百工毕。堂寝、门庭、廊庑、轩墀之属，高耸深闳，弘敞壮丽，巍然为一方巨制……俨然与苍梧旧镇角立而峙。（林大春：《改建端州督抚行台碑》，载《军门志》卷二八《碑文》） 闰四月，总督刘尧诲奉命大征广西十寨瑶民，平之。 初，周安、思吉、古卯、罗墨、都者、古蓬、剥丁、古钵，在西粤称八寨，后又并占上林、宾州等处龙哈、咘咳等村，共号为十寨。古田贼首韦银豹、黄朝猛作乱时，曾专倚八寨。殷正茂平定古田之乱后，慑于官军威力，八寨一度求抚。不久，又勾结邻境北五、石牌诸岗据险流劫商民，道路梗塞，蚕食旁近上林、宾州、三里等县，左右两江之间，岁无宁日。万历七年二月，贼自北五发难，声势浩大。右江巡守副使陈俊、参议姜忻合言请于总督，上报朝廷。皇帝令总督刘尧诲调兵进讨，以广西总兵王尚文为总指挥，率八万大军，于十二月二十日分道并进，经三月苦战，一举平定十寨，擒斩九千一百零三人，俘获贼属五千四百七十九名，解救被虏男女两千余名。捷闻，皇上御皇极殿宣捷，受百官贺。钦赏刘尧诲白金文绮，升从一品俸，其余文武各官俱升赏如例。（《军门志》卷二一《讨罪五》） 五月，总督刘尧诲、广西巡抚张任、巡按胡宥奏议平定十寨善后事宜。 一设三镇以重弹压。八寨地形，四寨官难制服，应照古田三镇事例，以周安、古卯为一镇，思吉、古钵、罗墨为一镇，都者、古蓬、剥丁为一镇，均其田里，各建一城，设土巡简守之，总于思恩参将而隶于宾州。一屯三里以树声援。三里地形险要，实为八寨门户，先年议改思恩参将驻扎于此，以资弹压，因兵数未足，城垣未缮，署舍未葺而止。今既值荡平，宜定原兵之数，令参将移驻，居中坐镇，增兵筑堡，互为声援。一分信地以重责成。贼寨虽平，镇城虽设，然漏刃之余孽，尚怀反侧，新集之兵力，未足备防，宜令参将李应祥统领标兵调度，倪中化等各画地分守，残贼投生者就便安插，不听约束者即行擒治。一迁卫所以振武威。南丹卫，先年增议政于三里，已筑有城，后因移入周安寨，事复中止，宜照原议，将该卫见存官军移于三里，与参将同城，仍建造卫所衙门，量给迁家银两，使兵力合聚，以成居重驭轻之势。一议屯田以瓦优恤。南丹卫既移住三里，则各里残破之地，不拘军屯民产，割自杨渡水为界，尽作南丹卫屯田，尚存残民亦难准充为耕兵，人给田三十亩，岁纳子粒六石，三年之后，方照数开征。一开道路以通险阻，谓寨贼所恃为梗者，以四面阻山，人迹不到，今巢穴虽平，而险阻如故。宜开阻塞，令庆远、宾州途迳可达，招募土民设堡屯种，使思恩、三里

（续上表）

时间	大事记
	声势连络，往来之人迹既通，而负固之隙穴自杜。一议钱粮以裕经费，谓善后合用等费为数不赀，而西粤贫瘠之地，措处甚难，宜就大征支剩兵饷内凑给初年之用，次年则于本省续获盐利及府江兵备道节缩年例饷银内通融给发，如不足则严追两江各土府州司应解折粮补支，该部如议覆请，皆报可。（《明神宗实录》卷一〇〇） 夏，总督刘尧诲重建梧州阅武场竣工。（刘尧诲：《梧镇阅武场碑》，载汪森：《粤西文载》卷四四） 是年，龙川、河源界猴岭巢贼鲍时秀等叛，罗旁瑶浪贼叛招，广海琼廉倭番入寇，总督刘尧诲督兵分别讨平之。 总督刘尧诲檄总督黄应甲率兵征讨鲍时秀，平之，擒斩三百四十九人，俘获贼属五百五十九名，生擒时秀，解辕门枭磔于市。罗旁瑶浪贼叛招，与广西六十三山等瑶攻打封门所，连破灯心、大伞二三营堡，四出劫略，攘夺巡按火牌，杀罗定州吏夺其所赍儒学印记。抚按题请剿除，圣旨专责总督军门措画。总督刘尧诲督东山副总兵陈璘，兴兵万余，于盛夏分道并进。凡三阅月，擒斩俘获三百六十六名，贼首陈亚弟、白眉哥等俱械送军门磔于市。是岁闰四月，倭贼自浙闽直犯广州南头、福永海面，又犯琼崖。总督刘尧诲下令参将顾宗文、夏尚忠领兵出海迎击之。凡斩获倭番海贼、夺回被掳共四百八十名。其余焚荡及覆没者不计。海南北一无所犯。（《军门志》卷二一《讨罪五》） 是年，总督刘尧诲批准驻澳外商可随时到广州处理商务。（裴化行：《天主教十六世纪在华传教志》）
万历九年（1581）	正月，总督刘尧诲、广东总兵黄应甲、副总兵陈璘因军功受赏。 兵部覆总督两广侍郎刘尧诲具题二疏，其一谓东山等处已招徭浪各贼，出没剽掠，夺印杀吏，戴罪副总兵陈璘领官兵深入搜剿，擒斩俘获三百六十六名，请复璘俸，免令戴罪。其一谓倭、番二寇并犯，镇守广东总兵官黄应甲领官兵追剿，斩获倭首二十五级，番贼一百八十六级，夺回被掳男女二百六十九名，船二十余只。请赐优叙，其余文武效劳有功诸臣及军丁甲长阵殁中伤人等，俱宜量行奖赏。上以尧诲节次获功，命录二子入监读书，余俱如拟。（《明神宗实录》卷一〇八） 十月，兵部覆两广总督刘尧诲等会题修举十寨善后事宜。 徙南丹卫，设参将一员，土巡检三员，开辟道路四百一十里，大熟田二万七千九百五十亩，照亩起科。开拓德庆罗旁两山，复田五万八千四百一十亩。（《明神宗实录》卷一一七） 十一月，总督刘尧诲升任南京都察院右都御史，以南京刑部尚书陈瑞总督两广军务。（《明神宗实录》卷一一八）

（续上表）

时间	大事记
万历十年 （1582）	正月，总督刘尧诲题减广东均徭等银五万四千三百余两，以宽民力。又裁减广东常饷军需银四万二千三百余两，清出占用旗军、舍余近八百名。（《明神宗实录》卷一二〇） 春，析潮阳县地，置普宁县。（雍正《广东通志》卷六《编年》） 十二月，总督陈瑞上奏清丈广东田地数额。 清丈过所属官民田地山塘共三十二万九千六百顷三十亩零，除补足原额二十五万九千五百五顷七十二亩零，尚余七万九十四顷五十八亩零。都司所属屯田地塘共七千九百六十九顷四十八亩零，除补足原额六千八百五十一顷四十二亩零，尚余一千一百一十八顷六亩零。其节年失额、停征水冲、少压等项官民田地二万四千五百四十六顷七十三亩零，屯地六百八十九顷三十四亩零。（《明神宗实录》卷一三一） 是年，始设岭西水哨。 海贼自新会每乘潮上下突劫高明、高要无虚日。居民皆筑栅，重整击柝守夜，不得休息。督府陈瑞始用把总陈凤募水兵二百四十，分戈船八，上自羚羊峡，下至石洲长洲，名为岭西水哨。贼闻风畏避。高要、高明沿江居民始得安枕。①（崇祯《肇庆府志》卷二《纪事二》） 是年，耶稣会士利玛窦到达澳门，总督陈瑞在肇庆总督府接见耶稣会士罗明坚、本涅拉。 他（按，指总督陈瑞）声称他了解到澳门的主教和市长是外国商人的指导人和管理人，因此他正式通知他们马上去见他，不得迟误。这道命令有点出乎意外，开会进行过讨论后终于决定，奉行所下达的命令将会有损葡萄牙的尊严。可是，既然表现得蔑视他的法令从而贬低总督的权威是不行的，所以大家同意另派两人代表应召的主教和市长。范礼安派罗明坚代表主教，希望他能获允在大陆上得到一个永久居留地，同时市检查官本涅拉则被选中去代替市长。作为向总督表示好意的献礼，以免他可能干扰贸易，澳门人士赠送给人一批礼物，包括他们知道是中国人所特别宝贵的东西……总值超过一千金币。总督以盛大的排场接待代表们，意在威吓他们，倒不在礼敬他们。……他坚持说，他决不能收了东西不付钱，并且向翻译询问每件礼物的价值，当着下人的面吩咐秤出该付银子的总数……罗明坚神父没有忘记请求安排一个居留地，这是他来此的主要目的；尽管是通过译员传话，他仍告诉总督说，他已开始研究中国语言和文献。这看来使得那位长官高兴，他的确

① 按，“督府陈瑞”府志原文作“督府吴文华”，实误。万历十年时，两广总督为陈瑞。吴文华至万历十一年十一月才升任两广总督。

（续上表）

时间	大事记
	示意说，客人以后再来时，可以答应这个请求。会晤结束，银子交付之后，他盛筵招待他们，并以隆重的仪式送他们回船；有大队士兵和官吏在城里街道上列队欢送，锣鼓喧天。（金尼阁：《利玛窦中国札记》，第148～149页）
万历十一年（1583）	正月，总督陈瑞因受张居正案牵连，被劾罢官。升广西巡抚郭应聘为右都御史兼兵部右侍郎总督两广。（《明神宗实录》卷一三二） 二月，总督陈瑞、广西巡抚郭应聘各题边关凭祥等州善后三议。 先是，通事范可久伴送安南夷使还凭祥，土官李德胜索夷礼物，以致各夷攘夺，混失范可久批文。可久自刎。行广西巡按查勘，德胜已监故，地方道府罚治有差。至是，陈善后事宜：一谓夷使入贡广东海北、广西左江二道，宜亲履地方，严饬防范。一谓凭祥逼近交南，不便改设流官，宜将官族李仁管理州事，仍隶思明府。一谓诸夷馈送致启衅端，宜严行禁止。得旨如议行。（《明神宗实录》卷一三三） 八月，户部覆两广总督郭应聘等条议艚舡盐法事宜。 民间有愿捐本造船者听，止许装运盐货本省贸迁，韶、连二路引盐折引三千六百道，不许再加，以阻广西官运。（《明神宗实录》卷一四〇） 八月，耶稣会士罗明坚、利玛窦到达肇庆，知府王泮亲切接见，并答应他们努力说服总督，同意他们在肇庆获得一块地皮以便长期居留的请求。（金尼阁：《利玛窦中国札记》，第161页） 十一月，改总督郭应聘为南京都察院右都御史。升刑部左侍郎吴文华为右都御史兼兵部右侍郎总督两广兼巡抚广东。（《明神宗实录》卷一四三） 是年，肇庆修建崇禧塔，总督郭应聘发文批准耶稣会士罗明坚、利玛窦获得一块土地，修建仙花寺，严禁人们欺凌他们，并允许他们去省城或其他地方旅行。（金尼阁：《利玛窦中国札记》，第167页）
万历十二年（1584）	正月，总督郭应聘请会官勘处安南与下雷、归顺等州峒地界，或退还安南，或立石定界，庶杜彼此之争端，一华夷之大分。（《明神宗实录》卷一四五） 六月，升肇庆知府王泮为广东按察司副使。（《明神宗实录》卷一五〇） 八月，广西平乐营兵鼓噪，杀伤四十余人，执掳乡官王佩瑶等。官兵讨之，斩馘略尽，叛首徐凯被擒自缢死。总督吴文华奏闻。（《明神宗实录》卷一五二） 十二月，怀集、贺县峒蛮反，寇封川、开建。总督吴文华督兵讨平之。 怀、贺、开建三县蛮峒联络。是年十二月，贼首严秀珠、郑明瑞等三百余流劫开建蔡村、封川文德乡屠戮居民。时方讨府江，梧、肇二郡大骇。总督吴文华调两省精兵六千余，会梧镇，若援府江。贼不为备。令岭西副使王

（续上表）

时间	大事记
	泮与苍梧佥事来经济督军以明年二月克松柏、金鹅等一十五峒，斩秀珠、明瑞等八百余级。余党悉定。（崇祯《肇庆府志》卷二《纪事二》） 是年，总督吴文华授予澳门元老院成员以“夷目”职衔。（刘伟铿：《明代两广总督对澳门商埠的设置与管治》，第 69 页） 是年，利玛窦在肇庆制作并印行《山海舆地全图》，并开始传播天主教义、近代数学、几何、西洋音乐等西方文明。（金尼阁：《利玛窦中国札记》，第 180～182 页）
万历十四年（1586）	三月，总督吴文华题请调整惠州、潮州二府兵防。 吴文华题称，惠、潮属邑，先年建设兵备、海防佥事、山防副使各一员，始以海防摄理分巡事务，其后复裁伸威兵备，统属海防兼管，弹压不及，顾虑难周，以致程乡一邑，迩年犯城二次。要将分守岭东道兼衔伸威兵备，移驻长乐，适中控制，整饬山防。以惠州之归善、博罗、河源、龙川、长乐、兴宁、和平、长宁、永安及潮州之程乡、平远一带北路诸邑，属之海防。惠潮道照旧兼管兵巡，驻扎潮州；以潮州之海阳、潮阳、揭阳、饶平、澄海、惠来、大埔、普宁及惠州之海丰一带南路诸邑，与碣石卫属之，及分屯营兵，听其两道会同各该将领操练调遣，巡历行事。诏从其请。（《明神宗实录》卷一七二） 七月，高要、高明、四会、恩平大水灾，总督吴文华等发仓移粟赈之。 是岁，自春徂夏淫雨不绝，七月十八日地震有声如雷。西潦大至，江水泛溢，堤决九十余处。水从地喷起，城几陷。副使王泮旋塞之，与知府郑一麟露祷靡神弗举，日渡溺者处于公馆。都御史吴文华发仓移粟赈之。高要县坏民居二万一千七百五十九区，溺死三十一人，坏田禾八千六百五十二顷；四会县坏民居二千五百四十四区，溺死二十三人，坏田禾三千七百一十一顷；高明县坏民居四千一百二十八区，溺死九人，坏田禾一千三百六十二顷；德庆州坏民居二百四十三区，溺死十人，坏田禾四百三十余顷。（崇祯《肇庆府志》卷二《纪事二》）
万历十五年（1587）	春，总督吴文华奏免高要、德庆、四会、高明田租。 总督吴文华以水灾上奏，诏减免田租，高要减免银六千六百二十八两，德庆减免银六十一两，四会减免银一千二百七十两，高明减免银七百一十四两。（崇祯《肇庆府志》卷二《纪事二》） 四月，以剿平盗珠贼功，赏总督吴文华、总兵刘凤翔等银币有差。（《明神宗实录》卷一八五） 六月，升总督吴文华为南京工部尚书。升南京工部右侍郎吴善为兵部右侍郎总督两广军务巡抚广东地方。（《明神宗实录》卷一八七）

（续上表）

时间	大事记
万历十六年（1588）	三月，应总督吴善题请，改平、梧二府清军同知各加江防职衔，府门等五驿为水马驿。（《明神宗实录》卷一九六） 七月，总督吴善病卒于府衙，升广西巡抚刘继文为兵部右侍郎，总督两广军务。（《明神宗实录》卷二〇一） 是年，总督刘继文迁衙于广益之后宅中正位，而以旧衙为广益堂。改建读书楼，高广于旧。又辟其西为射圃，以习射。（崇祯《肇庆府志》卷一一《建置志》）
万历十七年（1589）	二月，广西东兰州土官为乱，总督刘继文发兵讨平之。 东兰州土官韦应龙废长立幼，残害族民。其弟韦应虬逃入南那二州，纠兵报仇。土司陈星等欲乘危立应龙幼子文略不遂，缚应龙匿其印。总督刘继文鞫治应龙、应虬，追还州印，以韦文奎承袭。星等复集党据寨，将应龙妾女及珍宝土地献田州土司岑太禄。太禄发兵助之，劫田州泗峒。继文调泗城等诸土司及各标兵进剿，获星，并获其党黄淋等。兰州平。（《明神宗实录》卷二〇八） 七月，总督刘继文督兵擒斩雷廉盗珠贼。 雷廉东洋海面有乌料双桅广船一百余只，每犯杨梅、断望一带禁池，偷盗珠螺，各寨哨官兵生擒贼犯一千一百二十一名，斩级六十六颗。（《明神宗实录》卷二一三） 十月，安南都统使司都统使吴茂洽以补贡及应贡二仪，到两广总督府陈请。总督刘继文奏报，皇帝下诏许之。（《明神宗实录》卷二一六） 十二月，总督刘继文上琼南抚安防御要机八事。 一、绥戢安业抚民不令携贰；二、遣逐流寓奸徒不为盗媒；三、墟废铺前房舍不为巢窟；四、设法稽查保甲不致窝盗；五、议增水寨分总以广游哨；六、议复陆路督备以振威武；七、选练乡勇壮丁以销客兵；八、设添哨兵协守以固要地。兵部覆议，悉如所拟。（《明神宗实录》卷二一八） 是年，总督刘继文下令驱逐耶稣会士利玛窦等人出肇庆。利玛窦等移居韶州府。（金尼阁：《利玛窦中国札记》，第234～236页）
万历十八年（1590）	三月，以擒叛贼李茂、陈德乐等功，升两广总督刘继文俸一级，仍给银币，文武官叙赉有差。（《明神宗实录》卷二二一） 五月，应总督刘继文之请，广西总兵自宾州三里还驻省城，思恩参将驻扎三里。（《明神宗实录》卷二二三） 是年，总督刘继文与副使王泮、黄时雨捐俸修建府学尚圣殿、迎春亭。（万历《肇庆府志》卷四六《郡县志三十三・肇庆府・学校至水利》）

（续上表）

时间	大事记
	是年，总督刘继文在七星岩的屏风岩创建三仙观。（道光《肇庆府志》卷八《古迹》）
万历十九年（1591）	三月，升总督刘继文为户部右侍郎，升郧阳巡抚萧彦总督两广军务兼理粮饷巡抚广东地方。（《明神宗实录》卷二三三） 五月，总督刘继文奏准，复设广州海防参将，驻扎南头地方，以游击陈策管理。虎门设立把总，以把总刘宗汉改补，裁革广海游击，另设守备。又奏准罗定州东安、西宁二县学廪生由十名增至十五名，将从化、新兴二县学训导各裁革一员，移入东安、西宁。（《明神宗实录》卷二三六） 八月，总督刘继文题准，新升广东总兵官朱先与广西总兵官童元镇互调。（《明神宗实录》卷二三九） 十一月，总督刘继文备陈防倭事宜。 一议险要，当以沿海要害处多设疑兵；二议师旅，当于水寨专练主兵截之外洋；一戎器为长技，合用喷筒等烧帆焚橹，复用绵甲遮避箭炮；一将领宜惯海如陈璘、武应隆，宜令大立战功，保荐叙用。民兵当练，而借调渔船以备缓急；奸徒当禁，尽追没私贩财产，以重赏赉；惠潮、海南二兵巡道，准给军门原领旗牌一面，假以便宜。又查蓟镇御虏事宜，容虏匹马入犯即坐失机之罪，宜照例刊布晓示，有警守巡总兵官督纪功罪，信赏必罚，至澳夷内集，恐虞不测，合于澳门外建抽盘厂于香山大埔、雍陌地方，汛至以同知驻扎，新安通判驻扎雍陌，汛毕方回，仍将倭奴入犯情节晓谕澳夷，令其擒斩，关白入献，重加赏赉，尤销患安邦之一策也。着如议行。（《明神宗实录》卷二四二） 十二月，总督刘继文被劾革职。 兵部覆兵科给事中王德完劾总督两广刘继文，所称澳党李陈二贼之捷，乃妄杀无辜以充数。妖贼王子龙之捷，则子龙实未死，迨后擒获，欲毙之以灭口，致惠州知府孙光启托疾求去。合行御史勘各府县有无被杀良民，并各司道将领罪状轻重，王子龙擒死真伪，从实具报。得旨，妄杀邀功事情重大，刘继文、孙秉阳、沈茂都革任，与总兵李栋等通候勘明议处。（《明神宗实录》卷二四三）
万历二十年（1592）	十月，升两广总督萧彦为户部右侍郎，升广西巡抚陈蕖为右副都御史总督两广军务。（《明神宗实录》卷二五三）

（续上表）

时间	大事记
万历二十一年（1593）	正月，总督萧彦奏报暹罗欲出兵日本事宜。 总督萧彦奏，暹罗居极西，去日本万余里，近有贡使请于兵部，愿效勤王。兵部覆令发兵直捣日本，又念海道旷远，夷心叵测，要行停请。兵部议，关白以贼厮篡夺，淫虐奸狡，凭陵诸国，今复占据朝鲜，潜图内犯，致廑王师。乃暹罗贡使愤兹不道，既效勤王之忠，亦笃恤邻之义，臣等特为请遣，一以风厉远邦，一以牵制倭众，盖兵家固有多方以误之者，初非以堂堂中国恃兹岛夷之力为也。明旨既嘉其忠义，又重其事机，必待督臣酌议，取彼回文，方可颁敕，深识远见，隐然具在。今督臣坐镇炎荒，海邦机宜悉如指掌，合令查照题议事理，将本部差去号召官员悉听酌量行止，如已达彼国，即便责差忠勇，通官传檄，宣谕暹罗国王遵照明旨，整饬舟师，回文奏报，另听敕书，至日遵行。从之。（《明神宗实录》卷二五六）
万历二十二年（1594）	九月，升两广总督陈蕖为南京户部右侍郎兼右佥都御史总督粮储。官兵剿灭广东海贼万廷贵等。（《明神宗实录》卷二二七） 十月，升广西巡抚陈大科为兵部右侍郎兼右副都御史总督两广。（《明神宗实录》卷二七八）
万历二十四年（1596）	四月，总督陈大科题参广州海防游击彭信古以千金馈遗请托，令彭信古革职听勘。（《明神宗实录》卷二九六） 闰八月，总督陈大科题准裁革海北盐课司提举。（《明神宗实录》卷三〇一） 是年，肇庆春夏旱，大饥，斗米一百七十钱，民馁死无数，抢谷乱起。督府陈大科捕诛乱首，民乃稍定。（崇祯《肇庆府志》卷二《纪事二》） 是年，广西岑溪北山猺浪贼联结六十三山作乱，总督陈大科、广西巡抚戴燿督兵讨平之。 广东罗旁与岑溪七山壤相连也。群猺盘据山中，出没煽祸……至二十四年，加之以饥馑，勾之以浪贼，遂大肆劫掠，首屠乾厢，一村男妇，止遗八人连结六十三山诸猺攻破圣堂、北科等营，两山震恐。督臣陈大科亟集罗定诸道参政洪有复等议调兵征之。适广西抚臣戴燿移书借兵东粤。大科曰：百粤吾粤也，西民吾民也。是维吾之任，何称借兵为？则檄副兵部孟宗文、参将卞时雍、守备黄钟统两山中路营兵为东哨，从东路入。檄故将陈璘、吴广、把总麻上锦统军门暨总兵标兵为西哨，驰到岑溪，与西土汉兵合，从西路入发，令旗牌齐鼓而夹击。馒头山一战，吴广功最奇。贼胆乃破。于是，弃七山，遁入六十三山，伐木堵截道路，伏药弩林中以阻我兵。督抚臣益申号令，悬重赏，兵益感奋，凡阅三月，荡平之。斩级以千余计，俘献以数百计。所获牛马卤仗无算。（郭棐：《粤大记》卷三《事纪类》，第 39 页）

（续上表）

时间	大事记
万历二十五年（1597）	三月，总督陈大科奏准广西岑溪善后事宜。 一议扎信地以重弹压，将浔梧参将驻扎大峒，永福守备改为浔州；一分割山界以便管辖，上七山专隶岑溪，下七山改隶藤容二县；一拓修城垣以资保障。（《明神宗实录》卷三〇八） 六月，总督陈大科议设复阳电参将，裁革北津把总，以固海防。（郭棐：《粤大记》卷三二《政事类·海防》，第 529 ~ 530 页。附有原疏，文长不录。） 十月，总督陈大科会同广西巡抚戴燿奏处安南夷目叩关请贡事。（郭棐：《粤大记》卷三二《政事类·海防》，第 530 ~ 535 页。附有原疏，文长不录。） 是年，总督陈大科在府城东一里创建庆云书院。（万历《肇庆府志》卷四六《郡县志三十三·肇庆府·学校至水利》） 是年，钦州四峒叛入安南，总督陈大科讨定之。 四峒者，曰澌凛，曰古森，曰丫葛，曰金勒。峒凡四，后更名河洲、罗浮、思勒等名。枕交南，错钦州，故隶于中国，累世黄姓主之……有莫氏故经略使翁佥者，乘间从万宁州入，听峒民黄锡辈鼓煽……至授伪官，造假印，纵众焚掠我防城诸处，消息甚大。插界牌峒口，标曰：此黎朝地。知州王世守上变，且曰界牌越钦州一舍矣。明日又告越十余里矣。督府大科下令，此四峒我汉地也。无论其插牌于何处，不可尺寸失之者也。则以参政王顺摄海北道事，檄副总兵黎国耀提精兵驰至钦州截杀之。复檄左江道副使杨寅秋诘问安南国，尔维潭方款关乞降，何乃纵翁佥辈扰我封疆？得毋阳顺而阴叛耶？维潭顷首称王臣小国，实不知情。谨唯命遂遣郡公逮翁佥治之，追出赵氏妻子，送还钦州。我兵益振。于是，河洲、澌凛等峒悔祸，先乞招抚矣。独黄锡等惧罪大不赦，犹据思勒、罗浮二峒不下，则参政密授计黎总兵、王知州出奇设伏，卒擒黄锡、黄职、黄先数渠魁，置之法。余党悉安插勿诛。四峒乃平。（郭棐：《粤大记》卷三《事纪类》）
万历二十六年（1598）	四月，加两广总督陈大科部衔，以右都御史兼兵部右侍郎；加广西巡抚戴燿宪职，以兵部右侍郎兼右佥都御史。（《明神宗实录》卷三二一） 七月，科道官弹劾总督陈大科贪纵，令罢职回籍听勘。（《明神宗实录》卷三二四） 八月，升广西巡抚戴燿为总督两广军务兼理粮饷带管盐法巡抚广东地方。（《明神宗实录》卷三二五） 是年，开采少监李敬至广东。时有言东粤有珠池矿砂之利，帝遣李敬督采，民怨沸腾，至三十四年乃罢之。（雍正《广东通志》卷六《编年》）

（续上表）

时间	大事记
万历二十七年（1599）	四月，税课使李凤至粤，有言粤中税课方物榷之可增额二十万，及凤至，不能充额。（道光《广东通志》卷一八八《前事略八·明二》） 是年，总督戴燿与分巡李开芳在城西崧台驿左创建射圃。（万历《肇庆府志》卷四六《郡县志三十三·肇庆府·学校至水利》）
万历二十八年（1600）	三月，总督戴燿上疏抵制税监戴君恩搜括广东。 税监戴君恩揑奏广东未征盐税遗利及名马、天鹅绒、锁袱、西锦、珠宝之类，悉称土产。万历皇帝即允，令其前去征收。两广总督戴燿极言盐税之无遗利，各物之非土产，恐民不堪命，必且勾倭勾盗，相聚为乱，乞遵额办解，及撤回戴君恩等，言甚剀切，而皇上不察也。（《明神宗实录》卷三四五） 七月，总督戴燿等会议江西南安、赣州、吉安三府是否行广盐事宜。 户部奏言，近来两淮巡盐应朝卿议南、赣、吉三府改行淮盐，南赣抚臣李汝华复力陈三府仍食广盐，议复议留，不无矛盾。今即督臣戴燿会题前因，终难悬断，仍宜移咨两广总督及南赣、广东、江西巡抚、两淮边盐各御史会议，南、赣、吉三府地方，今欲复归两淮行盐，则广课赣税通责淮商岁办不亏，并查三府民情是否乐从，两粤商灶有无亏累，务要虚心酌议归一，经久可行。诏可。（《明神宗实录》卷三四九）
万历二十九年（1601）	四月，叙平府江叛瑶功，升两广总督戴燿为右都御史，仍总督。（《明神宗实录》卷三五八） 七月，总督戴燿奏准，于琼州府水蕉、大会二营中间，建筑城垣，移驻兵将，设一新所，增军三百名以资防守。（《明神宗实录》卷三六一） 九月，总督戴燿奏准，琼州府添设抚黎通判一员，驻扎水蕉、大会，抚戢黎岐，编甲立籍，开设虚市。又于定安县青宁屯地方设立清宁巡简司，裁革文昌县青澜仓大使。（《明神宗实录》卷三六三） 是年，太监李凤采砚于高峡山。（崇祯《肇庆府志》卷二《纪事二》）
万历三十年（1602）	七月，平定广东琼州府黎民之乱，督抚等官各有升赏。 朝廷以广东斩获黎贼二千三百有奇，宣捷，遣侯郭大诚于南郊，徐文炜于北郊，驸马侯拱宸于太庙各行祭告礼。论海南平黎功，赠原任总督陈大科为兵部尚书给祭葬，升总督戴燿为兵部尚书兼右副都御史仍旧总督，原任总兵侯继高纪录各赉银币，升按察使林如楚职一级，参将邓钟为副总兵，仍旧管事。布政王仁等、知府李多见等，各赉银有差。恤阵亡百户王应雷加祖职一级，世袭。被擒贼犯黎马屎等十一名，行总督衙门即便处决枭示，蒙善等勘申发落。（《明神宗实录》卷三七四）

（续上表）

时间	大事记
万历三十二年（1604）	九月，总督戴燿奏准，减桂林额兵六百名，梧州额兵一千名。（《明神宗实录》卷四〇〇） 闰九月朔，兵部覆总督戴燿疏，思明府恶目陆佑率众拒敌，查参失事将领，诏陆佑等着拿正法，参将丁应科等夺俸戴罪杀贼。（《明神宗实录》卷四〇一）
万历三十三年（1605）	十一月，总督戴燿题准广西思明府平叛善后事宜。 兵部覆两广督抚官戴燿等题，思明府叛目成擒，地方无人管理，土官黄应雷纵仆启衅，弃印在逃，断无复官之理。黄应宿争地屠戮，六哨成仇，具系螟蛉，岂应袭爵。黄应聘系承祖幼子，目民具结，阖府归心，似应准袭，以存黄氏宗祀。所有未尽事宜条为六款，上请定夺。一定袭爵以安目民，谓应雷有罪当革，应宿不宜袭，应聘当袭，无容议矣。但降府为州，事属未妥，应令应聘仍袭知府，则各项事宜可免于更张，而该府目民不致于反侧。洵仍旧之便计也。一处罪人以杜乱阶，谓应雷既废，不宜同城，应降为土舍，其后有子，止袭土舍，籍田养赡，制其出入。应宿仍管故业，俱属思明府节制，则不惟寓存恤于今日，抑且杜乱阶于将来，此别嫌防微之长虑也。一摄府篆以控边地，谓应聘应袭土知府，因年甫七岁，不能管事，暂令流同知署掌，待至十五岁交印接管，其俸薪事务，俱应照旧，则军民控驭得人，而一切事务有攸赖矣。一分流、土以远嫌忌，谓流、土不宜同城，但应聘年幼，流官远住六哨，恐有他虞，仍应同城各署，公移列衔，俟应聘长成，仍移六哨，以原题银两创建衙宇，料理四寨地方，提调六哨等处，则奸人无罅隙之可乘，而管辖无掣肘之后患矣。一顺夷情以绝觊觎，谓思明府赋税取办于六哨，若割五哨以属流，则赋税无出，恐起争端，今应仍属土官，严禁暴虐，事务不致于纷更，而地方相安于无事矣。一建学校以广风教，谓学校之设，乃用夏变夷之意，该府应设教授一员，量设廪生六名，其寄附太平府者，悉归本学。嗣后续增，其统属营缮、祭祀、廪饩之用，悉如所议，则斯文可以渐兴，风俗可以渐化。仍移文吏部，增设铨选合用印信，照例请给悉。诏从之。（《明神宗实录》卷四一五） 是年，葡萄牙人勾结倭寇在澳门私筑墙垣，官兵诘问，反被倭寇抗杀。（《明神宗实录》卷五二七）
万历三十四年（1606）	正月，户科给事中沈凤翔疏劾两广总督戴燿老迈卑庸，不足弹压。（《明神宗实录》卷四一七） 八月朔，两广督抚各上税课额数，并奏减税银二万余两，留充兵饷。 广东正额一十五万九百二十三两，加方物公费银三万两；广西正额五万一千八百二十余两，加方物公费六千三百八十余两。命特减广东岁各一万两，停解广西盐税银一千一百五十六两，留充兵饷，皆从抚按议请也。（《明神宗实录》卷四二四）

（续上表）

时间	大事记
	是年，诏封高明银矿及广宁金坑、高要砚坑。（崇祯《肇庆府志》卷二《纪事二》）
万历三十五年（1607）	三月，两广督臣题交南应袭事，礼部再覆，许之。 交南之乱，黎莫互起，绝贡者几廿年。万历辛巳而后，莫茂淹死，交人立黎维邦，维邦尚未贡，维邦死，黎维潭立，尽逐莫氏，叩关请贡。以维潭为都统使，给银印，事在万历丙申岁。至是，维潭殁，维新当嗣，表请再给银印。镇臣屡勘无它，乃许铸新印授之。随表谢，奉贡如常。然自莫氏以来，虽称都统，而帝制自若。朝廷即给银印，亦不遣册命，令叩关祗领而已。维潭而后稍恭谨，施于维新，自黎之再立，至维新凡三世。（《明神宗实录》卷四三一） 九月，两广总督戴燿以交南入贡并叛首来献事，乞录总兵王鸣鹤、布政曲迁乔及诸将佐功状。 初，韦达礼之乱，督臣尝檄交南擒贼自效，既而达礼悔罪，献诸奸细，朝议既许以不死，而督臣犹以往负持之，于是黎维新刺杀达礼函首来献，事久不叙，督臣言叛首远函于万里，三贡并献于一时，不费一旅之师，坐收重译之盛，宜有以激劝将士，策励边疆诸臣，应升赏者，分别诸裁，事下兵部。（《明神宗实录》卷四三八） 十一月，两广总督戴燿劾雷州卫指挥佥事赵梦凤贪婪不法，行巡按提问。（《明神宗实录》卷四四〇） 十二月，交阯贼七百余名，由龙门港直入突围钦州，虏掠以去。（《明神宗实录》卷四四四）
万历三十六年（1608）	二月，安南头目郑松潜计刺死禄州夷官韦达礼，函首补贡，论功，加两广总督戴燿太子少保，升广西巡抚杨芳右都御史，自本兵而下，内外文武将吏，各升级，赏银币有差。（《明神宗实录》卷四四三） 六月，停革两广总督戴燿安南执叛钦赏。（《明神宗实录》卷四四七） 十月，因钦州失事，总督戴燿被劾，革职为民。擒获交夷渠魁扶安、仝扬、扶忠三名。（《明神宗实录》卷四五一） 是年，命两广总督戴燿督安南都统使黎维新讨翁富，平之。（道光《广东通志》卷一八八《前事略八・明二》）
万历三十七年（1609）	六月，广东巡按李应魁请撤回税监李凤，并罢粤中税额一十八万两，以交夷蠢动未息，人心思变也。又追论原总督戴燿钦州养乱之罪。 李应魁言：万历三十五年间，莫党翁富拥众四千，移文借居澌禀峒，设场粜米，贼得犯钦，全从此始。及其一犯再犯，愈掠愈惨。据黎维新所解贼首扶安等三名，实非因谕而解者。是时，钦州劫后黎所遣贡使未回，恐留质其人，故擒献此三贼。比贡黎出关，即檄兵而不来，兵来而不剿，今翁富贼

（续上表）

时间	大事记
	首尚在逋讨，苟且塞责，奉旨为民，夫复何辞。至于戴罪，从征诸不在失事内者，今日之举，万万不可言功。祸起有因，得不偿失，略前罪而夸后劳，非臣之所敢知也。（《明神宗实录》卷四五九） 九月，原任两广总督戴燿条言钦州善后四事。 一钦州防城应添设陆兵六百名，牙山、龙门、尖山墩台，应添设水兵八百名，以罗定州原设陆兵十营，于内抽减二营，涠州游击原设水兵，于内抽取五百名，各防守。其廉州府城原设陆兵三百名，合增至五百名，专备守城。一添设守备一员，以罗定中路守备何斌臣调移钦州，凡系水兵，仍属涠州游击节制，陆兵仍属雷廉参将节制。一钦州四峒原立峒长，即假以名色把总空衔，使之约束，峒民编立保甲，互相查察。一防城互市，屡为祸胎，宜即时停罢。又广西上思州一带，土司往岁以私通贸易启衅，所当并行，多方禁戢。章下兵部。（《明神宗实录》卷四六二）
万历三十八年（1610）	三月，敕遣张鸣冈以兵部右侍郎兼都察院右佥都御史总督两广军务巡抚广东。（《明神宗实录》卷四六八）
万历三十九年（1611）	五月，西江大水，广东沿江州县田禾概被淹没，庐舍漂沉，人民溺死无算。（《明神宗实录》卷四八六） 八月，总督张鸣冈因广东水灾，奏请罢撤广东额税十七万两，未准。 两广总督张鸣冈奏，兹岁五月，积两粤西水涨灌乎粤东，沿江州县田禾概被淹没，庐舍漂沉人民溺死无算，臣据广东布政司呈报，业具疏奏闻，待勘恤矣。伏念粤去天方万里，望济无及，即议赈议蠲为惠几何，展转思维，辄敢以撤税为请，盖人见粤税以十七万余金计，以为粤实殷饶致，然而不知皆割之军饷也。饷不足而仍加之民也，重灾之后有司尤日敲月扑以逃参罚，小民犹日朘月削，以应诛求，势穷迫擢，筋未足言逋，累卵未足言危，宜亟议罢撤，以苏民命。留中。（《明神宗实录》卷四八六） 十一月，浙江抚按奏请，将温处兵备道擒获因风漂入境内的安南国升华府河东县民裴福宁等一百四十人按往例送至两广总督府，发还本国安插处置，以示天朝柔远之化。（《明神宗实录》卷四八九）
万历四十年（1612）	六月，总督张鸣冈以安南国民航海漂入内地，参原任广海守备夏士昌宜革职回卫，并请严旨切责安南都统使黎维新，令其严行约束诸夷，毋得再次漂入中国境内。（《明神宗实录》卷四九六） 九月，总督张鸣冈奏陈防海五议，获准。 一虎头倭寇出没，居水陆冲，钦总不足捍御，致有先年倭犯，应移总兵扎镇。一澳夷狡猾叵测，宜将虎头钦总改札鹰儿浦，仍于塘基湾等处垒石为关，守以甲士四百人，余兵棋布缉援。一旧营雍陌香山濠镜间各五十里，议掣都司海道兵，足以四百，选将肄武，更班守汛，与钦总所辖各兵营田以戍。

（续上表）

时间	大事记
	一严防住牧，内地佛良诸夷，仍申市禁，否则绝之。一添广州东、西、中三总哨，里海把总，俾有统属责成，而任以谋勇武科。俱依议行。（《明神宗实录》卷四九九）
万历四十一年（1613）	六月，总督张鸣冈酌议钦州之乱善后事宜，以图永安边徼。 一议复峒官，四峒俱隶钦州，仍每峒从夷旧俗，置一峒官，责令约束峒民，征纳丁银，编立保甲，毋令私通外夷，勾引为患，又令各相联属，互为策应，三年无过，始请详二院给予冠带。一罢互市，利之所在人各有心，况狡夷狺狞，既投之骨而欲禁，其不争得乎？惟是豪丫、啼鸡、松径三村属夷，向倚通市为命，一旦禁绝，能无怨心？但既给有牛种，资其生理，又多方绥怀，销其携贰，彼亦乐为内附，而无狡焉思逞之患矣。一议琼崖参将移驻崖州，以压黎夷。崖州在琼岛尽头最称危险，水陆官兵不满五百，州官之外止有千百户数员，与一二名色把总，又无将领以弹制之，万一倭番猝至，黎寇蜂起，众寡不敌之形顷刻立见，合令该参移驻仍量带扬威营兵兼同原兵加谨训练，一遇有警，悉听该参相机调度，下所司议。（《明神宗实录》卷五〇九） 七月，升两广总督张鸣冈为南京刑部尚书。（《明神宗实录》卷五一〇）
万历四十二年（1614）	五月，高要大水，决护城诸堤，四会、高明俱被其害，漂没田庐以万计，西潦过于十四年。（崇祯《肇庆府志》卷二《纪事二》） 七月，两广候代总督张鸣冈以两广水灾异常，奏请破格蠲赈。（《明神宗实录》卷五二二） 十二月，总督张鸣冈奏陈应对澳门夷人之策。 张鸣冈疏言：粤东之有澳夷，犹疽之在背也，澳之有倭奴犹虎之傅翼也。万历三十三年，私筑墙垣，官兵诘问，辄被倭抗杀，竟莫谁何？今此倭不下百余名，兼之畜有年深，业有妻子庐舍，一旦擦逐，倘有反戈相向，岂无他虞？乃今不亡一矢，逐名取船押送出境，数十年澳中之患，不崇朝而祛除，皆我国家灵长之福，皇上赫濯之威，坐而致之耳。惟倭奴去矣，而澳夷尚留，议者有谓必尽驱逐，须大兵临之，以弭外忧。有谓濠境内地不容盘据，照旧移出浪白外洋，就船贸易，以消内患。据称，濠境地在香山，官兵环海而守，彼日食所需，咸仰给于我。一怀异志，我即断其咽喉，无事血刃，自可制其死命。若临以大兵，衅不易开，即使移出浪白，而瀚海茫茫，渺无涯涘，船无定处，番船往来，何从盘诘，奸徒接济何从堵截。勾倭酿衅，莫能问矣？何如加意申饬，明禁内不许一奸阑出，外不许一倭阑入，毋生事，毋驰防，亦可保无他虞。若以为非我族类，终为祸阶，不贵夷入，不挺而去之，无使滋蔓，此在庙廊之上断而行之。万历皇帝令兵部议复。（《明

（续上表）

时间	大事记
	神宗实录》卷五二七） 十二月，琼州府崖黎抱繇、罗活作乱。（《明神宗实录》卷五二九）
万历四十三年（1615）	二月，候代总督张鸣冈督兵平定崖黎之乱。贵州道御史鲁之贤弹劾总督张鸣冈招寇、媚珰二事。（《明神宗实录》卷五二九） 五月，礼科给事中姚永济上疏弹劾总督张鸣冈。 姚永济疏称，张鸣冈始则遣州官林应材拘监抱繇，为其所诳，轻与歃盟，乃一出监而歼杀我兵殆尽，则有始祸之罪。既而征剿，发客兵、土兵共一万二千四百人，一月之内，三战三北，杀伤无算，则有败衄之罪。疏谓东遏罗活，西剿抱繇，先后获级四百有余，昔黎以六百之众杀我二三千人，今此四百余级，尚未偿我数分之一。况阵亡隐匿，又不知其数。师行七路，毒流千里，而反夸称满纸，滥叙多人，则有功过未足相当之罪。乞将张鸣冈罢归，并申谕广东按臣细勘黎事始末，分别上请。不报。（《明神宗实录》卷五三二） 七月，候代总督张鸣冈奏陈平黎善后事宜，并请新任总督速来接任。 一议屯守险巢，抱繇、罗活二巢既捣，须以重兵扼其险要，议于原调官兵量留一千三百，并主兵四百，此原有月粮无烦措办者，又添募精兵五百，所有月粮应从长计处者。又召耕兵千余名，此在半年以后给田耕食，无俟月粮者。罗抱既降，余孽安插原峒五里外，计口给田耕种，其峒田附兵营者给兵，附黎村者给黎，其余听民承种，就以田赋所入为兵月粮。一议添设守备。黎地罗活崖人号为黎胆，今国家既据其穴，拟于罗活改名乐安营，添设守备官一员，练兵弹压，即以所裁通判薪俸工食等项为添设守备之资。一议分扎各峒。德霞地面平如康庄，官民俱议设县，但今时诎，行之甚难。兹议招兵屯种，一如罗活。其德霞拟改名归德营，抱繇拟改名乐定营，二峒各用名色堪用把总防守，而皆隶于守备，三处鼎足，虽无建县之费，而有建县之安。一议荡洗山菁。黎夷所恃惟山菁，蛇虫毒兽纷藏其中，道路阻塞，今既建营，每季必大焚山一次，其各营兵亦以开路砍山，分定地界，责成委官查验，如某道路茀，某山林蔽，即治该管兵之罪。每岁查盘官至，并载入查核一款。一议怀柔熟黎。熟黎之害有三，商人鬻贩而给之，土舍欺蔽而侵之，官吏贪墨而激之，而挑衅其中者，又内地之逃民也。以后闽广各商，止许于交界互市，有酬价不登，或竟不偿值者，许黎人告理，往时黎岐不见官，须土舍为通，土舍代将钱粮侵而不纳，官黎两病，须令黎自立里长，轮流出见官府，不用土舍，各官无艺之征，曰丁鹿，曰霜降鹿，曰翠毛，曰沉速香，曰楠板，曰花黎木，曰藤蜡，曰黎米，曰麖皮，曰蚺蛇胆，黎何堪此重困，是不可不竖牌禁者。至逃民入黎村，无事则激之流劫，有事则示以虚实，尤

（续上表）

时间	大事记
	当重法绳之，毋启戎心。兵部议覆。上曰：黎寇荡平，善后宜亟。这所奏驭制长策，便行与该地方官着实举行，以图久安。总督张鸣冈又奏，病臣候代愈久，督臣来代无期，恳乞明旨催促赴任，以恤臣苦，以重边计。上曰：滇抚到任已久，周嘉谟着即赴两广交代，张鸣冈也着遵旨速赴供职。（《明神宗实录》卷五三四） 八月，候代总督张鸣冈因科臣姚永济责其昧心颂功且损失土客兵及烧兵粮无算，上疏自辩，并求罢斥。皇上慰留之。（《明神宗实录》卷五三五）
万历四十四年（1616）	六月，高要大水，总督周嘉谟等奏请蠲免税粮并捐助公费万金筑决堤。 诸堤复多决。督府都御史周嘉谟、巡按御史田生金疏请蠲免有差，复捐助公费万金筑肇庆二郡诸决堤，民赖少苏。有郡人区大伦记其事，见《艺文》。（崇祯《肇庆府志》卷二《纪事二》） 十一月，候代总督张鸣冈病卒，皇帝令予祭葬。（《明神宗实录》卷五五一） 十二月，广西土司韦酋结引安南夷数千人侵犯内地，攻上思州城，官军力战始退。总督周嘉谟上疏，请于受降城筑一大营，募兵三千分守要害，增加兵饷二万两，将广西商税留充兵饷，令各土司每年拨目兵戍守苍梧等处。（《明神宗实录》卷五五二）
万历四十五年（1617）	正月，总督周嘉谟条议海防事宜。 一并事权以便调度。自兵巡并于驿传，海道专以汛防，事权既分，表里不能策应，今议陆路官兵仍属巡道管辖，其里海宜并归海道，一切船器、兵饷与海上功罪悉属之。汛期则巡视外海，汛毕则巡视里海，贼突外洋则内兵策济，贼侵内港则外兵应援。一精船器以裨实用。各路船式惟闽最善，以后粤海兵船宜依式改造，买料责之捕，督工责之将领，稽核钱粮责之海防，违式冒破一体参究。一简将卒以壮威武。凡武弁，中水将尤为难得，宜于水者应久任超迁，以鼓励之。及各寨防倭水兵月粮，出汛仍给八钱，收汛原减至二钱者酌给七钱，并责成海防官兼该路将领，勤加训练。一定汛规以便责成。故事，春、冬二汛各道皆躬为巡阅，承平日久，多有愆期而往，先期而还，甚且高坐郡城，以虚文应者。以后汛期，各道先宜亲临广州，海道于新安岭，东道于海丰，潮惠道于潮阳，岭西守道于吴川，岭西巡道于阳江，海北守道于徐闻，总兵官移驻虎头门，内地海防官无论汛期，广州则驻香山，惠州则驻海丰，潮州则驻潮阳，肇庆驻阳江，高州驻吴川，雷州驻徐闻，廉州驻永安，著为令。其二酌众论以定机宜，预绸缪以弭衅隙。留中。（《明神宗实录》卷五五三）

（续上表）

时间	大事记
	正月，总督周嘉谟以粤省水旱，乞蠲广州、肇庆、南雄、韶州、潮州、惠州六府监税，未果。（《明神宗实录》卷五五三） 三月，升总督周嘉谟为南京兵部尚书，疏辞不允。以原任都察院左副都御史许弘纲为都察院右都御史兼兵部右侍郎总督两广军务巡抚广东地方。（《明神宗实录》卷五五五）
万历四十六年（1618）	三月，两广总督周嘉谟奏请优叙广州、肇庆两府修筑圩基官员。 周嘉谟奏称，广、肇所属南海、三水、高要、四会、高明等县，洪水冲决圩基三万九千五百八十余丈，恐春深不便修筑，已权将抚按解留赎锾银两动支一万一千三百六十一两七钱七分零，协以民派银六千九百一十九两九钱九分零，筑完圩基一百七十五处，效劳各官例应优叙，乞敕工部移咨吏部纪录，以为勤事者劝。（《明神宗实录》卷五六七） 六月，以安南夷入犯，总督许弘纲、巡按王命璇参劾涠州游击王熙革任听勘。总督周嘉谟奏称，有暹罗国进贡盛表金盘，被驿吏刘应同等抵换，已经审明赎罪。（《明神宗实录》卷五七一） 八月，广东潮州府飓风大作，水灾异常。 是月初四日，潮州府暴雨中火星烛天，海水涌起数丈，潮阳、澄海、揭阳、饶平、普宁等县大水，淹死男妇一万二千五百三十名口，倾倒房屋三万一千八百六十九间，漂没田亩、盐埕五千余顷，冲决堤岸一千二百七十余丈，部分地区庐舍、城垣、衙署全化为乌。（《明神宗实录》卷五七六、五八三） 十一月，总督许弘纲上奏广东官兵、军饷数额，请求减免监税、借留税银和盐课。总督许弘纲奏请澳门防务事宜。 许弘纲奏称，广东十府一州，额设官兵四万五千七百八十七员名，岁支饷银并修战船、军器、杂费，共用银四十六万余两，而岁入止四十三万六千九百一十八两。即征及九分之上，已自不敷，况税监入粤，复拨前饷二十余万充税，遇各路请饷，该司局且支吾。自万历二十八年至四十六上半年，共借过税契、户口、盐税、引纸、俸粮、盐钞、矿税、船税、水脚、吏农、纳班等银五十八万二千五百四十七两，今库无可借之银，民无可加之赋，省无可汰之兵。惟望皇上悉蠲粤税，抵还缺饷，或念粤税重于他省，再为减免，不则将解部税银三万六千九百余两，新增盐课银一万一千五百余两借留一二年，少济缺乏，庶所司不至空匮。不报。 广东巡视海道副使罗之鼎言，香山蚝镜澳为粤东第一要害，以一把总统兵六百防守，无裨弹压。可移罗定东西一将，抽兵六百助守澳门。而罗定道言，罗旁万山联络，猺獞杂居。万历初年讨平，布兵防守。迩来拨减过半，移将或有通融，抽兵未敢轻议。布、按二司谓，以澳视罗定，则罗定为稍缓；

（续上表）

时间	大事记
	以西山较东山，则东山又稍缓。宜以东山改设守备，隶西山参将提调，移其兵四百于鹰儿埔，合原兵为一千，而以香山寨改为参将，增置营舍，大建旗鼓，以折乱萌。于是，总督许弘纲、巡按御史王命璇奏，澳夷，佛郎机一种，先年市舶于澳，供税二万以充兵饷。近且移之岛中，列屋筑台，增置火器，种落已至万余，积谷可支战守，而更蓄倭奴为牙爪，收亡命为腹心，该澳去渭城咫尺，依山环海，独开一面为岛门，脱有奸雄窜入其中，一呼四应，诚为可虑，该司权酌时宜，庶几未雨彻桑，其广州海防同知原议驻扎雍陌，今似可以无用，并乞敕下兵部覆议，从之。（《明神宗实录》卷五七六）
万历四十七年（1619）	五月，两广总督许弘纲、广东巡按御史王命璇交章劾总兵麻镇贪婪无厌，物议沸腾，胪列赃迹一十三款以闻，下其章于兵部。（《明神宗实录》卷五八二） 六月，广东巡按御史王命璇上奏赈济潮州府水灾事宜。 王命璇查勘被灾州县，赈过预备仓谷三千三百七十石三斗零，埋葬银五百九十七两六钱九分零，而乡绅义民捐赀收瘗者另行旌劳。依照灾有重轻，合议蠲免，应蠲存留银共三千零八十七两七钱九分六厘，又各项小税三千七百八十四两一钱九分八厘。伏乞敕下户部议覆蠲豁，泣吁奏闻。（《明神宗实录》卷五八三）
万历四十八年（1620，是年八月初一后，称泰昌元年）	八月，两广总督许弘纲奏，乌猪外洋有倭船四只寄泊，官兵斩获贼首五颗，生擒四十名，夺获器甲，题叙有功员役。改总督许弘纲为兵部尚书协理京戎政务，升广西巡抚陈邦瞻为兵部右侍郎兼都察院右佥都御史总督两广军务兼理粮储带管盐法巡抚广东。（《明光宗实录》卷五） 九月，总督许弘纲奏陈田州土官岑懋仁非法事。 两广总督许弘纲奏，田州土官岑懋仁肆恶启衅，窥占上林土县，纳叛黄德隆等纠众破城，擅杀土官黄德勋，掳其妻女、印信，乞正其罪。得旨：岑懋仁著速献印信，执送各犯听按臣分别正法。如再抗违，便随宜进剿，毋得姑息养乱，贻害地方。（《明熹宗实录》卷一） 十二月，改两广总督陈邦瞻为工部右侍郎，升应天巡抚胡应台为兵部右侍郎兼都察院右佥都御史总督两广。（《明熹宗实录》卷四） 十二月，广东肇庆、惠州两府各县地震。（《明熹宗实录》卷四）
天启元年（1621）	正月，因两广总督许弘纲、广东巡按王命璇会疏请留，命新任南京后府署都督佥事何斌臣仍照旧管潮漳副总兵事。（《明熹宗实录》卷五） 二月，总督许弘纲劾罢广州海防参将吕佾。（《明熹宗实录》卷六） 四月，两广总督陈邦瞻奏称，安南故都统使黎维新子维祺叩关贡方物，并献犯边贼犯督胜。（《明熹宗实录》卷九）

（续上表）

时间	大事记
天启二年（1622）	二月，因总督陈邦瞻之请，加升潮州参将俞咨皋副总兵职衔，照旧管事。（《明熹宗实录》卷十九） 三月，两广总督陈邦瞻奏准两广兵防事宜。总督陈邦瞻升任兵部左侍郎。 陈邦瞻奏称，闽广之间海寇林辛老等啸聚万计，屯据东番之地，占候风汛，扬帆入犯，沿海数千里无不受害。我兵积弱，但能连䑸自固，以商舶为饵，听其饱所欲而去。近虽增兵置戍，未足破敌。宜于惠湖加募五百，以资战守。广西设有总兵，虽号征蛮将军，而兵止五百，高坐会城，无所事事，莫若移至南、太要害之地，而罢南、太参将，并以其众隶之。凡南宁、太平、上思之兵，皆听调发，浔梧思柳庆三参将并属节制，则声势联络，隐然有虎豹在山之势。疏下部议。至是，掌兵部大学士孙承宗具覆，皆如议行。（《明熹宗实录》卷二〇） 是年，始设新兴蓝坑营。 设兵七十名，统以把总。盖知府夏应台议设也。二十四山为春恩要路，恒苦寇抄。至是宁谧。（崇祯《肇庆府志》卷二《纪事二》）
天启三年（1623）	正月，两广总督胡应台参劾昭平参将吴江龙，规避援黔，托病擅行离任，命广西抚按提问具奏。（《明熹宗实录》卷三〇） 三月，两广总督胡应台奏准，加升两广总督中军坐营都司佥书蔡一申为游击将军，训练新兵。（《明熹宗实录》卷三二） 四月，两广总督胡应台遣游击张焘解送澳门夷目七名，通事一名，傔伴十六名赴京，以教习西洋大铳铸练之法。（《明熹宗实录》卷三三） 十二月，两广总督胡应台题准，香山寨参将张懋勋养病回卫，以镇下练兵游击蔡一申代之。（《明熹宗实录》卷四二）
天启四年（1624）	二月，两广总督胡应台升任南京刑部尚书。（梁本《明熹宗实录》卷三九） 三月，广西巡抚何士晋升任兵部右侍郎兼都察院右佥都御史总督两广。（梁本《明熹宗实录》卷四〇） 七月，两广总督胡应台奏称，广州因米贵发生民变，私贩殴打知府程光阳，辱及按臣。擒斩首乱者五人，民变乃平。（梁本《明熹宗实录》卷四四） 是年，初定派田粮助辽饷。 每亩定银七厘，后二年督府何士晋欲承杂税抵补，阖省纷扰，果菜微利莫不征及。后督府商周祚复派田粮，民始安生。（崇祯《肇庆府志》卷二《纪事二》）

（续上表）

时间	大事记
天启五年（1625）	四月，两广总督何士晋因得罪太监魏忠贤，被弹劾，革职为民，追夺诰命。（《明熹宗实录》卷四四） 五月，起升原任福建巡抚商周祚为兵部右侍郎兼都察院右佥都御史总督两广军务。《明熹宗实录》卷四四）
天启六年（1626）	四月，海寇杀署双恩场董大使于蓝袍村。（崇祯《肇庆府志》卷二《纪事二》） 十二月，总督商周祚奏陈广西浔州叛乱事宜。商周祚升任南京工部尚书。 浔州六斗窠贼首胡扶记等纠党叛乱，戕害上黄民兵，劫掳村落。守备蔡人龙及把总邓养等统兵剿捕。蔡人龙轻率，穷搜倦寝，夜被贼杀害。两广总督商周祚列其状，并参劾地方失事道府将官以闻。（《明熹宗实录》卷七九） 是年，总督商周祚禁诸承税抵饷及山河小税。 此督府商周祚禁也。四会、新江俱撤关，诸山河抽谷船俱严禁，惟存黄江厂充饷旧额。（崇祯《肇庆府志》卷二《纪事二》） 是年，总督商周祚檄岭南道王道元征东瓜坑贼，平之。（雍正《广东通志》卷六《编年》）
天启七年（1627）	正月，总督两广商周祚题，左江土司日疲，交夷防御宜审，议裁南太参将，改设守备一员。改南京工部右侍郎李逢节为兵部右侍郎兼都察院右佥都御史，总督两广军务巡抚广东。（《明熹宗实录》卷七九） 七月初一日，两广总督商周祚奏，平定浔州窠贼胡扶纪之乱。 商周祚奏称，浔州窠贼胡扶纪等以鹅山为窟穴，盘据猖獗，人无安堵，党羽甚繁，耳目甚广，兵至则逃匿，兵退则出劫，即欲纵兵穷搜，而山深箐密，无从踪迹，故此前专用招抚之法，以羁縻之，反以养成其势。今复敢戕杀守备，罪恶贯盈。抚臣王尊德、按臣曹应瑞，慨然发愤，与臣商确决意主剿。先以汉土官兵严布隘口，预防逃逸，令两参将刻日誓师，分路进兵，一举而捣其巢穴，擒其眷属，招出男妇以五百计，投降男妇以二百计。土舍陈威用奇计得扶纪，斩之。数载元凶，一朝授首，国法藉以少伸，地方从此安枕。报闻。（《明熹宗实录》卷八六） 七月，两广总督商周祚奏陈海贼一藿老等侵犯柘林、潮阳、碣石事宜。 海贼一藿老等驾船百余只，突入福建铜山寨，烧毁兵船，称欲侵犯柘林寨。未几，潮漳副总兵沉志亮又有贼势重大孤城难支，乞督发中权船会同福建兵船夹剿之详。臣牌行巡视海道总兵官，挑选中权、中部、左部兵船五十余只，仍令该道镇亲带省城标兵一千名调度策应。兵未及到，而贼已突入柘林，焚毁兵船，登岸沿，烧居民房屋，直入揭阳城下矣。幸知县冯元飚督率

（续上表）

时间	大事记
	乡兵出城拒斗，仍分兵绝其去路，四次交阵，伤贼数十人，相持三昼夜。贼败，放火烧屋，乡众放火，贼遂开船遁去。揭祸甫解，而贼又闯潮阳城下矣。潮阳知县陈国纪极力守御，参将张应乾督兵防护，亦相持数日，前后斩馘生擒五十九名，铳击碎其中军大马乌船一只，桅挂斗衣小云霄船一只，伤死强贼及柁工数名，溺死无数。贼见岸兵各处有备，始解缆扬帆，开驾外洋而去。潮祸甫解，而贼又飘入惠之碣石，烧毁兵船，敌杀把总叶台。盖碣石兵船止三十四只，又分五哨，因檄赴揭潮协剿，方出海而遇贼，叶台把截巷口，效死血战，众寡不敌，因而殒身。臣今行总兵官再雇民船，挑选中权三部并南山营各官兵，督发随贼向往，相机协剿，先将将领守备胡其高等分别论罪以闻。章下兵部。（《明熹宗实录》卷八六） 九月，两广总督商周祚派人将红衣铜铳二门，铁铳八门，并铁弹、什物等项解送至北京。皇帝命贮戎政备用。（《崇祯长编》卷二上）
崇祯元年（1628）	七月，升广西巡抚王尊德为兵部右侍郎兼都察院右佥都御史总督两广兼巡抚广东。（《崇祯长编》卷一一）
崇祯二年（1629）	三月，海贼掠海朗所。 是年春，海贼李魁奇等百艘自闽犯广，攻碣石，杀守备，攻新安不克，西趋阳电，掠海朗、海陵诸寨，泊电白莲头港。总督都御史王尊德檄南头参将陈琪率舟师蹑之，指挥白如璋率商舶百余为犄角，二帅不协，琪轻进战殁，丧军资殆尽。贼亦飘外洋去。（崇祯《肇庆府志》卷二《纪事二》） 四月朔，两广总督王尊德上粤东事宜四事。 一有司劝惩宜力，一海防重任宜择，一将领选用宜慎，一贼棍窝主宜察。章下所司。（《崇祯长编》卷二〇） 是年，肇庆《赋役全书》成。（崇祯《肇庆府志》卷二《纪事二》）
崇祯三年（1630）	正月，两广总督王尊德奏裁冗官一百一十五员，应扣解银六千零五十四两。（《崇祯长编》卷三〇） 二月，两广总督王尊德疏奏解送大炮、铁铳进京事宜。 王尊德疏称，粤东原无大铳，昨海寇猖獗，地方需此至急。臣不得已借用澳中大小二十具，中有铁铸大铳四具。询之，则粤匠亦能办此。臣因购其工巧者开炉备物，俾之冶铸，今已铸二百具矣。遇贼施放，一弹即成血路。臣试验后即拟铸解，适接邸报，见京辅被兵，声势甚紧，城守所藉此铳为先。 谨选其重二千七百斤者十具，所须圆弹三十枚，连弹三十枚，各重六斤石弹十枚；重二千斤者四十具，所须圆弹三十枚，连弹三十枚，各重四斤石弹十枚。又仿澳夷式制造班鸠铁铳三百具，一并解进，以为备御之用。并言大铳

（续上表）

时间	大事记
	十具先行，至今未达，实由沿途驿递，以广东私事不允应付，更乞天语叮咛。帝嘉其急公，令到日查收，沿途应付迟违，指参重处。（《崇祯长编》卷三一） 三月，两广总督王尊德疏奏平定广东从化、三水、番禺、龙门等县山贼。 王尊德奏称，从化县贼首钟国让劫杀二十年，为群盗之魁，盘踞山冈，筑城布谍，出入虎视，为省会之忧。臣用间设伏，多方布置，始得擒获枭示，其余各处贼，三水县拿获尖嘴狸、朱张飞、赵瑞阳、陈祖余，番禺县拿获丘囊计、增城县拿获廖几荣、龙门县拿获廖明相、俱行正法。当各贼处斩之时，省城百姓无不巷舞途歌，人人称快。至惠州贼首张庚子、林庚子并诱杀，永安县典史之黄忆宇等，俱已阵斩，各处胁从余党，臣俱出示宽谕，令各散归。盖自去年十一二月以来，凯音踵至，巨寇芟夷，敌歼乎林莽之间，患消于腹背之内。省城一带山高水清，渐有安堵之庆矣。帝报闻。（《崇祯长编》卷三二） 六月，高要、恩平、阳江、高明大水，百年未遇。（崇祯《肇庆府志》卷二《纪事》） 十一月，两广总督王尊德卒官。升王业浩为兵部右侍郎兼都察院右佥都御史总督两广兼巡抚广东。（《崇祯长编》卷四〇）
崇祯四年（1631）	四月，朝廷予给已故两广总督王尊德祭一坛，并给全葬。（《崇祯长编》卷四五） 八月，命总督王业浩会江西、福建两省官兵剿山寇，平之。 时铜鼓嶂贼钟凌秀、九陈连山贼万等犯永安、海丰、始兴县，流劫江西瑞金、福建长汀等处。于是命业浩移镇惠州，总兵官邓懋官亦至；闽抚熊文灿移镇上杭，虔抚陆某移镇信丰，守道洪云蒸、监军檄参将王鼎、徐之龙、闽游击郑芝龙、虔参将金文光、协兵击之，贼始遁，擒凌秀，至六年八月余党尽歼。（雍正《广东通志》卷六《编年志一》） 九月，两广总督王业浩疏请侍郎林熙春恤典，暨督臣王尊德赠荫。（《崇祯长编》卷五〇） 十月，两广总督王业浩请以岭南道副使洪云蒸加升广东参政，仍管道事。章下所司。（《崇祯长编》卷五一） 十月，练选军。 总督王业浩先檄募练新兵三百名，岁加饷银三千两，指挥雷大壮上议云，万历初年，奉例拣选壮军一百名教习鸟铳，守御征调俱赖，再将四所军复拣二百，凑足三百，立为三哨练之。有警则听调，无事则守御，不烦召募，不费增饷。业浩以为然，通行粤省。（雍正《广东通志》卷六《编年一》）

（续上表）

时间	大事记
崇祯五年（1632）	正月，四会县建护城营，设兵百名，以哨官一名统之。议复双对冈税银一千二百两，以充兵饷。（崇祯《肇庆府志》卷二《纪事二》） 二月，升福建巡抚熊文灿为两广总督。 癸巳，升熊文灿为兵部右侍郎兼右佥都御史总督两广军务兼理粮饷带管盐法巡抚广东地方。（《崇祯长编》卷五六、《明史》卷二六〇《熊文灿传》） 五月，两广总督王业浩疏奏广东军务事宜。 王业浩奏称，自二月间九连渠贼陈万授首，铜鼓渠贼钟凌秀降服之后，积年渠魁虽除，而余孽未尽。监军副使洪云蒸同总兵邓茂官等尽搜其巢，复斩三千余人，毁其窟穴。游击郑芝龙以福省海寇告急，抚按掣回，而钟凌秀愿率精锐报效自赎，但九连等处初平，正须防护。福建守备郑芝虎屡立战功，骁勇无敌。今芝龙既回闽海，应留芝虎暂驻平远一路防镇，俟平定班师，则两省交得所赖矣。章下所司查议。（《崇祯长编》卷五九） 七月，南赣巡抚陆问礼请敕闽广协剿，以尽铜鼓余贼。 先是，铜鼓障贼首钟凌秀既降复叛，为福建游击郑芝龙擒解两广总督王业浩军前，即时正法，妻子与二三死党皆就拘絷，余贼三千溃入长汀，转入瑞金。三省官兵屡截其前，贼散而复聚，进入太和县冠朝、东沔等处。四月十八日，芝龙同广东游击周一阳、南赣坐营邵勋、羊角堡把总金国柱，更番杀贼七百余级，贼越山而遁。已又进兴国县绮冈地方，三省官兵夜半猝击，贼始迸散。五月初三日突出永丰县，官兵堵之，遁入庐陵县富田地方。问礼遣坐营邵勋、把总朱国柱、营总朱家珍、广东西山参将徐云龙、原任参将张一杰、游击周一阳各统部兵，从兴国追至庐陵境上，又遣都司佥书管长宁营事董大胜领兵五百名，原任守备曾士英领兵五百名，由水路顺流至吉安府，随贼剿捕，檄委分巡岭北道参议崇随军纪功，问礼以闻。且谓贼败残余孽惟于无兵之处逃遁，掠食冀缓须臾之死。但近日芝龙以海警回闽，广东将士又因兵食不继，亦欲回广。臣多方措饷，督令相继进发，乞圣明严饬两广新督臣熊文灿、镇臣邓茂官益简精锐，多备糗粮，飞驰协剿。芝龙兵将一心，勇于赴斗，贼所深惮，并乞敕福建新抚臣邹维涟多发劲兵，责成芝龙合力剿除，以信会剿之旨，庶贼烬无再燃之虞，而三省有宁谧之日矣。帝谓会剿已申谕再三，问礼控制上游，纵贼蹂躏，且奏报稽久，复多隐饰之词，巡按御史何无一言，俱俟查明奏夺。（《崇祯长编》卷六一） 九月，肇庆旱灾，总督熊文灿等于城隍庙、宝月台朝夕祈祷，数日即雨。（崇祯《肇庆府志》卷二《纪事二》） 是年，总督熊文灿暂移驻广州，修广州城西渡海陆路。 崇祯五年熊文灿总督两广，维时九连余孽及海氛张甚，文灿大修广州城

（续上表）

时间	大事记
	西度海陆路，自作碑记，略曰：“余居常驻肇，节制湖惠既遥，而耳目里海亦稍隔，乃移节广州，将为里海廓清。”（道光《广东通志》卷一二九《建置略五·广州府上》）
崇祯六年（1633）	二月，总督熊文灿奏设连平州及镇平县。（雍正《广东通志》卷六《编年志一》） 五月，总督熊文灿檄竖沿海桩门。（道光《广东通志》卷一八八《前事略八·明二》） 七月，清远流贼突犯隔塘，诱杀典史李逢时，四会大震。总督熊文灿督西山参将徐云龙讨平之。 四会与清远接界，阻深旷莽，啸聚窟穴。时清远流贼侦摽兵捍瑶，乘虚突犯隔塘地方，夙知县尉李逢时骁果轻敌，结土宄诱杀之。四会岌岌危甚。王方伯自省闻变，星夜驰归，即与陈郡守筹兵措饷。先请于按台，钱公发省兵遏其归路，随请于督台熊公，亲往抚谕，揭督府牌勿杀良民、勿杀降，擒贼首，擒贼强。复揭示不支驿递不扰地方及秋毫无犯等牌，犹惧，介胄犷狎，未必凛凛奉行也。又揭示老幼不杀、妇女不杀、被虏不杀、投降不杀，妄杀者按以军法，不许一兵入城。然后分兵而进，与贼大战于狮子迳，生擒贼首郑时兴、陈华元、邹我兴等三十五名，斩级九十五颗。四会所擒土宄陈邦二等二十二名。（崇祯《肇庆府志》卷二《纪事二》）
崇祯七年（1634）	正月，总督熊文灿会剿海盗刘香。 刘香，闽人，聚众入海，天启六年焚劫粤之潮、惠。至是，舍舟登岸，会城戒严，文武合剿，剿获甚众。次年，熊文灿檄闽帅郑芝龙诛之。（雍正《广东通志》卷六《编年志一》） 十二月，总督熊文灿派洪云蒸等招抚海盗刘香，被执。帝令文灿戴罪自效。 熊文灿令分守道洪云蒸、分巡道康承祖同参将夏之木、张一杰往谢道山招抚海寇刘香，被执。帝以贼渠受抚，自当听其输诚；岂有登舟往抚之理！弛备堕奸，尚称密商，未尝与知；督臣节制何事？蒙昧如此！命巡按御史确覆，不许饰报；令文灿戴罪自效。（《崇祯实录》卷七）
崇祯八年（1635）	八月，贼掠恩平。（乾隆《肇庆府志》卷二三《事纪志》） 八月，命府州县积谷抽十之三，助边饷。征生员优免丁银助饷。（雍正《广东通志》卷六《编年》）

（续上表）

时间	大事记
崇祯九年（1636）	是年，总督熊文灿在七星岩创建水月宫及熊公祠。 水月宫，在七星岩。《岭海名胜纪》：明总督熊文灿招抚郑芝龙时，使芝龙与海寇刘香战，自言摩利支天菩萨现形空中，香因败灭，以为菩萨即元女。乃范铜为像，倾资十余万建宫报之。复自铸像其旁。明崇祯九年。（道光《肇庆府志》卷八《古迹》）
崇祯十年（1637）	正月，总督熊文灿具题安南修贡求封疏。 疏略曰：交夷久受我中国戎索，三年敬修一贡，在昔称为恭顺。今阙至二部，年来臣等开诚宣谕，屡檄该道臣晓以天朝之明威，责以忠顺之大义，而该国惟以求旧封为词。盖欲复昔日之王爵，而不安今日之都统也。分谊何在？臣等亦以夷性素昧礼义，宜化而不宜激，可折而不可长，再三驳正，冀其悔悟之有期耳。忽接调集兵象，攻彼部落之报。虽夷自相残，然境已相逼，令人不无过加疑虑。臣等惟有严督自强，整顿土司官兵，堵绝关隘要路，犯则必杀，静则固守，边衅不敢轻挑，兵机不坐失也。反复商酌，一时镇臣王扬德移驻南宁，专司调度。道臣范廷弼修备武事，力加提防。未几而夷即报退，毫无侵扰内地。实赖我皇上声震四夷，远人自知畏威怀德，正可施招来之术，以奠永久之安也。（张镜心《驭交纪》卷一二，丛书集成初编，第160页） 闰四月，总督熊文灿升任兵部尚书。① 以张镜心为两广总督。 壬寅，以熊文灿为兵部尚书兼右副都御史，总理直隶、湖广、河南、四川、山西、陕西军务，督剿流寇。（《崇祯实录》卷一〇）张镜心任总督（见《明史》卷三二五《外国列传六·和兰列传》）
崇祯十一年（1638）	是年，析新兴、恩平、新会三县地，置开平县。（雍正《广东通志》卷六《编年》） 是年，德庆悦城乡乱。（乾隆《肇庆府志》卷二三《事纪志》） 是年，总督张镜心疏报，广西思明土官杀职官思明州黄日章、黄德志等，鼓众叛逆。皇帝令速擒首恶，以靖地方。（《明史》卷三一八《广西土司列传二·思明列传》）
崇祯十二年（1639）	四月，肇庆东西两营士兵叛乱，复降，全被坑杀。（乾隆《肇庆府志》卷二三《事纪志》） 是年，总督张镜心在总督府改建文来阁，辟射圃。（道光《广东通志》卷一三三《建置略九》）

① 《明史》卷二六〇《熊文灿传》记为崇祯十年四月，误。

（续上表）

时间	大事记
崇祯十三年（1640）	缺载。
崇祯十四年（1641）	正月，归善淡水贼刘士魁、林九我等掠海丰、永安、博罗等县。 九月，升总督张镜心为兵部左侍郎，升福建巡抚沈犹龙为兵部右侍郎兼右佥都御史，总督两广军务。（《明史》卷二七七《沈犹龙传》） 十月，总督沈犹龙督兵讨平之。 贼据惠州乌禽嶂山为巢穴，四路分劫，总督沈犹龙檄都司严遵浩剿之，调潮州兵接应。归善县知县王孙蕙诱降贼党张鸿、张尧、李冲云等。於是檄潮兵堵南岭，取青皮寨，断贼右臂，四面围攻，援栅登垒，斩获无数。次年，余党卢惟正复袭潮州揭阳县，分巡惠潮道鲁元宠以参将林宏，会同守道邢大忠破之於野猪坑，贼尽平。（雍正《广东通志》卷六《编年志一》） 是年，流贼寇阳江，德庆州民激变罢市。（乾隆《肇庆府志》卷二三《事纪志》） 是年，总督张镜心在肇庆府城东门外石头菴旧址创建阅江楼，同时修葺府城墙，增高三尺五寸。（道光《肇庆府志》卷八《古迹》）
崇祯十五年（1642）	是年，妖贼入恩平大掠，贼掠新兴，杀典史娄文熹。 初，妖贼谭于珍等结党为伽蓝会，胁制官长，擅杀士民。至是，藉米贵，扬旗入城肆掠。（乾隆《肇庆府志》卷二三《事纪志》）
崇祯十六年（1643）	是年，贼攻陷开建县城，知县余德韶不屈被杀。新会百峰山贼起。（乾隆《肇庆府志》卷二三《事纪志》） 十一月，广东群盗起。 黄海如破澄海阎王总，掠保昌。邱文德攻揭阳，刘公显据石坑，陈大智劫和平，苏诚据潮阳，黄历元焚程乡，林学贤据惠来，王兴乱恩平，陈耀据归善。（雍正《广东通志》卷六《编年志一》）
崇祯十七年、清顺治元年、南明弘光元年（1644）	三月十八日，李自成率领大顺军攻克北京，明崇祯皇帝朱由检自缢死，明朝灭亡。（《明史》卷二四《本纪第二十四·庄烈帝二》） 四月，明将吴三桂降清，清军进入山海关，李自成撤离北京。（《明史》卷三〇九《李自成传》） 五月初二日，清军进入北京。（《明史》卷三〇九《李自成传》） 十五日，马士英、史可法等奉明福王朱由崧于南京称帝，年号弘光，建立南明弘光政权。（《明史》卷一二〇《神宗诸子·福王常洵》） 六月，弘光帝召两广总督沈犹龙为兵部侍郎（未任），以丁魁楚为两广总督。（《明史》卷二六〇《丁魁楚传》）

（续上表）

时间	大事记
	是年，八排瑶掠开建县，把总郑明东被杀。（乾隆《肇庆府志》卷二三《事纪志》）
顺治二年、南明弘光二年、隆武元年（1645）	五月，清兵攻克南京，南明弘光帝被俘，弘光政权覆灭。（《清史稿》卷四《世祖一》） 闰六月，南明福建巡抚张肯堂、礼部尚书黄道周等奉明唐王朱聿键于福州称帝，年号隆武，建立南明隆武政权。（《通鉴辑览明季编年》卷下）
顺治三年、南明隆武二年、绍武元年（1646）	二月，南明两广总督丁魁楚擒获逆藩靖江王，被封平粤伯。（《所知录》卷中《永历纪年上》） 八月，清兵攻克汀州，执明隆武帝朱聿键，隆武政权覆灭。南明两广总督丁魁楚、广西巡抚瞿式耜等迎明桂王朱由榔于梧州。 十月，南明两广总督丁魁楚、广西巡抚瞿式耜、广东巡按王化澄等奉朱由榔“监国”于肇庆。丁魁楚、瞿式耜升为大学士，王化澄升为副都御史总督两广。 十一月，南明大学士苏观生等在广州奉朱聿键之弟朱聿鐭为帝，改元绍武。丁魁楚、瞿式耜等迎桂王朱由榔还肇庆称帝，年号永历，以次年为永历元年，以肇庆府署为行宫。两广总督王化澄升兵部尚书，以兵部右侍郎林佳鼎总督两广，东征广州，在三水战败身亡。（《所知录》卷中《永历纪年上》） 十二月，清将佟养甲、李成栋等攻克广州，杀南明唐王朱聿鐭，绍武政权覆灭。永历帝朱由榔闻变由肇庆逃往梧州，升岭西道朱治憪为两广总督守肇庆。①（除特别注明外，以上均出自《通鉴辑览明季编年》卷下）
顺治四年、南明永历元年（1647）	正月，清兵相继攻克肇庆、梧州，南明两广总督朱治憪弃城而逃，永历帝朱由榔由梧州奔平乐再奔桂林。升朱盛浓兵部右侍郎总督两广兼巡抚广西（《岭表纪年》卷一）。清朝以佟养甲署两广总督事（《清世祖实录》卷三〇）。 二月，南明两广总督朱盛浓退往灵州，升兵部右侍郎于元烨兵部尚书，总督两广兼巡抚。②（《岭表纪年》卷一） 三月，清署两广总督佟养甲疏报，高州、雷州、廉州三府平定。（《清世祖实录》卷三一）

① 《所知录》卷中《永历纪年上》则说，升朱治憪为广东巡抚，与此异。

② 于元烨，《明史》卷二八〇《瞿式耜传》写作“丁元晔”。《明通鉴》附编卷四亦作“于元煜”。

（续上表）

时间	大事记
	五月，清廷实授广东委署各官。以总兵官佟养甲为兵部尚书兼都察院右都御史总督两广军务带管盐法兼巡抚广东，贡生耿献忠为布政使司左布政使，进士沈悬锡为按察使司佥事管督粮道参议事。（《清世祖实录》卷三二） 六月，两广总督佟养甲奏报，招降故明赵王朱由棪、总兵李志琏。（《清世祖实录》卷三二） 八月，两广总督佟养甲奏准，佛郎西人得在澳门贸易，以通商裕国。 户部议覆，两广总督佟养甲疏言，佛郎西国人寓居濠镜澳，以其携来番岛货物与粤商互市，盖已有年。后深入省会，至于激变，遂行禁止。今督臣以通商裕国为请，然前事可鉴，应仍照故明崇祯十三年禁其入省之例，止令商人载货下澳贸易可也。从之。（《清世祖实录》卷三三） 八月，两广总督佟养甲、提督李成栋剿灭南明陈邦彦、陈子壮反清势力。（《所知录》卷中《永历纪年上》） 十月，两广总督佟养甲奏罢广东雷州、廉州二府珠池之役。 两广总督佟养甲疏言，粤东雷廉二郡素称产珠，仅有池九，廉八雷一，皆在洪涛巨浸中。取珠之法，例用长绳数百丈，缒蜑户入海底，每裹鲸鳄之腹，而得珠多寡有无，尚未可知。是取珠甚艰也。前朝万历年间，宦者李敬开采，每年协助夫银不下巨万。是所费又甚繁也。向在无事时，尚且得不偿失，况今蹂躏之余，岂堪重有此举。乞皇上俯念疮痍，缓其开采，宽一分之民力，即培一分之元气矣。得旨：览奏始知采珠不便于民，差官着即撤回。（《清世祖实录》卷三四） 十一月，南明两广总督丁元烨转任工部，升两广巡按鲁可藻右佥都御史提督军务粮饷巡抚广西。①（《岭表纪年》卷一）
顺治五年、南明永历二年（1648）	正月，总兵金声桓反清复明，以江西归附于南明永历政权。 四月，两广提督李成栋胁迫两广总督佟养甲反清复明，以广东归附南明永历政权。李成栋被封为广昌侯，佟养甲被封为襄平伯。②

① 《南疆逸史》卷二四《鲁可藻传》则记曰：“十一月，擢可藻右佥都御史巡抚广西……明年三月，可藻以标镇复梧州。时李成栋以广东内附……寻加兵部右侍郎兼右副都御史，令缮兵待成栋。可藻因自署总制两广衔。”

② 王夫之《永历实录》卷一一《李成栋传》则说，封李成栋为惠国公，佟养甲为汉城侯。《所知录》卷中《永历纪年上》则说，封李成栋惠国公，佟养甲襄平伯。

（续上表）

时间	大事记
	八月，南明永历帝朱由榔还至肇庆。（以上均出自《通鉴辑览明季编年》卷下。另，李成栋反清复明事，按清时宪历是在四月。若按明大统历，则为闰三月。如雍正《广东通志》卷七《编年志二》记此事即系于闰三月。） 十一月，佟养甲被杀。（《岭表纪年》卷二。另，《存信编》卷二则记为十月）
顺治六年、南明永历三年（1649）	二月，清兵攻克信丰，李成栋败死。南明以杜永和为两广总督，驻广州，代李成栋。（《通鉴辑览明季编年》卷下） 五月，清廷擢浙江嘉湖道参议李栖凤为都察院右佥都御史巡抚广东提督军务，以郭肇基为兵部左侍郎兼都察院右副都御史巡抚广西提督军务。 五月，清廷令定南王孔有德率师二万，往剿广西；令靖南王耿仲明、平南王尚可喜率师二万往剿广东。 五月，清廷重置广东省级官员。 升工部郎中卢六艺为广东布政使司左布政使，刑部郎中杨名显为广东布政使司右布政使，工部郎中曹国柄为广东按察使司按察使。授进士陈赞为广东布政使司参议，分守岭南道；沈藳为广东布政使司参议兼按察使司佥事，高肇兵备道。王庆章为广东布政使司参议兼按察使司佥事，琼州道；陆振芬为广东布政使司参议兼按察使司佥事，分巡岭东道；冯偀为广东布政使司参议兼按察使司佥事，巡海道；徐炟为广东布政使司参议，督粮道；庄有筠为广东布政使司参议兼按察使司佥事，屯盐水利道；陈嘉善为广东布政使参议，分守海北道。李逊为广东布政使司参议兼按察使司佥事，分巡海北道；施起元为广东布政使司参议，分守岭东道。林嗣环为广东布政使参议兼按察使司佥事，南韶兵巡道；周公轼为广东布政使司参议，分守岭西道；邬象鼎为广东布政使司参议兼按察使司佥事，罗定道；史燧为广东布政使司参议兼按察使司佥事，驿传道。（以上均出自《清世祖实录》卷四四）
顺治七年、南明永历四年（1650）	正月，清兵攻克韶州。南明永历帝朱由榔闻庾关失守，急登舟逃往梧州，加马吉翔兵部尚书，与南阳伯李元胤督守肇庆（《通鉴辑览明季编年》卷下）。南明两广总督杜永和闻庾关失守，仓卒弃城，登舟入海口，元胤檄责之，乃还广州（《明通鉴》附编卷五《附记五》）。 十一月，清兵攻克广州，南明两广总督杜永和由海路逃往琼州。 平南王尚可喜等疏报，清兵攻克广东省城，斩贼六千余级。溺水死者无算。阵擒贼将范承恩等，俘获甚众。肇庆府贼将宋裕昆等率所部降（《清世祖实录》卷五一）。广州城三面临水，李成栋在时，复筑两翼，附于城外为炮台，水环其下。大兵攻围十月不下。总督杜永和偏将范承恩约内应，决炮台之水，我军藉新径渡，遂夺炮台，梯城而入，克之。承恩来降，永和由海道奔琼州（《明通鉴》附编卷五《附记五》）。

（续上表）

时间	大事记
顺治八年、南明永历五年（1651）	闰二月，平南王尚可喜等奏报，总兵官许尔显克复肇庆府及罗定州。徐成功克复高州府（《清世祖实录》卷五四）。孔有德攻克梧州、柳州（《清史稿》卷五《世祖本纪二》）。 七月，定广东官兵经制。 巡抚标下兵二千名，分为左、右二营。中军兼管左营游击一员，兵一千名。中军守备一员，千总二员，把总四员，右营游击一员，兵一千名。中军守备一员，千总二员。把总四员，抚标旗鼓守备一员……肇庆府总兵官一员，马步兵二千名，分为左、右二营，水师一千名。中军兼管左营游击一员，兵一千名。中军守备一员，千总二员，把总四员，右营、游击一员，兵一千名。中军守备一员，千总二员，把总四员，水师参将一员，水师一千名。中军守备一员。千总二员。把总四员。镇标旗鼓守备一员。（《清世祖实录》卷五八） 八月朔，赠殉难两广总督、兵部尚书佟养甲为太子少保，予祭葬，荫一子入监读书。（《清世祖实录》卷五九）
顺治九年、南明永历六年（1652）	二月，设琼州总兵官。（雍正《广东通志》卷七《编年志二》） 四月，孔有德克广西南宁、庆远、思恩，故明将陈邦傅以浔州降。（《清史稿》卷五《世祖本纪二》） 六月，清兵连克高州、雷州、廉州、琼州四府，南明两广总督杜永和在琼州降清。（《明通鉴》附编卷六《附记六》） 七月，故明将孙可望攻陷桂林，定南王孔有德战死。（《清史稿》卷五《世祖本纪二》） 十月，尚可喜克钦州，故明西平王朱聿鈢降，高、雷、廉、琼诸郡悉平，又复梧州。（《清史稿》卷五《世祖本纪二》）
顺治十年（1653）	六月，复设两广总督，命李率泰为兵部尚书兼都察院右副都御史总督两广军务。 顺治皇帝谕令吏部："广东、广西应设总督一员，着速推堪任者具奏。"不久吏部议覆："经略大学士洪承畴保举原任大学士李率泰堪任两广总督一疏。"得旨："率泰本当永不叙用，既经略辅臣保为两广总督，特允所举。着改过自新，以图报称。"庚申，以李率泰为兵部尚书兼都察院右副都御史总督两广军务。（《清世祖实录》卷七六） 八月，广西巡抚陈维新疏报，南明将领李定国自肇庆直犯平乐府。府江道周永绪、平乐府知府尹明廷、平乐县知县涂起鹏、富川县知县华钟俱遇害。（《清世祖实录》卷七七）

（续上表）

时间	大事记
	十二月，升刑部理事官侯袭爵为都督佥事，充镇守广东肇庆总兵官。（《清世祖实录》卷七九） 是年，添设饶平总兵官，设开平县治。（雍正《广东通志》卷七《编年志二》）
顺治十一年（1654）	二月，令平南王尚可喜留镇广东，靖南王耿继茂驻扎桂林。广东巡抚李栖凤疏报恢复平远县，地方宁辑。 顺治皇帝敕谕平南王尚可喜、靖南王耿继茂：广东为岭海要区，新经底定，抚绥弹压，善后宜周。平南王尚可喜专留镇守。广西地方乃楚粤门庭，滇黔锁钥。省会虽平，郡县未附。逆贼李定国现踞柳州，狡图窥伺，伏莽尚繁，亟需剿抚。特命靖南王耿继茂带领本标官兵及随征绿旗官兵，前赴广西桂林驻扎，续即发马五百匹以资驰剿。（《清世祖实录》卷七九） 六月，敕令固山额真朱玛喇为靖南将军，同护军统领敦拜统官属兵丁援剿广东。 敕曰：兹因逆贼侵犯广东，以尔朱玛喇为靖南将军，同护军统领敦拜总统弁兵，前赴广东平南王尚可喜、靖南王耿继茂、总督李率泰处。与二王及督臣李率泰计议，将延扰广东贼寇，相机除剿。其广东地方，亦与二王、督臣商议，相机剿抚。凡一应事宜，须同护军统领、梅勒章京、各营将领相议而行。毋谓自知，不听众议；毋谓兵强，轻视逆寇。仍严侦探，勿致疏虞。抗拒不顺者诛之，有先被贼胁从闻大兵一至即时迎降者，皆赦之。如有擒杀贼渠投诚者，分别奏闻赏赉。惟以安民为首务，须严禁兵将，恪遵纪律。凡归顺地方，毋得扰害。务体朕定乱安民至意，行间将领功罪，察实纪明汇奏。有犯小过者，当即处分，至骁骑校、护军校以下除死罪外，其余过犯，俱与众将商酌，径行处分。尔等俟贼氛既靖，地方宁谧，方行奏请班师，候旨定夺。尔受兹重任，益宜殚竭忠力，速奏朕功。钦哉。又谕曰：贼寇侵犯广东，故特遣尔等统兵往剿。尔等至彼境，与两王、总督李率泰计议酌便而行。若贼知大军将至，自广东窜入广西，可与两王、总督相机追捕。若贼遁入云贵，尔等可从便宜，择宽阔善地，休息兵马，奏闻候旨。至遇贼对垒时，尔固山额真朱玛喇、护军统领敦拜，二人可居中调度，毋使有失。倘遇众寡不敌，须计图万全，慎无轻率致败。我国家用兵，往无不胜。从前致有失事者，议罪勿逭。尔等大臣，若果图维尽善，各营主将，悉效忠忱，则何至有失也。（《清世祖实录》卷八四） 十月，平南王尚可喜、靖南王耿继茂奏报，逆贼李定国猝陷高明，复围新会，贼势张炽，兵力不支。请速发禁旅，以靖疆圉。（《清世祖实录》卷八四） 十二月，平南王尚可喜、靖南王耿继茂奏报，击败逆贼李定国，保全新会。

（续上表）

时间	大事记
	奏称，逆贼李定国围犯新会，城中粮尽，杀人马为食。臣等率兵往援，至三水县，分布沿江隘口，出奇兵制其后，以待大军。比靖南将军朱玛喇等至，遂合兵进剿，败之于珊州，戮其副将一员，生擒十余名，斩首一百五十余级。既抵新会，定国率马步贼分据山口山头。我军奋勇冲击，夺其山，斩获甚众。定国遁去，新会以全。奏入，命所司察叙。（《清世祖实录》卷八七）
顺治十二年（1655）	正月，两广总督李率泰奏报，擒斩广西土贼廖笃增、李先芳等。以于时跃为广西巡抚。裁肇庆总兵，改设城守副将，设高雷廉总兵官。 李率泰奏称，广西土贼伪总兵廖笃增等负嵎作梗，结连西逆。官兵分道进剿，阵斩笃增于玉版巢。又贼渠李先芳、廖凤等盘踞藤县，遥为李定国声援。定藩左翼总兵官马雄攻之，生擒伪知府姜炎，斩获无算。下兵部察叙。（《清世祖实录》卷八八、《清史稿》卷五《世祖本纪二》、雍正《广东通志》卷七《编年志二》） 四月，平南王尚可喜、两广总督李率泰、靖南将军固山额真朱玛喇、护军统领敦拜等奏报，官军连败李定国军，克复高、雷、廉三府。 奏称，官军连击李定国兵，一败之于兴业，再败之于横州。逆渠李定国遂渡江焚桥而遁。我师蹑之，定国复率残兵，自宾州走南宁。我军俘获甚多。克复高、雷、廉等三府二十五州县。（《清世祖实录》卷九一） 五月，两广总督李率泰奏报，广东投诚总兵苏利书通李定国。 广东投诚总兵苏利以绫书贻李定国，为督标参将张荣所获。总督李率泰以闻，下兵部密议。部议苏利所贻绫书，察其词意，通逆似真。但苏利负嵎碣石，遽难深问。宜以此事为定国反间之计，请颁温旨，并发绫书，令其自焚，以安反侧。随下诸王大臣议，俱以部臣言是。至是，遣侍读岳思泰等赍敕往谕之。（《清世祖实录》卷九二） 十月，增设广东肇庆城守协标中军守备一员，千总二员，把总四员。（《清世祖实录》卷九二）
顺治十三年（1656）	正月，高州总兵官栗养志剿高、雷、廉三郡山贼，斩其渠魁彭兆龙、曹玉、陈选等，三郡平。改肇庆副将为总兵官。（雍正《广东通志》卷七《编年志二》） 二月，令两广总督移驻梧州，从经略洪承畴请也。两广总督李率泰着加太子太保，总督浙闽地方。固山额真王国光，着以兵部尚书兼都察院右都御中总督两广地方。（《清世祖实录》卷九八、《清史稿》卷五《世祖本纪二》） 四月，两广总督李率泰疏报，粤西投诚伪永安王朱华壖，及伪总兵官知府土司共一百五十余员，缴伪印关防四十四颗。令浙闽总督李率泰兼程速赴

（续上表）

时间	大事记
	新任，不必候王国光面代，其两广总督关防及各项文卷，俱交与巡抚李栖凤暂行摄理。（《清世祖实录》卷一〇〇） 五月，两广总督李率泰疏报，粤西都康、万承、安平、镇安、龙英五府，上映、下石、全茗、果化、都结、恩城、凭祥七州，上林一县，都阳、定罗、下旺三司各土官投诚。下所司知之。（《清世祖实录》卷一〇一） 是年，改肇庆副将为总兵官。（雍正《广东通志》卷七《编年志二》）
顺治十四年（1657）	六月，复设广东雷、连各猺峒社学一所，教读一名。（《清世祖实录》卷一一〇） 十月，授碣石降盗苏利为水师总兵官，予以敕印。（雍正《广东通志》卷七《编年志二》）
顺治十五年（1658）	五月，两广总督王国光疏报，澄海游击刘进忠、知县祖之麟、典史江景云叛从海逆，县城被陷。（《清世祖实录》卷一一七） 六月，两广总督王国光有疾，回旗调理。升广东巡抚李栖凤，以兵部尚书兼都察院右副都御史总督两广军务。（《清世祖实录》卷一一八） 七月，以刑部右侍郎董应魁为兵部左侍郎兼都察院右副都御史，巡抚广东，提督军务。（《清世祖实录》卷一一九）
顺治十六年（1659）	正月，兵科给事中杨雍建疏言广东弊政。 疏言：臣前使粤东，目击粤民颠连困苦。究其害政有数大弊。一、市井无赖每遇印官缺员，重贿钻营，以求委署。受事之后，取偿民间，势如劫盗。甚有游手冒名，饱则扬去者。此滥委之害。一、正赋之外，夫役匠役有派，河船马船有派，炮车船药器具有派。又有以藩令采买，名曰王谷、王席。此滥派之害。一、里役不立良法，但轮流值月，上官交际，军旅供应，皆于是乎取之。一遇值月，遂至倾家。此里役无定例之害。一、用夫不据勘合火牌，凡往来馈运土木工作，皆妄滥差役，甚有抑勒折价，此处既折，彼处仍复取夫，在在流毒。此用夫无限数之害。一、奸商借纳饷名色，私立盐埠，不问贫富，计口派食，限期索价。且藉口私盐，吓诈厉民。此私埠之害。一、土官镇弁，创设私税。地不及二百里，抽者数处，以致商贾困匮。此私税之害。一、悍兵藉取柴火，凡坟树果木，皆强伐之。且污辱妇女，劫夺财物，道路阻绝。此砍柴之害。一、木商已为营弁占踞，及两藩采买，反问民间，不得不重价购诸王商以应。此采木之害。夫去其疾苦，谋其生聚，在皇上大奋乾断而力行之。今川贵底定，请移一王镇抚其地，以救粤民疲困。命所司察议。（《清世祖实录》卷一二三） 闰三月，升广东惠州府副将都督同知黄应杰充镇守本省潮州等处总兵官。（《清世祖实录》卷一二五）

（续上表）

时间	大事记
	五月，两广总督李栖凤疏报，伪江夏王、伪知府姬玿并贼渠陈奇策等就擒，广西南宁、太平、思恩等府全部平定。（《清世祖实录》卷一二六） 七月，裁广东三十八县儒学训导。 裁广东龙门、从化、新安、新宁、清远、阳山、连山、乐昌、仁化、乳源、翁源、和平、永安、长宁、大埔、惠来、普宁、平远、广宁、封川、开建、恩平、开平、信宜、吴川、石城、遂溪、徐闻、灵山、会同、乐会、定安、感恩、昌化、陵水、东安、西宁各县儒学训导。（《清世祖实录》卷一二七）
顺治十七年（1660）	二月，叙恢复广西南宁太平功，加总兵官右都督马雄为左都督，游击张汉鼎为署副将。（《清世祖实录》卷一三二） 五月，令原任高雷廉总兵官栗养志仍以原官戴罪管事。 谕兵部，原任高雷廉总兵官栗养志投诚以后，著有战功，屡经纪录加升，后因标下官兵被纠，革职提问。今念养志功绩素著。纵兵之罪，虚实未分。高雷廉要地，正在用兵，栗养志著仍以原官戴罪管事。原参一案、俟审明定夺。新推刘文进著另用。（《清世祖实录》卷一三五） 八月，申严洋禁。禁海滨双桅沙船，不许民间私造，违者视通贼论。 九月，海北道方国栋、总兵官张伟擒龙门海贼郑耀，诛之。裁并各所。 裁南乡所、函口所，甲子所并海丰所，海朗所并双鱼所，锦囊所并海安所，乐民所并海安所，儋州所并厓州所，南山所并万州所，昌化所并清澜所。（以上均出自雍正《广东通志》卷七《编年志二》）
顺治十八年（1661）	八月，命两广各设总督①，以原两广总督李栖凤为广东总督，以广西巡抚于时跃为广西总督。（《清圣祖实录》卷四） 十二月，广东总督李栖凤以老疾乞休致仕，以原任宣大总督卢崇峻为广东总督。命广东提督驻扎惠州府，广西提督驻扎南宁府。（《清圣祖实录》卷五）
康熙元年（1662）	夏，下迁海令。 诏迁沿海居民，赈之。闽寇郑锦猖獗，因命内大人科尔坤介山巡视，滨海居民令徙内地五十里，赈分民之不能迁者。（雍正《广东通志》卷七《编年志二》） 八月，提督军门移镇惠州，以协镇府为军门府。裁肇庆总兵官，仍设副将，设廉州总兵官。（雍正《广东通志》卷七《编年志二》）

① 按，雍正《广东通志》卷七《编年志二》将两广分设总督的时间系于康熙二年五月，实误。

（续上表）

时间	大事记
	八月，命协镇广东将军驻扎肇庆府，裁肇庆总兵员缺，添设廉州总兵官，高（州）、雷（州）、廉（州）总兵官止辖高、雷二府。广东总督卢崇峻奏准调整广东防务。 卢崇峻疏言：镇守肇庆总兵官已经裁汰，其所属营寨，在河南者新兴、开平、阳江、恩平、四县、应归罗定副将管辖；在河北者封川、开建、德庆、广宁、四会、高要、高明等州县，应归肇庆城守副将管辖。广州水师总兵官止管附近江海营寨，其陆路城守原俱守巡道管辖。今各道既罢管兵事务，则陆路城守应并责广州总兵官统辖。其自清远以至连阳各营汛与韶州相近，应归韶州副将统辖。从之。（《清圣祖实录》卷七）
康熙二年（1663）	三月朔，命广东总督移驻广州府。（《清圣祖实录》卷八） 七月，广东总督卢崇峻疏报，东莞、新安二县土寇出没不常，檄遣副将曹志统官兵三路进剿，擒斩九百四十人。（《清圣祖实录》卷九） 九月，广东总督卢崇峻督兵讨平香山、长乐、永安等地盗贼。 卢崇峻疏报，广东香山等县如黄、梁都、三灶诸处皆在海岛，为盗贼渊薮，驾艇剽掠。因遣发各营水陆官兵，令广州总兵官张国勋总统，分布搜剿，共擒斩逆贼赵劈石等二千三百余名，边界顿清。张国勋躬亲调度、诸将分猷效力。下部察叙。又疏报，粤东贼首李宗韬攻劫长乐、永安、兴宁等县界，臣会同提督杨遇明遣官讨平。（《清圣祖实录》卷一〇） 九月，调广东潮州总兵官黄应杰为琼州总兵官，琼州总兵官高进库为高雷总兵官，高雷总兵官栗养志为潮州总兵官。（《清圣祖实录》卷一〇） 十二月，升广西巡抚屈尽美为广西总督。（《清圣祖实录》卷一〇）
康熙三年（1664）	五月，命广西总督自梧州移驻省城。（《清圣祖实录》卷一〇） 六月，改广州水师总兵官张国勋为广东左路水师总兵官，南澳投诚官杜辉为广东右路水师总兵官，改随征广东总兵官佟国玺为广东海丰总兵官。广西总督屈尽美疏报，下井猺贼、负固作乱，臣亲督官兵进剿，斩获无算。（《清圣祖实录》卷一〇） 八月，广东总督卢崇峻疏报，平南王、将军、提督等统领官兵于八月十二日进剿碣石卫贼巢，擒斩贼首苏利，俘获余党万余，贼寨荡平。裁碣石镇总兵官。（《清圣祖实录》卷一三、雍正《广东通志》卷七《编年志二》） 九月，广西总督屈尽美疏报，剿平恭城县猺贼，生擒逆酋黄天贵，斩获余党无算。其附近唐王等猺寨相率归降。（《清圣祖实录》卷一三）

（续上表）

时间	大事记
康熙四年（1665）	二月，升广东巡抚卢兴祖为广东总督。广东潮州总兵官许龙疏报，舟师直抵碣石，逆贼苏利势穷，逆属及伪副将陈耀等就抚，获贼艘九十七只。命新设广东水师提督驻广州府顺德县，左路水师总兵官驻新安县，右路水师总兵官驻广海卫。（《清圣祖实录》卷一四） 三月，以原任郧阳抚治王来任为广东巡抚。广东总督卢崇峻疏报官军夹剿海陆寇贼事宜。 卢崇峻疏报，海贼杨二余党黄明标来自交趾，踞西海黄占三旧巢，煽诱迁民。地方官弁水陆夹剿，前后斩获九百余名，见在穷追搜捕，务尽根株。又疏报，水师总兵官张国勋、广海参将范明道等，自八月至十一月，水陆夹剿会、新二县土寇，于百峰山七村古井等处，斩获无算，余孽悉平。（《清圣祖实录》卷一四） 三月，巡海使者至广东，设沿海墩台。 沿海民既迁，设五里一墩，十里一台。东起南澳，西迄防城，地方三千余里，各大人分巡其界。（雍正《广东通志》卷七《编年志二》） 四月，广东总督卢崇峻奏准，粤省边界地方，各留一出海口。 广东总督卢崇峻疏言，粤省边界地方各应留一出海口子。香山县，由水路以顺德石矾边界为口子。广海卫，由陆路以城冈堡边界为口子。大鹏所，由陆路以归善淡水边界为口子。平海所，由陆路以归善边界白云墟为口子。海门所，由陆路以潮阳边界南关里为口子。以便官兵运粮行走。地方官给与验票，设立口子，处拨官兵防守、稽察，验票放行。如借端在海贸易，通贼妄行，地方保甲隐匿不首者，照例处绞。守口官兵知情者，以同谋论处斩。不知情者，从重治罪。从之。（《清圣祖实录》卷一五） 五月，广西总督裁并广东，复设两广总督，驻扎肇庆府。 议政王贝勒大臣、九卿科道会议吏部题请裁并督抚一疏。得上旨：湖广、四川、福建、浙江四省，仍各留总督一员。贵州总督裁并云南，广西总督裁并广东，江西总督裁并江南，山西总督裁并陕西。直隶、山东、河南设一总督，总管三省事。其凤阳巡抚、宁夏巡抚、南赣巡抚俱裁去。伊等应驻何地。著确议具奏。己巳，吏部遵旨议覆，广东广西总督应驻扎肇庆府，江南江西总督应驻扎江宁府，直隶山东河南三省总督应驻扎大名府，山西陕西总督应驻扎西安府。其云南贵州总督驻扎之处，令平西王确议适中之地，具题到部再议。从之。（《清圣祖实录》卷一五） 七月，以原任广东肇庆总兵官侯袭爵为江南京口左路水师总兵官。广西总督屈尽美疏报，官兵剿平富、恭、修、荔四县猺贼。以潮州、琼州、广州、海安等处水师，归广东提督统辖。（《清圣祖实录》卷一六） 十月，命广东协镇将军沈永忠自肇庆府移驻省城。（《清圣祖实录》卷一七）

（续上表）

时间	大事记
康熙五年（1666）	二月，以原任广东总督卢崇峻为河道总督。（《清圣祖实录》卷一八） 五月，两广总督卢兴祖疏报，安南国黎维禧缴送伪永历敕命一道，金印一颗。上嘉之，命封黎维禧为安南国王。（《清圣祖实录》卷一九） 九月，两广总督卢兴祖请于广西土司兴学校，以便教化。 卢兴祖疏言，粤西土司俗无礼义，尚格斗，争替争袭，连年不解。夫更化善俗，莫先于学校。请令各土司子弟，愿习经书者，许在附近府县考试。文义通达，每县额取二名，俾感于忠孝礼义，则争斗之风自息。（《清圣祖实录》卷二〇）
康熙六年（1667）	秋，总督卢崇峻颁广东六禁。 此前，广东总督卢崇峻疏陈粤六大害，一曰夫役，二曰派船，三曰采买，四曰私抽，五曰攀害，六曰擅杀。下巡抚王来任覆奏。至是，颁禁，粤民称便。（雍正《广东通志》卷七《编年志二》） 十月，逆贼魏韬啸聚潮阳海面。广东提督常进功会同左翼总兵官于奋起领兵搜剿，大败贼众，获伪参谋吴俊、亲信陈阿五等，贼渠弃舟潜逃。（《清圣祖实录》卷二五） 十一月，两广总督卢兴祖、广东巡抚王来任、高雷总兵官于大海，自陈不职，并革任。升山东巡抚周有德为两广总督。（《清圣祖实录》卷二四）
康熙七年（1668）	十月，调广东左路总兵官刘进忠为广西左江总兵官。（《清圣祖实录》卷二七） 十一月，两广总督周有德疏言：广东沿海迁民久失生业。今海口设兵防守，应速行安插，复其故业。得旨：着都统特晋等与该藩、总督、巡抚、提督会同一面设兵防守，一面安插迁民。毋误农时，致民生失所。（《清圣祖实录》卷二七） 十二月，两广总督周有德丁父忧，命在任守制。从平南王尚可喜请也。裁广东左路总兵官缺。（《清圣祖实录》卷二七）
康熙八年（1669）	正月，调广西左江总兵官刘进忠为广东潮州总兵官，广东右路总兵官赵宗科为广西左江总兵官。（《清圣祖实录》卷二八） 四月，升广东水师副将苗之秀为广东碣石总兵官。（《清圣祖实录》卷二八） 五月，两广总督周有德奏准，撤广东沿海贴防官兵。总督周有德以柳州叛犯韦嗣宽田产籍没变价估计不实，题参该地方官。（《清圣祖实录》卷二九） 六月，广东都司刘世虎等驾舟巡海，遇风漂入广南国，被礼送回国。 先是，广东都司刘世虎等驾舟巡海，遇风飘泊至广南国境内。广南国王

（续上表）

时间	大事记
	差赵文炳等送刘世虎等归粤，并带来货物船只，奉有确查议奏之旨。至是，礼部议：刘世虎等带去之兵尚有十九名未回，应降二级。其赵文炳等虽奉广南国印文差遣，而实系中国之人。或留或遣，请旨定夺。现在禁海，其带来之物不便贸易，应交送户部。得旨：广南国差赵文炳等送刘世虎等归粤，殊为可嘉。着两广总督给以照验遣归。广南船货不必入官，仍给来使，为修理船只之用。其刘世虎等风飘是实，著免罪。（《清圣祖实录》卷三〇） 十一月，复设广西左江巡道、驿盐巡道二缺。（《清圣祖实录》卷三〇） 十二月，复设广东惠潮道、高雷廉道、琼州道三缺。改巡海道为广肇道，管理盐法。复设广州左卫、广州后卫、广海卫、雷州卫守备四员。新会所、香山所、新宁所、东莞所、大鹏所、平海所、靖海所、海康乐民所、海安锦囊所、双鱼海浪所千总十员。（《清圣祖实录》卷三一） 是年，总督周有德重改建总督府筹远楼、运筹堂。（道光《广东通志》卷一三三《建置略九》）
康熙九年（1670）	正月，两广总督周有德复具疏请回旗守制，许之。（《清圣祖实录》卷三一） 二月，升广西巡抚金光祖为两广总督。（《清圣祖实录》卷三一） 六月，广东巡抚刘秉权疏报去年垦复民田数。 刘秉权疏报，康熙八年分垦复民田一万七百一十五顷七十四亩，安插男、妇共九万六千七百九十八名口。内随粮派丁计三万六千三百四十二名口，又垦复屯田三十一顷九十二亩，安插男、妇共五千三百六十一名口。其应征银、米俟三年后起科。（《清圣祖实录》卷三三） 是年，总督金光祖捐俸重修总督府衙。（乾隆《肇庆府志》卷六《建置志》）
康熙十年（1671）	二月，广东巡抚刘秉权奏准，广东屯田照民田一例起科。 刘秉权疏言：粤东屯田，有荒地三千五百余顷。查屯地科米每亩三斗，较之民田，殆多数倍。民畏粮重，不敢承认开垦。请照民田一例起科，则屯亩早辟，屯赋不致虚悬。从之。（《清圣祖实录》卷三五） 六月，以广东南海等县自康熙九年五月至十一月失盗计三十八案，将休致提督杨遇明削去太子太保衔。（《清圣祖实录》卷三六） 十一月，升参领佟国卿为广东琼州总兵官。（《清圣祖实录》卷三七）
康熙十一年（1672）	三月，广东巡抚刘秉权疏言暹罗国进贡方物事宜。 刘秉权疏言，暹罗国贡使所进方物，例与《会典》不符，较前更少其一。上以先有谕旨，命礼部免其察议。其携来货物，或愿运至京师贸易，听

（续上表）

时间	大事记
	其自运；或愿在广东贸易，令督抚委官监视之。（《清圣祖实录》卷三八） 十一月，广西左江总兵官赵宗科以军政削职。（《清圣祖实录》卷四〇） 十二月，以功加左都督郭义为广西左江总兵官。（《清圣祖实录》卷四〇） 是年，总督金光祖捐修肇庆府学。（道光《肇庆府志》卷六《建置三·学校》）
康熙十二年（1673）	三月，平南王尚可喜疏请撤藩，复归辽东，从之。 尚可喜疏言：臣年七十，精力已衰，愿归老辽东。有旧赐地亩房舍，乞仍赐给。臣量带两佐领甲兵并藩下闲丁孤寡老弱，共四千三百九十四家，计男妇二万四千三百七十五名口。其归途夫役口粮，请敕部拨给。得旨：王自航海归诚，效力累朝。镇守粤东，宣劳岁久。览奏年已七十，欲归辽东，情词恳切，具见恭谨，能知大体，朕心深为嘉悦。今广东已经底定，王下官兵家口，作何迁移安插，议政王大臣等会同户、兵二部确议具奏。丁酉，议政王大臣等议：平南王尚可喜奏请复归辽东，应如所请。但该王之子尚之信，仍带领官兵，住居粤东，则是父子分离，而藩下官兵、父子、兄弟、宗族亦至分离。今粤省已经底定，既议迁移，似应将该藩家属兵丁均行议迁。惟广东左右两营绿旗官兵仍留该省，作何归并之处，交兵部另议。从之。（《清圣祖实录》卷四一） 四月，令平南王藩下绿旗官兵由广东提督管辖。 兵部题：平南王藩下向有绿旗左、右翼总兵官二员，游击守备千总各八员，把总十六员，兵六千名，俱驻扎广州府。今平南王尚可喜父子已令迁移。此绿旗官兵，应仍留广州府，令广东提督管辖。其官员升转、亦照各省绿旗官员例。从之。（《清圣祖实录》卷四二） 七月，平西王吴三桂、靖南王耿精忠各疏请撤藩。（《清圣祖实录》卷四二） 八月，差礼部左侍郎管右侍郎事折尔肯、翰林院学士兼礼部侍郎傅达礼往云南，户部尚书梁清标往广东，吏部右侍郎陈一炳往福建，经理各藩撤兵起行事宜。（《清圣祖实录》卷四三） 十二月，因琼州道范养民非由科目出身，其琼州学政改由广东学道管理。（《清圣祖实录》卷四四） 十二月，因平西王吴三桂于十一月二十一日反，停撤平南、靖南二藩，召梁清标、陈一炳还。以广西境邻贵州，授孙延龄为抚蛮将军，以线国安为都统，令统兵固守。（《清圣祖实录》卷四四）

（续上表）

时间	大事记
康熙十三年（1674）	正月，谕广西将军孙延龄、都统线国安、巡抚马雄镇、提督马雄等，保固广西。 谕曰，保固粤西实尔等是赖，今大兵已抵武昌，倘贼犯武冈、宝庆诸处，尔等率所部官兵，进剿其后，大兵迎击于前。量此逆丑，自可克期扑灭。尔等宜同心协力，谋定后举，以副朕倚任至意。（《清圣祖实录》卷四六） 正月，两广总督金光祖疏报，广西将军孙延龄反，杀都统王永年、副都统孟一茂等，执广西巡抚马雄镇。（《清圣祖实录》卷四六） 四月，令平南王尚可喜与两广总督金光祖合力调处两广军机。 先是，平南王尚可喜疏言：孙延龄伪檄有三藩之语，闽省又倏告变。臣与耿精忠本系姻娅，不能不踧踖于中。窃臣叨王爵，年已七十有余，虽至愚极陋，岂肯向逆贼求功名富贵乎？惟知捐躯矢志，竭力保固岭南，以表臣始终之诚。得旨：王累朝勋旧，性笃忠贞。朕心久已洞悉。近复屡摅猷略，保固岩疆，厥功甚茂。览奏披沥悃忱，深为可嘉，着益殚心料理，相机剿御，以副朕倚任之意。至是，复谕兵部：平南王尚可喜奏请调遣官兵，保固疆圉，忠诚显著，深为可嘉。两广一应军机调遣，及固守地方事宜，着尚可喜与总督金光祖同心合力，务酌万全而行。（《清圣祖实录》卷四七） 四月，平南王尚可喜疏言，逆贼吴三桂遣人与臣逆书，臣擒执来人并书奏闻。得旨嘉奖，下部俟事平日优叙。（《清圣祖实录》卷四七） 四月，因福建耿精忠叛，海澄公黄梧、提督王进功隔越漳泉，与浙江声问不通，令平南王、两广总督等设法遣人确探消息。潮州总兵官刘进忠暗通耿逆，于二十日拥兵叛，引闽寇入城。（《清圣祖实录》卷四七） 五月，令平南王尚可喜与总督金光祖等进讨孙延龄。 平南王尚可喜疏报：孙延龄叛，自称安远大将军，移牒平乐、梧州诸府。伏候庙谟指授，协力荡剿。上命尚可喜与总督金光祖、提督马雄等会同商酌。逆贼孙延龄，有可剿之势即议进剿；若未可速进，则俟大兵协力剪灭。又命部臣传谕马雄固守所属，相机灭贼。倘贼盛难御，即率官兵赴广东，与平南王、总督等协守。以俟大兵之至。（《清圣祖实录》卷四七） 六月，令平南王尚可喜与总督金光祖等驰援广西柳州。 广西提督马雄疏言，孙延龄逆众不下万五六千人。臣虽坚守柳州，众寡不敌。祈敕大兵，速进应援。上谕兵部：柳州乃广西要地，马雄既坚守请援，速行平南王尚可喜、总督金光祖酌发广东兵前往接应。如有机会可乘，听平南王与提督会同进剿。（《清圣祖实录》卷四八）

（续上表）

时间	大事记
	七月，两广总督金光祖丁父忧，命在任守制。总督金光祖疏言，交趾知孙延龄叛逆，乘机蠢动，陈兵边界，其情叵测，请加防御。上敕平南王及总督、提督等严饬边将，不时侦察，仍增官兵防守险隘。金光祖又疏报，梧州失陷，我兵据守梧江。（《清圣祖实录》卷四八） 八月，平南王尚可喜疏报，恢复普宁县城及广西梧州。 潮州叛镇刘进忠之党刘斌据普宁。都统尚之孝等遣发官兵进剿，被陷知县段藻潜遣人通款，诱贼出城迎战，因闭门拒之。我兵剿杀甚众，恢复普宁县城。得旨嘉奖，下部议叙。金光祖又疏报，水陆官兵四路往取梧州，逆贼遁去，追斩甚多，获船炮器械等，恢复梧州。（《清圣祖实录》卷四九） 九月，金光祖疏报，广西提督马雄、左江总兵官郭义降贼，广西全省变动。上命和硕安亲王岳乐为定远平寇大将军，率每佐领护军一名，坤巴图鲁侍卫所带每佐领骁骑二名，并王所属包衣佐领护军骁骑，速赴广东。（《清圣祖实录》卷四九） 十月，两广总督金光祖疏言，广西全省变动，贼势愈炽。入粤大兵应取道南雄，星驰赴援。上谕大将军安亲王已帅师由广东进定粤西，其防守事宜，兵未到时听总督与平南王商酌以行。（《清圣祖实录》卷五〇） 十一月，平南王尚可喜疏报，攻剿刘进忠，恢复潮州澄海县等地方。 尚可喜报称，副都统尚之孝等进兵潮州府，攻剿逆贼刘进忠，克东津笔架山洗马桥等处地方；巡抚刘秉权、署总兵官王国栋等攻破潮州城南凤凰洲木城二座，斩伪都督金汉臣等，杀贼五千余级；又副将何九衢等率兵恢复潮州澄海县。得旨嘉奖，下部议叙。（《清圣祖实录》卷五〇） 十二月，调整广东各分巡、分守道辖区。 吏部议覆广东巡抚刘秉权疏言，分巡广肇南韶道改为分巡南韶道，驻扎韶州府，管辖南韶二属；分守高雷廉罗道改为分守广肇道，驻扎肇庆府，管辖广肇二属；新设分守高罗道，驻扎高州府，管辖高罗二属；新设分巡雷廉道，驻扎廉州府，管辖雷廉二属。应如所请。从之。（《清圣祖实录》卷五一） 十二月，尚可喜疏报，刘进忠遣逆党踞守揭阳县，碣石总兵官苗之秀等率兵往剿，恢复揭阳、潮阳二县。两广总督金光祖疏报，逆贼孙延龄屡遣贼兵犯怀集县，又犯钦州，官兵七战皆捷，斩获甚多。（《清圣祖实录》卷五一）

（续上表）

时间	大事记
康熙十四年（1675）	正月，进封平南王尚可喜平南亲王，令其子尚之孝袭封，照旧料理广东文武事务，尚之孝统兵在潮，着给与大将军印。两广总督金光祖疏报，钦州游击王嘉贤进剿广西逆贼周将军、黄都督等余孽于王光山，阵斩伪百总一名、贼兵二百八十六名。（《清圣祖实录》卷五二） 二月，官兵恢复藤县。（《清圣祖实录》卷五四） 三月，两广总督金光祖疏报，逆贼侵犯怀集县，守备李如贵等督兵杀贼，危城获全。（《清圣祖实录》卷五三） 五月，以原任广东水师总兵官张国勋为潮州水师总兵官。（《清圣祖实录》卷五五） 闰五月，两广总督金光祖奏准，恩恤已故怀集知县李云龙孀母孤儿。 金光祖疏言：梧州怀集知县李云龙积劳殒命，孀母孤儿可悯，请赐恩恤。部议以知县病故，例无恩恤。其有军功者俟事平议叙。得旨：总督言知县李云龙著有功次，积劳殒命。如俟事平议叙，则孀母孤儿久待可悯。其更议之。于是部议，李云龙系旗人，其旅榇及家口应护送归旗。请敕督臣给以水陆夫船，再给正项银一百两，以资孤寡。后不为例。从之。（《清圣祖实录》卷五五） 七月，两广总督金光祖疏报，总兵官祖泽清以高州叛。 金光祖又报，臣亲统官兵于六月二十三日抵梧州，见贼兵二万余众，水陆充塞，即会同抚臣陈洪明、副都统尚之瑜，令顺德镇总兵官张伟等分率马步水军击败贼众，斩首三千余，生擒伪都司以下二百余名，水淹者无算。（《清圣祖实录》卷五六） 十月，升平南王藩下三等阿达哈哈番李廷秀为广东中镇总兵官，升广东副将邓汝功为援剿惠潮总兵官，副将王虎为援剿梧肇总兵官。（《清圣祖实录》卷五七） 十一月，两广总督金光祖率兵攻高州，乞援兵。 金光祖疏言：叛镇马雄同滇贼王弘勋等至高州。高雷廉叛兵合计约有十万。臣率兵深入高州，恐逆贼孙延龄乘隙犯梧。平南亲王尚可喜又无兵可调，乞添发大兵前来应援。上谕：逆贼率众来犯广东，不可不速遣大兵。大将军简亲王于留守江西兵内即选择精锐每佐领二名，命才能夸兰大率之，速赴广东，听平南亲王尚可喜、将军舒恕、总督金光祖商酌调遣。此兵仍着舒恕统辖。（《清圣祖实录》卷五八） 十二月，平南亲王尚可喜以广东危急，请求增援。

（续上表）

时间	大事记
	尚可喜疏言，逆贼刘进忠勾引郑锦入潮州，祖泽清勾引马雄至高州，粤东十郡，竟失其四。今将军舒恕、总督金光祖复退回肇庆，事势危急。闻和硕安亲王由袁州进攻长沙，恐时当春水泛溢，且吴逆全力集于常澧，其守御必坚。请以公倭赫之兵仍驻袁州，令和硕安亲王赴广东扑剿贼寇。（《清圣祖实录》卷五八）
康熙十五年（1676）	正月，以粤省危急，平南亲王尚可喜请大兵兼程应援。 平南王尚可喜疏言：逆贼马雄、董重民等乘高、雷变叛，益肆猖獗。满汉大兵退驻肇庆。潮逆刘进忠引海寇入犯，提督及平南大将军等皆退至惠州。请大兵兼程前赴应援。上谕兵部，顷据简亲王报，以每佐领护军一名、骁骑一名交副都统额赫纳，于正月初十日前赴广东。今粤省告急，可令额赫纳等倍道速进。（《清圣祖实录》卷五九） 二月，平南亲王尚可喜疏报，副都统穆承格等率领官兵恢复始兴县。加銮仪卫銮仪使许天宠太子太保，充广东援剿提督兼管水师营事。尚可喜又疏报贼犯惠州、肇庆诸处，省会危急。（《清圣祖实录》卷五九） 三月，复设岭南兵巡道一员、岭东兵备道一员、罗定州兵备道一员。改广肇道为岭西兵巡道，惠潮道为岭东兵巡道，高罗道为岭西兵备道。从平南王尚可喜请也。（《清圣祖实录》卷六〇） 四月，江西总督董卫国疏报，广东变乱，尚之信等相继叛。 江西总督董卫国疏报，贼犯广东，总兵官苗之秀、副将吴启镇等相继叛。尚之信阴与贼通，受吴三桂招讨大将军伪号，于二月二十一日守其父尚可喜第倡兵作乱。镇南将军舒恕等引兵归，副都统莽依图自肇庆突围出。总督金光祖、巡抚佟养钜、陈洪明俱降贼。（《清圣祖实录》卷六〇） 五月，粤省韶州、南雄俱已变叛，将军舒恕、额赫纳等兵退守南赣。（《清圣祖实录》卷六一） 十二月，尚之信遣人赍密疏至扬威大将军和硕简亲王喇布军前乞降，简亲王喇布以闻。 上敕谕尚之信曰：昔太祖高皇帝肇造鸿业。尔父航海归诚，功猷茂著。后命驻防粤省平定海疆。自吴逆叛乱以来，益矢忠荩，屡建功勋，故特封尔父为亲王，授尔为讨寇将军，正期克奋勇略，扫除逆贼。不图粤省变乱，道路梗阻。今览尔密奏，称父子世受国恩，断不敢怀异念，愿立功赎罪，来迎大师。知尔父子不忘报国，念笃忠贞。因事出仓卒，致成变异，朕心深为恻悯。今特降旨，将尔已往之罪并尔属下官兵，概行赦免。倘能相机剿贼，立功自效，仍加恩优叙。尔当益竭悃诚，勉图后效，以副朕始终曲全至意。（《清圣祖实录》卷六四）

（续上表）

时间	大事记
康熙十六年（1677）	三月，尚之信、傅弘烈各遣人密疏请兵。原任潮州总兵官刘进忠、碣石总兵官苗之秀遣人投诚。 尚之信、傅弘烈各遣人密疏请兵。上谕："大将军安亲王围困长沙已久，将军穆占复进定湖南，将军鄂内又赴岳州，水陆夹攻，逆贼吴三桂无暇窥粤。且大将军康亲王令将军喇哈达统兵下潮州，将军莽依图等亦率兵入粤。尚之信、傅弘烈、其各率所部、速迎王师、协剿凶逆。"原任潮州总兵官刘进忠、碣石总兵官苗之秀遣人投诚，奉命大将军和硕康亲王杰书以闻。上命宥刘进忠、苗之秀及标下官兵罪。仍以刘进忠为潮州总兵官，苗之秀为碣石总兵官，随大兵进剿。寻授刘进忠征逆将军。（《清圣祖实录》卷六六） 五月，傅弘烈遣右理事官麻勒吉书，欲为内应迎降。不久，官军相继克复南安、南雄，抵韶州，傅弘烈迎降。 书言，目下广东震动，若得大兵速进南安，傅弘烈从中接应，前赴韶州，以扼广东咽喉，则两广可计日而定。广东路通则广西全省，傅弘烈便可一面当之。但须加一虚衔，方可行事。并标下官员各照原衔，换给印札，庶可鼓励人心。麻勒吉以闻。得旨："傅弘烈图报国恩，忠诚懋著，可优升为广西巡抚。今将军莽依图等大兵已进广东，俟傅弘烈迎见军前，即与敕印。其标下官员，亦令大将军简亲王给以印札。"不久，将军莽依图率领官兵抵南安城，严自明以城降。逆贼郭义等遁走。我兵进发，屡败贼众，克取南雄，直抵韶州，傅弘烈迎降。（《清圣祖实录》卷六七） 五月初四日，尚之信率广东省城文武官归正，令其袭父爵。 尚之信疏言：臣闻将军莽依图兵抵韶州，即于五月初四日率省城文武官及兵民归正。复遣署都统尚之瑛等代臣赴韶，迎接王师。得旨：尚之信著袭其父尚可喜平南亲王爵。（《清圣祖实录》卷六七） 六月，原任两广总督金光祖归正。原任高雷总兵官祖泽清亦率所属官兵投诚，高、雷、廉三府悉平。 金光祖疏言，臣标旧兵依臣密约，斩首叛副将雷孚言，擒伪总督董重民等，决意归正。得旨：尚之信、金光祖等将伪总督董重民及所执伪官品大者委官兵护解来京。（《清圣祖实录》卷六七） 七月，令两广总督金光祖革职，仍留原任，戴罪图功。以原任高雷总兵官祖泽清归正，加都督同知，仍管总兵官事。 原任广东广西总督金光祖疏言："臣前窥察众情，多有猜疑，随将臣总督两广关防，暂行秘藏，托言失去。今虽用原藏关防为信，绥辑人心，然受两粤重寄，不能预筹保固，一旦被陷，贻误封疆，臣罪难逭。"得旨：金光祖身膺两粤总督重任，不能保守封疆，致地方陷贼。前奏关防已失，今又称

（续上表）

时间	大事记
	收藏。如果收藏，前具题失印之时，何不以此情密奏。观此明属巧饰。本应革职，从重治罪。念其与平南王尚之信密谋反正，复定粤东。着革职，仍留原任，戴罪图功。原任高雷总兵官祖泽清疏言：“罪臣束兵无术，临难偷生，蓄恨两年，始得乘机斩贼，率属归正，静听处分。”上谕：祖泽清先虽被胁从逆，仍感恩归正。其加都督同知，仍管总兵官事。（《清圣祖实录》卷六八） 七月，令革职戴罪总督金光祖发银十万两，解赴广西。 广西巡抚傅弘烈疏言：“臣前请大兵接应，力任进取两广。今广东全省已定。广西乃臣专责，无可他诿。臣与将军莽依图等议，欲进兵广西，缘敕印未至，无以为信。且臣兵寡弱，必得尚之信官兵同臣进取，庶克有济。又收复广西、云贵，须招集土司，土司官员专取凭于印信，若以广西、云南各土司印信颁发，招抚一处，即给一新印，以杜反覆，则逆贼可不烦大兵而灭矣。臣标官兵经年缺饷，兼少马匹。请量拨给，以资进剿。”得旨：览奏词意忠恳。傅弘烈可仍以广西巡抚为抚蛮灭寇将军，给以敕印。尚之信速遣所属官兵，与傅弘烈同定广西。土司印信，礼部铸给。其官兵钱粮，令总督金光祖给银十万两，俟秋凉再发马匹。寻又命户部拨银十万两，解赴傅弘烈军前。（《清圣祖实录》卷六八） 八月，平南王尚之信疏报，原任镇守琼州总兵官佟国卿举城归正，伪总兵陈琏等以惠州归正。（《清圣祖实录》卷六八） 八月，令平南王尚之信亲统官兵速援韶州。广西巡抚傅弘烈克复梧州。 先是，镇南将军莽依图疏言：“臣自省城抵韶州，见城北陆路逆贼掘壕数重，与官军对垒。请发大兵，星驰赴援。”至是，平南王尚之信又疏言：“粤地土寇尚多，潮惠人心未定。且高州四府屡报贼警。臣属官兵不得不留镇省会。”得旨：“今将军喇哈达、赖塔等大兵至潮州，刘进忠等俱已归顺，海寇败遁，粤境悉平。而尚之信又以土寇为辞，不离省城，则逆贼各路来犯，粤东又复可虞。不但广西难复，楚贼难灭，而广东势亦难保。尚之信其以文到之日，即亲统官兵，速赴韶州，与将军莽依图等并力剿贼。”广西巡抚傅弘烈疏报：“臣率官兵进取广西，伪将军赵天元等拥众万余据守梧州，出城迎战。我兵水陆奋击，败之，遂复梧州。赵天元等仅以身遁。”（《清圣祖实录》卷六八） 十月，抚蛮灭寇将军广西巡抚傅弘烈题报，恢复南平、昭平、贺县及郁林一州四县。以原任总兵官杨国泰为广西浔梧总兵官。 傅弘烈题报：扬武营总兵官曾大职进剿逆贼于五屯所地方杀获甚多，恢复南平县城。又报，平乐府昭平县离省不远，为贼犯梧出没之地。臣遣标下

（续上表）

时间	大事记
	后营参将周光裕率兵进取，击败贼众，斩杀无算，恢复县城。又报，臣遣标下参将李士文等幸领官兵，于贺县地方击败贼众，恢复县城。招抚伪监军道周遴元、总兵张弘、参将侯镇国等，恢复郁林等一州四县。（《清圣祖实录》卷六九） 令革职两广总督金光祖撤回赴韶官兵，同祖泽清进取南宁、柳州。 金光祖疏言："臣已遣标下兵二千赴韶州，俟大兵击败韶贼后，臣即撤回官兵，率赴高州，同总兵官祖泽清直取南宁等府。"得旨：韶贼已为我兵击败。宜乘此时速平广西。金光祖可撤回赴韶官兵，同祖泽清进取南宁、柳州诸处。（《清圣祖实录》卷六九） 抚蛮灭寇将军广西巡抚傅弘烈疏报，克复浔州府。 傅弘烈疏称："逆贼侵犯梧州，臣遣总兵官杨国泰分布官兵，水陆并剿，前后夹击，大败贼众于昭平等处地方。阵斩伪总兵张元，乘胜逐北，本月初三日恢复浔州府，获贼船器械无算。"（《清圣祖实录》卷六九） 十一月，平南王尚之信奏准，禁革广东横征私派，以纾民困。尚之信以广东平定，率师赴广西剿贼。以原任海丰总兵官佟国玺为廉州总兵官。 户部议覆平南王尚之信疏言，粤省之广、肇、南、韶、惠、潮等府陷贼时，遭逆贼加派兵饷，横征害民。今地方已经恢复，请禁革横征私派，以苏民困。应如所请。从之。平南王尚之信又疏言，粤东平定。臣请量留标兵守广东省城，尽率余兵，赴广西图贼。从之。（《清圣祖实录》卷七〇） 十二月，康熙帝责备革职总督金光祖迁延不进，令其速取南宁、柳州。升广东高雷总兵官祖泽清为銮仪卫銮仪使，调江南京口左路总兵官侯袭爵为广东高雷总兵官。升广东巡抚冯苏为刑部右侍郎，以都察院左副都御史金俊为广东巡抚。 总督金光祖疏请就近调发满兵，星驰赴粤东，以为后援。上责之曰：进征广西，合计将军莽依图、平南王尚之信、巡抚傅弘烈，并金光祖所辖之兵为数已多。金光祖正宜乘此机会效力先驱，以赎前罪。况傅弘烈当时未任封疆，尚能募兵击贼，直入粤西，恢复梧、浔诸府，鼓励将弁，为国宣力。金光祖本膺总督重寄，曾疏请同总兵官祖泽清取南宁、柳州。至今无意前进，迁延引日，反请济师，以为后援，殊属不合。其遵前旨，速取南宁、柳州。（《清圣祖实录》卷七〇）

（续上表）

时间	大事记
康熙十七年（1678）	二月，令放还广东兵变时被掠人口。 谕兵部：广东兵变时被掠男妇子女，可令平南王尚之信、总督金光祖等严行察出，令人民识认，悉皆发还，俾其父子夫妻完聚。粤西平定之日，将军莽依图、傅弘烈等亦各查明被夺人口，遣还原籍。（《清圣祖实录》卷七一） 革职总督金光祖自浔州进兵失利，令平南王尚之信亲率大军支援广西，令靖南王耿精忠、将军赖塔、提督王可臣等镇守潮、惠滨海之地，其广东有警，即行剿灭。 江宁将军额楚疏报：总督金光祖自浔州进兵失利。得旨：金光祖不守梧州，希图立功，轻进失利，梧州不无可虞。万一梧州失守，则进取平桂大兵后路亦阻。向调将军莽依图等速赴梧州，因平南王尚之信不亟发船至韶，致误军行，不可谓非王失机也。梧州乃两广接壤要地，不可不增遣重兵。驻韶将军额楚、都统勒贝等即率兵前往戍防。尚之信亦多遣精兵协守。驻赣将军觉罗舒恕率兵往守南雄，兼顾韶州。大将军简亲王，量遣官兵，与巡抚佟国桢、总兵官哲尔肯等同守赣州。寻抚蛮灭寇将军巡抚傅弘烈疏言：吴逆悉其骁锐，俱向广西。乞遣附近官兵，星驰应援。得旨：额楚等速赴广西与将军莽依图、傅弘烈等共筹攻守之策。两兵既合，可着莽依图总统额楚、勒贝等参赞。尚之信亲率将士，速进广西，接济大兵。若尚之信必难离会城，宜多拣精锐，速往应援。额楚等兵既进广西，将军舒恕不必俟简亲王所遣之兵，即率师迅赴南雄。寻平南王尚之信疏言：臣奉命进取宜章郴永，行至清远，以总督金光祖及高州等处报警，遂还会城。今潮阳诸处又报海贼突犯，臣所属官兵有限，不能分应。得旨：潮州、惠州既有将军赖塔、靖南王耿精忠、提督王可臣等镇守剿御海寇，不为不足。今将军莽依图等深入广西，事机所系甚重。且广西早定，则湖南之寇不敢自存。尚之信其以沿海地方付赖塔等，亲往接济广西大兵、毋误军事。又谕兵部：顷平南王尚之信疏言，广东潮阳诸处海洋贼艘不时出没，因令靖南王耿精忠、将军赖塔、提督王可臣等镇守潮、惠滨海之地。今既命尚之信或亲往，或遣兵随宜应援广西，若遇广东有警，耿精忠、赖塔等，可即行剿御。并速移文大将军康亲王知悉。（《清圣祖实录》卷七一） 镇南将军莽依图、将抚傅弘烈围攻广西平乐失利，撤回中山镇。令尚之信、马九玉等火速增援，金光祖驻梧州接济粮饷。 镇南将军莽依图疏言：臣等抵平乐，围其城。贼水陆来援。将抚傅弘烈、都统王国栋率绿旗官兵与战不胜。臣等孤军，难以久留，退至中山镇，乞速罢臣将军职任以警众。傅弘烈亦疏言：损兵失垒，臣罪实无可宽。但满

（续上表）

时间	大事记
	官兵各自调度，非臣所得指挥。倘益臣标兵，专臣平定广西之汉责，而以金光祖坚守浔梧后路，再令满洲大兵或从韶州进湖南、或仍驻肇庆以壮声援，庶可济事。得旨：河水泛涨，大兵不能相援，贼众我寡，以致失利。莽依图、傅弘烈等皆著免罪。傅弘烈既以兵少请济师，平南王尚之信可发精锐万人，多备火药火炮，速赴广西应援。将军赖塔会同靖南王耿精忠选藩下兵千人，并刘进忠标兵五千人，付与都统马九玉，亦令疾趋广西，从莽依图、傅弘烈等并力破贼。莽依图、傅弘烈以谋勇兼备并见倚任，宜共相和协，同心协衷，谋济国事。满汉官兵，务令辑睦。俟尚之信、马九玉等兵及前所调将军额楚等兵至，或一路进发，或满洲绿旗分二路进发，公同详酌，定议以闻。总督金光祖已留官兵守浔，身回梧州，或即驻梧州，接济粮饷，或莽依图等檄赴军前，并听酌行。（《清圣祖实录》卷七一） 三月，令莽依图等固守贺县、开建诸处，伺机前进。令金光祖督运粮饷以给大军。令尚之信仍驻广州，兼顾潮、惠，遣派一万精兵速赴广西。 谕兵部：顷以江西底定，因命大将军简亲王进取永州、宝庆。遣将军舒恕防守韶州、南雄，相机而行。又令平南王尚之信发兵赴广西，调将军额楚等自肇庆赴梧州。今诸路并进，灭寇恢疆，正在今日。总督金光祖又称，贺县、开建乃粤东门户，最为要地，守此二处，则兵饷可由封川挽运。今阅报文将军莽依图、傅弘烈自平乐回军。倘莽依图等还至肇庆、德庆，俾贼得据贺县、开建，为死守计，则复图进取良属不易。梧州诸处将不可保，即恐东粤亦至动摇。莽依图等宜固守贺县、开建诸处，遇有机会可乘，即行前进。金光祖督运粮饷以给大军，毋致有误。又平南王尚之信疏言：前奉旨命臣统兵亲进广西。臣虑贼窥我兵已撤，必肆犯浔梧。且高、雷、廉三郡初定，人心尚未宁戢，恐复为逆贼煽惑。再四熟筹，不得不驻省会，以图肆应。得旨：尚之信藩下兵着精选万人遣赴广西，停其亲往，仍驻守广东省城，兼顾潮惠，勿致疏虞。（《清圣祖实录》卷七二） 三月，贼犯浔州诸处，令将军莽依图驻镇梧州，若遇高州诸处有警即行应援。令将军巡抚傅弘烈整顿士卒，伺机进兵平乐、桂林。令平南王尚之信支饷银二十万两解赴梧州。（《清圣祖实录》卷七二） 三月，高、雷总兵祖泽清复叛，令尚之信、金光祖等速行剿灭。 广东肇庆安塘司库报：三月二十二日高雷总兵官祖泽清复叛，二十四日提督王可臣病故。上谕平南王尚之信等：祖泽清先经反叛，及投诚之后，随加宽宥，仍授总兵，旋擢銮仪卫使。今复背恩反叛，凶恶已极，宜即行诛灭，以惩奸类。平南王尚之信、将军莽依图、额楚、巡抚傅弘烈、总督金光

（续上表）

时间	大事记
	祖等，可会同商酌速行剿灭。至广东提督，职任綦重，王可臣既经病故，其令总兵官侯袭爵暂理事务，与大兵协力讨贼。（《清圣祖实录》卷七二） 四月，升广东高雷总兵官侯袭爵为广东提督，调江西九江总兵官马云程为广东高雷总兵官。（《清圣祖实录》卷七三） 四月，广西巡抚傅弘烈恢复郁林州及北流、兴业、陆川、博白等四县，又擒斩伪总兵梁子玉等五百四十余人。平南王尚之信连败祖泽清，恢复高州。 尚之信疏报：臣同副都统额赫纳等亲统满汉大兵，自肇庆启行，于四月十一日抵电白。逆贼祖泽清尽选精锐据守，外设五营。臣等分兵攻击，连破贼营，斩贼首伪总兵江琮等并贼党四千余级。追贼二十余里，城中贼党闭门坚守，臣分兵合围。一面招抚。十七日夜，城内原任雷协都司王得功等率众投诚。臣料此一战已足寒祖逆之胆，因星驰一百八十余里，即抵高州，而祖逆已挈家属遁去。十九日恢复高州。（《清圣祖实录》卷七三） 五月，总兵官苗之秀、马三奇等击败惠、潮海贼。 金光祖疏报：惠州甲子港贼船出没，总兵官苗之秀亲督官兵于五月二十六日与贼战三昼夜，沉贼船一百余只，阵斩及淹没者二千余人，生擒二十余人，获伪札船只器械甚多。又海贼臭红肉等于五月初三夜，率领贼䑸突犯潮州团山等处，总兵官马三奇、夸兰大护喇等分路堵剿，斩贼七百余级。余贼败遁。（《清圣祖实录》卷七四） 六月，令平南王尚之信速还广州，即率官兵驰赴潮州镇守，以援海澄。（《清圣祖实录》卷七四） 七月，广西巡抚傅弘烈退守郁林，请求援师。令将军莽依图、总督金光祖等驰援。傅弘烈又自容县退驻藤县，疏言广西形势严峻，梧州危急。 抚蛮灭寇将军广西巡抚傅弘烈疏言：吴逆调各路贼兵数万，渡河与我兵对垒。六月初十日，我兵失利，退守郁林。屡请援师、竟无应者。今惟望臣旧标惠潮兵至，合力齐举，庶可成功。得旨：郁林关系最重，将军莽依图、额楚、总督金光祖速遣官兵，驰往应援。倘贼势盛，我兵难以拒守，将军傅弘烈、都统勒贝等应退至要害之地，会同莽依图等协力守御。都统马九玉，行已两月，逗留不进，不合。宜檄令速赴梧州。平南王尚之信、总督金光祖速备夫船，以济傅弘烈旧标惠潮官兵，无误前进。（《清圣祖实录》卷七五） 八月，总督金光祖请预防高州。是月十七日，吴三桂病死衡州。 金光祖疏言：祖泽清败窜广西，收集余党，势必纠合大队肆行侵扰。况贼既陷郁林，必乘势犯高州，所关甚巨，亟宜预筹。得旨：顷命将军莽依图等整顿军械，以俟机会，今既不急进广西，如贼犯高州，平南王尚之信、将

（续上表）

时间	大事记
	军莽依图、额楚、傅弘烈、总督金光祖等或增遣满汉官兵赴高州协力剿贼，或遣兵攻北流、郁林以分贼势，俾不得侵高州。其公同酌议，务令高州诸处勿有疏虞。（《清圣祖实录》卷七六） 九月，平南王尚之信疏请暂开海禁，不许。 平南王尚之信疏言：剿除海逆亟须船艘，其如军需浩繁，势难营造，请暂开海禁，许商民造船，由广州至琼州贸易自便，则臣得藉商船，由广海、海陵、龙门一带进取，以收捣巢之功。得旨：向因平南王尚之信言，粤东虽已底定，郑逆仍踞厦门，宜申海禁，以绝乱萌，故准旧界严行禁戢。今若复开海禁，令商民贸易自便，恐奸徒乘此与贼交通，侵扰边海人民，亦未可定。海禁不可轻开。其鼓励地方官员捐助造船以备征剿之用。（《清圣祖实录》卷七七） 十月，命平南王尚之信为奋武大将军，统兵赴永兴郴州诸处，会合大将军简亲王、将军穆占等并力同心、以图进取。令总督金光祖等各守汛地，相机进取广西。改广西梧州分巡道为分守苍梧道，照旧兼理驿盐事务。（《清圣祖实录》卷七七） 十二月，藤县失守，梧州势危，令尚之信、舒恕等急赴梧州。琼州水师副将王珍等率领水陆官兵大破海逆杨二等于山墩地方。 镇南将军莽依图疏报：十二月初三等日，逆贼来犯，将军额楚、傅弘烈率兵接战失利，营垒俱陷，藤县失守。见存兵力甚薄，梧州势危。得旨：今梧州可虞，大将军平南王尚之信不必往湖南，径赴梧州，与莽依图等商酌调遣官兵，并力剿贼，以靖地方。如王断不可离省，即速选精兵驰赴。又韶州、南雄已为内地，将军舒恕可率领每佐领兵二人急赴梧州。至将军额楚、傅弘烈等见在讨贼，俟事平旋师日察议。（《清圣祖实录》卷七八）
康熙十八年（1679）	正月，两广总督金光祖疏报，广西藤县失陷，逆党愈肆狂逞，水程三路逼犯梧州。上命大将军平南王尚之信、将军舒恕火速赴援。（《清圣祖实录》卷七九） 正月，复设潮州水师总兵官，以候补总兵官刘显芳任。 广东提督侯袭爵疏言：广东潮州与闽省接壤，逼临大海，诸岛逆孽窥伺，汛兵单弱，请将潮州镇标中营官兵五百余及大埔营官兵六百、潮州水师总兵官一员、并左右二营官兵二千名，照旧复设，以资弹压。上允其请，以候补总兵官刘显芳为广东潮州水师总兵官。（《清圣祖实录》卷七九） 二月，优恤肇庆阵亡建城守备翟永昌。令莽依图等守梧州，尚之信驻封川，金光祖驻肇庆，额楚等驻德庆，以定广西。金光祖奏准，复设广西提督。

（续上表）

时间	大事记
	赠肇庆阵亡建城守备翟永昌为署都司佥书，予祭葬，给恤银三百两，荫一子，以卫千总推用。 平南王尚之信等疏言：臣等共议，将军莽依图、舒恕等，同将军傅弘烈守梧州。臣驻封川县，总督金光祖驻肇庆府。将军额楚等，驻德庆州。上命其勿失时机，速定广西。 两广总督金光祖疏言：广西旧设提督标下官兵四千六百余人，自马雄变后，未及复设。当此用兵之际，必仍设提督总统水陆之兵，方于战守有赖。其提标应设官兵，即于广西见在各营抽拨补入经制。上从其请，升南赣总兵官哲尔肯为广西水陆提督总兵官。（以上均出自《清圣祖实录》卷七九） 三月，提督侯袭爵大败潮州海贼杨金目等。 总督金光祖疏报：潮州地方滨海贼艘出没，臣遣提督侯袭爵大败海贼杨金目等于山头仔地方，斩首千余级，水溺者不计其数，沉烧贼船二百余只。（《清圣祖实录》卷八〇） 四月，恢复广西浔州、灵山县。 总督金光祖疏报，逆贼吴世琮等踞浔州府，闻大兵前进，即焚营弃城遁。副将林大忠入城抚定人民。又报，钦州游击刘世贵于四月二十三日率兵进取灵山县，伪将军郭义以城降。（《清圣祖实录》卷八〇、八一） 五月，调河南河北总兵官傅魁为广西左江总兵官。广东巡抚佟养钜革职。（《清圣祖实录》卷八一） 七月，总督金光祖遣兵赴援，解南宁之围。 镇南将军莽依图疏报：伪将军吴世琮等围南宁日久，城中食尽，旦夕且陷，投诚马承荫请救。总督金光祖遣总兵官谭昇、杨国泰等率兵往南宁援之。吴世琮率众渡江越岭，于新村西山之巅列鹿角逆战。臣与将军觉罗舒恕、额楚、都统勒贝等分路扑剿，杀贼甚多。吴世琮负重伤遁，遂解南宁之围。又太平伪知府林辅世、新泰伪参将何应魁率城内文武官投诚。（《清圣祖实录》卷八二） 八月，广西巡抚傅弘烈疏报，恢复柳城、融县二县，桂林至柳州路通。又报，伪总兵左旌、王定邦、史自安、李赟、唐良等投诚。（《清圣祖实录》卷八三） 八月，总督金光祖奏准，广西地丁额银折征米谷，事平复旧。又奏报，擒获祖泽清父子。 户部议覆总督金光祖疏言，粤西土瘠民贫，地丁额银请折征米谷，应如所请。每银一两折收米一石，支给官兵，俟事平之后照旧征银。其逆贼加派之项通行禁止。从之。又，金光祖疏言，官兵分路搜山，于八月十七日擒获

（续上表）

时间	大事记
	祖泽清并其子祖良楩。上谕：逆渠祖泽清背负国恩，屡行反叛，情罪重大。命平南王、总督、巡抚、遣官械送祖泽清父子及家人来京。（《清圣祖实录》卷八三、八四） 十月，广西提督哲尔肯疏报，泗城土知府岑继禄归附。广东提督侯袭爵与潮州镇臣马三奇等率兵水陆夹击，攻破井州岛，焚烧贼船贼巢，斩杀甚多，生擒伪参将等员，获器械伪札无算。（《清圣祖实录》卷八五） 十一月，免广州、肇庆二府康熙十二、十三年分未完额赋。（《清圣祖实录》卷八六） 是年，湖广、广西、四川均底定，大军进平云贵。（《清史稿》卷六《圣祖本纪一》）
康熙十九年（1680）	二月，广东巡抚金俊疏请都统王国栋剿海贼谢昌、李积凤等。 疏言，海贼谢昌、李积凤等不时侵掠沿海地方。请调平南王藩下都统王国栋等前往剿御。得旨：都统王国栋等身在省会，不宜纵贼披猖。着同副都统尚之璋、总兵官宁天祚等率藩下舟师，速图剿御。贼退之后，更有侵犯内地者，即与巡抚金俊会商扑灭。（《清圣祖实录》卷八八） 三月，平南王尚之信被控谋叛，帝遣人赴广东调查。调江西总兵官蔡璋为广东顺德水师总兵官。 平南王尚之信下护卫张永祥、张士选赴京首告尚之信谋叛事。上命刑部侍郎宜昌阿、郎中宋俄托等以巡视海疆赴广东察其状。谕之曰：尔等携带张永祥、张士选以往，密询都统王国栋、副都统尚之璋。若事有实迹，王国栋等自任能执尚之信，即一面奏闻，一面赴潮州。顷尚之信具疏自请撤还省会。尔等抵广东日，详察情形，如应撤还，即具疏言，省会不可无尚之信。彼时当独调之还。尔等临事之时，无多株连。倘有意外，听酌便行事。是日，宜昌阿等启行。（《清圣祖实录》卷八九） 五月，署虎门副将张瑜进剿逆贼谢昌等，大败之。 广东巡抚金俊疏报，委署虎门副将张瑜进剿逆贼谢昌等，五月十二日于大澳海面分兵三路，与贼船三百余接战。我兵奋勇冲击，贼败走。即乘夜穷追。十三日早至风头港，又有贼船数百。我兵复击败之。生擒伪将军洪元懿，毁贼船二百余，斩贼二千余级，溺死者万余人。谢昌等由外洋远遁。（《清圣祖实录》卷九〇） 六月，总督金光祖疏报，水师总兵官谭异等大破逆贼范齐韩、黄明等，恢复武宣县城。（《清圣祖实录》卷九〇） 七月，总督金光祖请发兵助剿尚之信藩下鼓噪逃亡之兵。 金光祖疏言，尚之信藩下鼓噪逃亡之兵聚众妄行。臣见与贼对垒，请发

（续上表）

时间	大事记
	兵助剿。上谕，近将军赖塔、都统王国栋、报遣总兵官宁天祚等率兵剿抚鼓噪之兵。若宁天祚等力不能剿，着将军赖塔、巡抚金俊、提督侯袭爵、都统王国栋公同酌议，增兵速行剿抚，以靖疆圉。（《清圣祖实录》卷九一） 八月，令副都统博济、总漕帅颜保等驰赴广东，协守省城，以防尚之信。不久，总督金光祖等擒尚之信于武宣，以谋反罪赐死。 谕兵部：广东省会地关重要。合计广西现有大将军简亲王兵及将军莽依图兵与都统马绋等率往之兵，每佐领共有二十八人。今宜檄简亲王，令简军中精骑每佐领五人，俾副都统博济率之，驰赴将军赖塔军，协守广东省城。并檄马绋速赴简亲王军，至所撤福建兵已就道者，令其来京。如未启行，仍暂留福建。总漕帅颜保现在江西吉安，令率所部速赴广东，视南雄、韶州何地紧要，酌量驻镇，以安辑人心。先是，吴三桂反，尚之信欲其父尚可喜从贼，迫之不已。尚可喜愤死，尚之信遂降贼。及其归正，仍怀两端。上数命进兵潮州、湖南，尚之信不行。永兴危急，亦坐视不救。后虽出师，辄自引退。总兵官时应运、水师游击张瑜出剿贼，尚之信俱密止之，令顿兵不进。及尚之信协剿广西，复与尚之璋等谋，令以计调还广州，冒兵饷，擅杀无罪人，甚至希邀异数，毁讪乘舆。于是藩下人张允祥、张士选来京告其诸不法事。尚之信母舒氏、胡氏、都统王国栋、广东广西总督金光祖、广东巡抚金俊亦相继疏列其罪。上遣刑部侍郎宜昌阿与王国栋等谋，密檄总督金光祖、提督哲尔肯、总兵官班际盛、副都统金榜选等，执之（按，指尚之信）于武宣。尚之信具疏辨。上不忍遽置于法，命至京对簿。尚之信谋益急，令其弟尚之节等阴纠党与，诱杀王国栋，欲为乱。将军赖塔急率兵围之，尚之节等就擒。赖塔等讯鞫，悉得其状。而舒氏、胡氏复饰言尚之信无谋叛迹，前告变疏，皆王国栋等伪为也。事闻，下议政王大臣等集议。于是议政王大臣等议覆，尚之信当依谋反律，母、母弟凡同谋者俱弃市，家产籍没。其诸弟尚之孝、尚之璋、尚之隆等，虽不同谋，法应革职枷责。得旨：平南王尚可喜航海归诚，效力行间，镇守粤东，著有劳绩。及吴逆叛，坚守臣节，不肯从逆，为逆子尚之信所逼，愤恨殒命。朕每念及，深为悯恻。其妻舒氏、胡氏从宽免死，并免籍没。尚之孝、尚之璋、尚之隆等俱从宽，免革职枷责。尚之信不忠不孝，罪大恶极，法应立斩，姑念曾授亲王，从宽赐死。其余逆党尚之节、李天植等，悉按律正法。（《清圣祖实录》卷九一） 八月，皇帝密谕刑部侍郎宜昌阿等，处理广东平藩善后事宜。 谕侍郎宜昌阿等：尔等所行事宜，俱各得当，甚为嘉悦。朕意所及数事，特行密谕。一、尚之信虽经犯法，伊等妻子不可令卑贱小人凌辱，应查明严禁，遣人护送来京。一、广东所有大市小市之利，经藩下诸人霸占者无

（续上表）

时间	大事记
	算，可会同巡抚详察，应归百姓者题明仍归百姓，则广东人民得沾无穷之惠矣。一、闻藩下所属私市私税、每岁所获银两不下数百万，当尽充国赋，以济军需。一、各省商贩人等欲藉藩下行势，投入者甚多，皆须查明，应断出者即行断出，其不应断出者，宜尽行遣发来京，勿致逃亡隐漏。一、尚之信等所有赀财，用充军饷，已有谕旨，务须详行稽查，毋致有遗漏侵克等弊。（《清圣祖实录》卷九一） 九月，授赖塔为大将军，令其赴广西率军由南宁取进云南，令副都统博济暂守广东。 谕议政王大臣等：顷因逆贼侵逼四川，满汉大兵已诸路进剿。大将军贝子章泰、将军总督蔡毓荣等于是月十二日以次进定贵州。今广西一路，亟宜速入，以定云南。将军赖塔在福建、广东劳绩素著，可授为大将军，赴广西调遣广西满汉大兵，由南宁直进，速定云南。赖塔行日，选广州大兵内精锐有马者，或五百人或千人，亲帅之赴南宁。广西所有一应大兵俱听简择率往。副都统博济统余兵暂守广东。赖塔敕印可速送往。其原在平南藩下官兵，如可带往，听赖塔酌量率之前行。（《清圣祖实录》卷九二） 十月，抚蛮灭寇将军傅弘烈于贵阳陷贼，不屈遇害。 署广西巡抚右理事官麻勒吉疏报，抚蛮灭寇将军傅弘烈于贵阳陷贼。贼授以伪职，不屈，十月初六日遇害。得旨：傅弘烈自投诚以来，效力粤西，著有劳绩，陷贼不屈，捐躯殉难，忠节可嘉，深为可悯。应得恤典，皆从优议奏。（《清圣祖实录》卷九三）
康熙二十年（1681）	正月，广西提督哲尔肯疏报，大桂山贼寇黄明等投诚。赠殉难抚蛮灭寇将军太子太保广西巡抚傅弘烈太子太师，予祭葬，加祭一次，谥忠毅，荫一子入监读书。（《清圣祖实录》卷九四） 二月，以郝浴为广西巡抚，帝令其广储粮米，以应军需。（《清圣祖实录》卷九四） 三月，海贼杨二等进犯琼州，总兵蔡璋等击败之，克复县所三城。 广东巡抚金俊疏报：海贼杨二等攻犯琼州，据海口所城，又攻陷澄迈、定安二县。总兵官蔡璋等于三月十五日督舟师渡琼，贼分兵迎敌。我兵奋勇夹击，于十六日克复县所三城，杨二等势穷逃窜。擒斩伪总督周胜、伪总兵陈曾等，焚毁贼船一百余只，擒获三十余只。（《清圣祖实录》卷九六） 七月，广东将军王永誉奏准，尚之信所属人员请编为十五佐领，拨入上三旗。（《清圣祖实录》卷九六）

（续上表）

时间	大事记
	十一月，大将军贝子章泰等攻克昆明，吴世璠窘迫自刎，逆党咸服厥辜。三藩之乱平定。（《清圣祖实录》卷九九） 十二月，调江西巡抚李士桢为广东巡抚，调湖广南漳总兵官刘成龙为广东琼州总兵官，江西广信总兵官高登科为广东右翼总兵官，升福建巡抚吴兴祚为两广总督。（《清圣祖实录》卷九九）
康熙二十一年（1682）	正月，广西巡抚郝浴疏请，广西地丁钱粮照旧征银。 户部议覆，广西巡抚郝浴疏言，粤西地丁钱粮每银一两折收米一石，原系一时权宜之计。今二省之运既停，八旗之兵又撤，康熙二十一年分折征米石请照旧征银。应如所请。从之。（《清圣祖实录》卷一〇〇） 二月，升江西袁临总兵官赵应奎为广西提督，管左江总兵官事。（《清圣祖实录》卷一〇一） 四月，广西巡抚郝浴疏请处置安南都统使莫元清等事宜。 兵部议覆：广西巡抚郝浴疏言，安南都统使莫元清同弟莫敬光，为安南郑柞攻逼，投奔内地，并无从逆助恶、扰害地方之迹。但先经原任将军莽依图疏称，莫元清弃高平，败奔富州。又安南国王黎维正疏称，吴三桂变起，莫元清同恶相济，为贼办粮。莫元清蒙皇上鸿恩，封为都统使，驻防高平，不图报恩，吴三桂反叛，即从贼助恶，理应从重治罪。但已身故，应免议处，革去都统使之职。莫敬光既经带领家眷，缴印投诚，免其应拟之罪。系外国之人，不便居于内地。应行该督抚将莫敬光及伊带来家眷，一并发回安南。移咨国王，将莫敬光等毋致残害，务令安插得所。从之。（《清圣祖实录》卷一〇二） 五月，调潮州水师总兵官刘显芳为广东左翼总兵官。（《清圣祖实录》卷一〇二） 十月，裁广东分守岭西道、岭东道、罗定道，分巡雷廉道、岭南道，广西分守苍梧道、江右道，分巡桂平道、江右道、郁林道。（《清圣祖实录》卷一〇五） 十一月，广东巡抚李士正疏免广东税额。命立双忠祠于广西，祀殉难广西巡抚马雄镇、抚蛮灭寇将军广西巡抚傅弘烈。从广西巡抚郝浴请。 李士正疏言，渡口、盐埠等项较旧额增银六万五千余两，又尚之信别项私征均请豁免。应如所请。从之。（《清圣祖实录》卷一〇六） 十二月，调广东提督侯袭爵为贵州提督，调江西提督许贞为广东提督。（《清圣祖实录》卷一〇六）

（续上表）

时间	大事记
康熙二十二年（1683）	二月，广东将军王永誉请留二镇标兵四千驻防广州旧城。 兵部议覆：广东将军王永誉疏言，广州守城兵虽有千名，而旧城内止有旗下兵三千名，不足调遣。请将二镇标兵量留四千，驻防旧城，应不准行。得旨：广东省城关系紧要，所奏量留二镇标兵，似属有益，可再详议以闻。寻部议应如该将军所请。从之。（《清圣祖实录》卷一〇七） 三月，复设广西苍梧守道一员管辖桂平梧三府，右江巡道一员管辖柳庆思三府。（《清圣祖实录》卷一〇八） 六月，广东岭东守道事务归并岭东巡道改为惠潮道，岭南巡道事务归并南韶巡道改为广南韶道，并肇高廉三府罗定一州于岭西巡道，改为分巡肇高廉罗道，并雷州一府于琼州道，改为分巡雷琼道。（《清圣祖实录》卷一一〇） 八月，两广总督吴兴祚疏言，广东两镇官兵分别于广州、韶州驻扎。是月，施琅攻克台湾，郑克塽投降。 两广总督吴兴祚疏言，广东两镇官兵奉旨酌量紧要地方驻扎。今议左镇统领陆兵一千、水兵二千，驻扎广州，分防要汛。右镇统领陆兵三千，驻扎韶州，居中调度。分防连、阳、英、清一带地方。下兵部知之。（《清圣祖实录》卷一一一） 九月，以投诚候补总兵管陈耀为广东碣石总兵官。两广总督吴兴祚奏准广西南、太、思三府仍改食高、廉之盐。 户部议覆两广总督吴兴祚疏言，旧例广西南、太、思三府俱食廉盐。郁林等处俱食高盐，拆运甚便。后因盐田尽迁，改销梧引。今高、廉二府盐田既复，请仍照旧例，改食高、廉之盐，路近价贱，有便于民。应如所请。从之。（《清圣祖实录》卷一一二） 十月，两广总督吴兴祚疏请广州七府沿海地亩请招民耕种。升贵州镇远副将唐光尧为广西左江总兵官。（《清圣祖实录》卷一一二）
康熙二十三年（1684）	三月，广东查看尚之信家产。侍郎宜昌阿同巡抚金俊，侵蚀兵饷及入官财物，事发拟斩。（《清圣祖实录》卷一一四） 九月，以广东高雷总兵官马云程为镶蓝旗汉军副都统，升浙江衢州副将陈梦旸为广东高雷廉总兵官。广东廉州总兵官佟国玺以病乞休，寻裁廉州总兵官，改设游击一员，领兵一千，驻守廉州府城。（《清圣祖实录》卷一一六） 十月，以海外平定，广东等沿海各省先定海禁处分之例尽行停止。（《清圣祖实录》卷一一七）

（续上表）

时间	大事记
康熙二十四年（1685）	二月，广西巡抚施天裔因欺隐仓库银米革职，以内阁学士范承勋为广西巡抚。（《清圣祖实录》卷一一九） 九月，以广东琼州总兵官刘成龙为镶红旗汉军副都统，调山西太原总兵官吴启爵为广东琼州总兵官。（《清圣祖实录》卷一二二） 十月，命广东肇庆府开炉鼓铸，制造铜钱。（《清圣祖实录》卷一二二）
康熙二十五年（1686）	二月，两广总督衙门两旗竿忽白昼飞火，焚其右，焦灼过半。（《清史稿》卷一四《灾异志二》） 二月，令江西南安、赣州二府仍食粤盐。减广东海关征收洋船额税十之二。 户部议覆广东巡抚李士桢疏言，粤东滨海小民藉盐资生。从前江西南、赣两府俱食粤盐，因康熙元年禁海以来，粤东路阻，改食淮盐。今粤省平定，请循旧例，令南、赣两府，仍食粤盐销引。应如所请。从之。（《清圣祖实录》卷一二四） 三月，升广东惠州副将刘诏为广东顺德总兵官。（《清圣祖实录》卷九六） 四月，两广总督吴兴祚奏准调整海防。 兵部议覆，两广总督吴兴祚疏言，潮州水师官兵船只先经裁并潮镇统辖，今值开洋贸易，恐海岛中宵小潜踪，乘机窃劫。应将澄海协达濠营、水汛官兵船只改归南澳水师镇就近统辖。其南澳与碣石海汛相连，应令互相联络，时加巡防。至潮阳等处水汛，令文武各官修造快船二十只照旧巡查。应如所请。从之。（《清圣祖实录》卷一二五） 闰四月，升广西巡抚范承勋为云南贵州总督，以内阁学士王起元为广西巡抚。（《清圣祖实录》卷一二五）
康熙二十六年（1687）	十一月，广东巡抚李士桢被参致仕，升直隶守道朱弘祚为广东巡抚。（《清圣祖实录》卷一三一） 十二月，以广州将军王永誉为正红旗汉军都统。（《清圣祖实录》卷一三二）
康熙二十七年（1688）	正月，升广东副都统拜音达礼为广东将军。（《清圣祖实录》卷一三三） 九月，广东巡抚朱弘祚条奏粤省盐政。 一、查从前佥商掣盐纳饷等项上下大小衙门皆有公费，官役分派取用。此乃正课之外加出私派者，请严行禁革。一、埠商定例三年一换，倘商人内有公平交易，地方相安者，应令永远承充。其欠课及作奸犯科者，即行驱逐，另募充补。一、各州县销引设有定额。如东莞、增城等县，逼近海洋，

（续上表）

时间	大事记
	无地非盐，小民就便取食，官引难销。其余州县户口繁多，或有官引不敷之处，请酌量增减。又私废埠商课饷，派征田亩，有累居民，请仍令招商行运。一、粤省旧驻尚逆党棍未靖，或冒名旗下，或投托现任，谋充客商，踞地为害。请敕查冒名旗人及投托见任文武各官，占夺民利者严加处分。一、粤省地方辽阔，易于行私，艰于巡缉。如虎门港口、惠州浮桥等处皆为要津。请专委佐贰廉干之员，驻守盘查。一、粤省行盐，原有生、熟二引。熟盐出归德等场，生盐产淡水等场。民间嗜好不一，有食生盐者，有食熟盐者。自尚逆在粤时，以生熟盐引限令三七配搭，派往盐埠行销，民间多有不便。请嗣后随商掣运，随民买食，不拘定额，以利商民。一、掣盐之地多一次盘查，即多一次冗费。如佛山距省城不过三十里，省城掣定之盐行至佛山，应免其复行秤掣。一、粤省盐价，奸商多任意增加。今各项陋弊，俱令禁绝。商人杂耗既少，盐价自宜少减。请酌水陆运费之多寡，以定盐价之低昂。远者以一分二厘为准，近者以七厘为准。如遇阴雨，量加一二厘。商民两便。其奸商搀和沙土等弊一并严禁。得旨：本内事情，俱照该抚所题行。（《清圣祖实录》卷一三七）
康熙二十八年（1689）	六月，两广总督吴兴祚因鼓铸浮冒，被参降级调用。升云南巡抚石琳为两广总督。 都察院遵旨议覆，给事中钱晋锡、御史王君诏疏参广东广西总督吴兴祚鼓铸浮冒，户部不行稽核一案。查吴兴祚，先经题请鼓铸银两就本省司库支银三十万两，于康熙二十六、二十七两年止奏销十二万九千余两，余银十七万余两并未奏销。又户部据咨私拨江苏银三十万两未经具题，并无着落。应将吴兴祚降三级调用。其据咨拨给、不行稽核之原任户部尚书科尔坤、见任尚书今升吏部尚书鄂尔多、原任侍郎今升总漕董讷、见任侍郎傅腊塔俱降二级调用。得旨：鄂尔多、董讷居官尚优，着带所降之级留任。余依议。升云南巡抚石琳为广东广西总督。（《清圣祖实录》卷一四一）
康熙二十九年（1690）	九月，两广总督石琳疏报，龙门副将叶昇擒获海贼方云龙等。 兵部议覆，两广总督石琳疏报，海贼方云龙等聚集奸徒，在安南国新安岳山诸岛劫掠洋船，伪称将军。龙门副将叶昇帅兵进剿，俱已擒获。应令该督严审定罪具奏。得旨：擒获各犯俱系熟谙水性之人，着从宽免死，并伊妻子，解送来京，发往黑龙江充水手当差。（《清圣祖实录》卷一四八） 十一月，广东高州总兵官张英奇以疾乞休。十二月，升山东沂州副将霍维甫为广东高雷廉总兵官。（《清圣祖实录》卷一四九）

（续上表）

时间	大事记
康熙三十一年（1692）	五月，两广总督石琳奏准，琼州府黎人地方不便设立州县。 兵部议覆：两广总督石琳等疏言，黎人地方丁田无多，不便设立州县。总兵官吴启爵所奏，于黎人地方筑建城垣，添设官兵之处，应无庸议。上曰：阅琼州舆图，周围皆服内州县，而黎人居中。如果此处应取，古人何为将周围取之而在内弹丸之地反弃而不取乎。不入版图，必有深意。创立州县，建筑城垣，有累百姓。部议不准良是。（《清圣祖实录》卷一五五） 十二月，升广东巡抚朱弘祚为浙江福建总督，调安徽巡抚江有良为广东巡抚。（《清圣祖实录》卷一五七）
康熙三十二年（1693）	四月，调广东琼州总兵官吴启爵为直隶天津总兵官。广西左江总兵官唐光尧为广东琼州总兵官，升湖广镇筸副将赵廷栋为广西左江总兵官。（《清圣祖实录》卷一五九） 九月，两广总督石琳奏准，将风飘日本国船只至阳江县地方计十二人发回本国。（《清圣祖实录》卷一六〇） 十二月，广东巡抚江有良与巡盐少卿沙拜互参，均革职。（《清圣祖实录》卷一六一）
康熙三十三年（1694）	正月，调安徽巡抚高承爵为广东巡抚。（《清圣祖实录》卷一六二） 六月，升浙江象山副将曾成为广东碣石总兵官。（《清圣祖实录》卷一六四）
康熙三十四年（1695）	六月，升天津总兵官李镇鼎为广东提督。（《清圣祖实录》卷一六七）
康熙三十五年（1696）	十二月，以顺天府府尹萧永藻为广东巡抚。（《清圣祖实录》卷一七八） 是年，增广东乡试额十四名。（雍正《广东通志》卷七《编年二》）
康熙三十六年（1697）	三月，广东巡抚高承爵丁母忧，命回旗守制。（《清圣祖实录》卷一八一） 七月，以镶黄旗副都统卢崇耀为广东提督。（《清圣祖实录》卷一八四） 十二月，升直隶易州副将韩天伏为广东高雷廉总兵官。（《清圣祖实录》卷一八六）
康熙三十七年（1698）	三月，升京口水师副将周洪昇为广东南澳总兵官。（《清圣祖实录》卷一八七） 五月，调广东高雷廉总兵官韩天伏为山西太原总兵官，升云南元江副将冯天惠为广东高雷廉总兵官。广东巡抚萧永藻请将停止鼓铸。（《清圣祖实录》卷一八八） 七月，以广东提督卢崇耀为广州将军。（《清圣祖实录》卷一八九）

（续上表）

时间	大事记
康熙三十八年（1699）	正月，广西巡抚王起元疏报，生擒茶陵州叛案内贼首黄明。（《清圣祖实录》卷一九二） 二月，广西巡抚王起元降四级调用，升贵州按察使彭鹏为广西巡抚。（《清圣祖实录》卷一九三） 秋，征连阳八排猺，平之。增广东乡试额七名。（雍正《广东通志》卷七《编年二》）
康熙三十九年（1700）	五月，调河南河北总兵官刘国兴为广东碣石总兵官。（《清圣祖实录》卷一九九） 十二月，两广总督石琳疏参雷琼道成泰慎、琼州府同知何斌、琼州右营游击詹伯豸等遣人进黎扰害，致生黎王镇邦等攻犯宝停等营。随后，报称王镇邦等向镇臣唐光尧投诚。调广东巡抚萧永藻为广西巡抚，广西巡抚彭鹏为广东巡抚。（《清圣祖实录》卷二〇二）
康熙四十年（1701）	正月，以广东琼州总兵官唐光尧为镶白旗汉军副都统。（《清圣祖实录》卷二〇三） 三月，调福建海坛总兵官王起龙为广东琼州总兵官。（《清圣祖实录》卷二〇三） 四月，广西巡抚彭鹏奏准广西仍开武科乡试。（《清圣祖实录》卷二〇四） 八月，两广总督石琳被参，降级留任。 吏部等衙门议覆：奉差广东审事礼部左侍郎凯音布等疏言，广东督抚平日不严约束文武官弁，以致骚扰黎岐，殊属不合。应将总督石琳、巡抚萧永藻各降二级调用。提督殷化行降一级留任。琼州总兵官今调镶白旗汉军副都统唐光尧降四级调用。俱应如所奏。得旨：唐光尧著革职，石琳、萧永藻着从宽降级留任。（《清圣祖实录》卷二〇五）
康熙四十一年（1702）	二月，广东左翼总兵官吕孝德、高雷廉总兵官冯天惠俱以老疾乞休，升顺天通州副将金宏振为广东左翼总兵官，直隶真定副将姚尚伦为广东高雷廉总兵官。（《清圣祖实录》卷二〇七） 六月，广东右翼总兵官刘虎丁母忧回籍守制，升广西浔州副将范时捷为广东右翼总兵官。 闰六月，广东高雷廉总兵官姚尚伦丁母忧回籍守制。（《清圣祖实录》卷二〇八） 七月，升云南元江副将李毓枚为广东高雷廉总兵官。 八月，两广总督石琳奏准连州瑶乱善后事宜。

（续上表）

时间	大事记
	兵部议覆两广总督石琳等疏言，广东连阳等处排猺深居山谷，恃野不驯，蒙皇上指授方略，特命都统嵩祝等赴粤东调集官兵，于排猺紧要口隘分布防守，兼出示晓谕，宣布皇仁，各排猺目业已率众投诚。宜筹善后之策。臣等伏查，连州所辖油岭大小等排，周围四百余里，俱系崇山深谷，难以建设州县。请仍旧归连州连山县管辖。惟于附近排猺适中之地三江口，建立寨城，安设官兵，统率控驭。应如所请。改广东廉州府海防同知为理猺同知，管领把总一员，带兵一百名，驻扎三江口，不时入排巡察，并将连州、阳山、连山三州县海防捕务仍归该同知就近管理。又三江口添设副将一员，裁去广东韶协副将一员，其都司一员、守备一员、千总二员、把总四员，及始兴营守备一员、千总一员、把总一员，俱归新协管辖。外添设千总一员、把总三员，分为左右二营，其韶协额兵九百二十三名，始兴营额兵一百七十五名，共兵一千九十八名，俱改归三江口管辖。再于广东将军、督抚、提镇各协营兵之内，均派出一千二名，共二千一百名，内将二千名归于新协，一百名归同知管束。如有老弱兵丁应汰除名粮，移归新协就于连阳乡勇中，考验顶补。其添设新协千把各员及理猺同知所辖把总一员，俱于各镇协营弁兵内拣选弓马娴熟者拔补，并将连州之三大排以及各小排、连山之五大排以及各小排丁口地亩，各项税饷作何征收之处，令该督查明，册报户部。从之。（以上均出自《清圣祖实录》卷二〇九） 十月，以直隶大名副将安跃拔为广东潮州总兵官。两广总督石琳以年老乞休致仕，调浙江福建总督郭世隆为两广总督。（《清圣祖实录》卷二一〇） 十一月，调苏松水师总兵官宁维国为广东高雷廉总兵官。（《清圣祖实录》卷二一〇） 十二月，调浙江提督赵弘灿为广东提督，调广东韶南总兵官范时捷为琼州总兵官，以直隶山永副将黄登为广东韶南总兵官。（《清圣祖实录》卷二一〇）
康熙四十二年（1703）	七月，两广总督郭世隆疏请调整广东沿海兵防。 广东广西总督郭世隆疏言，粤东自南澳起，经碣石镇，与虎门协接界止，海面几二千余里，守汛辽阔。今应将遥对南澳之澄海协添设船只与南澳对峙巡防。又海门一所最为紧要，应改为海门营，移达濠营游守千把驻扎于此，分防广、钱二澳。达濠营亦系要汛，即移海门所守备，改为达濠营守备。至甲子一所乃险要海口，从前止千总一员，今应将镇左营移驻甲子所，与碣石镇联络防守。又吴川营、隔海一百余里。有硇州一岛，宜设立专营。龙门协属之乾体营名为水师，向驻于陆地，可归并廉州营，将乾体营兵令白鸽寨守备一员、千总一员、把总二员统之，驻扎硇州，改为硇州营。白鸽寨径以千总领营，照旧管束平海、大鹏二所。至顺德地方，外有香山、虎门二

（续上表）

时间	大事记
	协，内有省会之兵，应裁去顺德总兵官，止留中军游击，改为顺德营。其镇标左营改为平海营，右营为大鹏营。下部议行。（《清圣祖实录》卷二一三）
康熙四十三年（1704）	三月，调云南巡抚石文晟为广东巡抚。（《清圣祖实录》卷二一五） 九月，升湖广辰州副将赵文璧为广东高雷廉总兵。（《清圣祖实录》卷二一五） 十一月，免广东南海等六县、肇庆一卫本年份水灾额赋有差。（《清圣祖实录》卷二一八）
康熙四十四年（1705）	正月，以原任广东高雷廉总兵官姚尚伦为广东右翼总兵官。（《清圣祖实录》卷二一九） 九月，升山东布政使范时崇为广东巡抚。 十月，免广东肇庆高要、高明二县本年份水灾额赋有差。（《清圣祖实录》卷二二二）
康熙四十五年（1706）	四月，升广西巡抚萧永藻为兵部右侍郎，升山东布政使梁世勋为广西巡抚。 五月，两广总督郭世隆疏言，海寇蔡三十二等聚众劫掠商船，今已擒获分别定拟斩流。（以上均出自《清圣祖实录》卷二二五） 十二月，两广总督郭世隆革职，以广东提督赵弘灿为广东广西总督。 刑部会同吏部等衙门覆奏，侍郎常绶等审奏广东海寇一案。一议海寇蔡三十二等拦截泛海商船，劫夺银米，俱应立斩。总督郭世隆不将实情审出，应降三级调用。原任巡抚今升湖广总督石文晟、提督赵弘灿未经详察，列名具题，俱罚俸一年。承审按察使今升河南布政使许嗣兴等分别降级调用。又一议，总督郭世隆不预先严禁强暴之人，及蔡三十二等事发又朦胧掩饰，草率具奏，殊为溺职，应革职。余如前议。得旨：蔡三十二、曾赞伯、黄士文、赖亚客、陈阿七俱立斩。许嗣兴著降一级调用。郭世隆著革职，余依议。（《清圣祖实录》卷二二七）
康熙四十六年（1707）	二月，添设广西义宁等十三县教谕十三员，永宁等七州、平乐等三县及思明土府训导十一员。（《清圣祖实录》卷二二八）
康熙四十七年（1708）	三月，广东潮州总兵官安跃拔丁母忧，回籍守制。 闰三月，升浙江定海总兵官施世骠为广东提督，广东香山营副将吴郡为浙江定海总兵官，江西袁州副将丁禩昌为广东潮州总兵官。（《清圣祖实录》卷二三二） 十一月，广东琼州总兵官范时捷为陕西宁夏总兵官，升贵州铜仁副将孙成龙为广东琼州总兵官。（《清圣祖实录》卷二三五）

（续上表）

时间	大事记
康熙四十八年（1709）	五月，广东巡抚范时崇等奏准调整广盐等行销区域。 户部议覆广东巡抚范时崇等疏言，广东连州总盐额引原派行销本州，及湖广之桂阳、临武、蓝山、嘉禾等四州县。乐昌总盐额引原派行销本县，及湖广之郴州、宜章、兴宁、永兴等四州县。今应将此项引饷，作为十分，量地均匀。连州、乐昌二处，行销十分之三。桂阳、郴州等八州县行销十分之七。又潮州、惠州、赣州三府，俱行销广济桥之盐。此三府所属平远、镇平、程乡、兴宁、长乐、五县额引较别州县独多，而惠州府属之龙川、和平、永安三县，及江西赣州府属十二县额引独少，应将平远等五县之引匀销于龙川等十五县，至赣属十二县内信丰、龙南、定南三县原食潮盐，接壤惠州，距潮路远，转运维艰，应就近改食惠盐。又福建汀州府属八县额引内长汀一县之引几居通府之半，应拨长汀县额引，匀销于宁化等七县。广西全州、灌阳、兴安三州县盐引易销，灵川、阳朔、义宁三县盐引难销，应拨灵川等三县额引匀销于全州等三州县。庶于商民均有裨益。应如所请。从之。（《清圣祖实录》卷二三八） 五月，两广总督赵弘灿以出洋失事参南澳总兵林皋革职。升广东虎头门副将黄龙为广东南澳总兵官。 兵部议覆广东广西总督赵弘灿疏言，南澳镇标守备潘成龙等出洋巡哨，偶遇贼船，不能擒剿，潘成龙为贼所杀，并夺去船只器械。其南澳总兵官林皋，统任水师，平日不严加训练，临事之时又不据实速报，甚属溺职。请将南澳总兵官林皋革职。应如所题。得旨：林皋着革职。（《清圣祖实录》卷二三八）
康熙四十九年（1710）	四月，升广西梧州副将白道隆为广东右翼总兵官。（《清圣祖实录》卷二四二） 八月，升广东巡抚范时崇为福建浙江总督，以内阁学士满丕补授广东巡抚。（《清圣祖实录》卷二四三）
康熙五十年（1711）	五月，升广东肇庆副将何国云为广东琼州总兵官。（《清圣祖实录》卷二四六） 六月，从广西巡抚梁世勋之请，设广西西隆州儒学，拨武缘县训导一员移驻西隆州，专司督课。岁科两试，定取文武生员各六名。（《清圣祖实录》卷二四六） 八月，调广西巡抚梁世勋为安徽巡抚，以吏部左侍郎陈元龙补授广西巡抚。 十一月，广东高雷廉总兵官赵文璧丁母忧，回籍守制。 十二月，升浙江平阳副将左世永为广东高雷廉总兵官。（《清圣祖实录》卷二四八）

（续上表）

时间	大事记
康熙五十一年（1712）	八月，升贵州威宁游击陆臣扬为广东碣石总兵官。（《清圣祖实录》卷二五〇） 十月，调贵州提督王文雄为广东提督。（《清圣祖实录》卷二五一） 十一月，两广总督赵弘灿奏准于和梢山添设官兵驻防。 兵部议覆，广东广西总督赵弘灿疏言，广东和梢山为翁源、曲江、英德三县要区，应于后山添设千、把总各一员，领兵一百名驻防。又翁源县龙眼岗亦应设千、把总各一员，领兵一百名驻防。此添设官兵，即于臣标提标下拨给。应如所请。从之。（《清圣祖实录》卷二五二） 十二月，以广东高雷廉总兵官左世永为广州汉军副都统。（《清圣祖实录》卷二五二）
康熙五十二年（1713）	三月，皇帝因广东米价昂贵（至每石二两），责备广东督抚官不奏报。令都察院左都御史赵申乔差往广东平粜仓谷，以平米价。（《清圣祖实录》卷二五四）
康熙五十三年（1714）	二月，两广总督赵弘灿、广东巡抚满丕各降五级留任。 九卿遵上旨议覆，两广总督赵弘灿、广东巡抚满丕将米价腾贵之处并未据实预先奏闻，及奉旨明白回奏，复行巧饰，殊属溺职。赵弘灿、满丕俱应革职。得旨：赵弘灿、满丕俱著降五级留任。（《清圣祖实录》卷二五八） 四月，广东提督王文雄奏准海防事宜。 兵部议覆，广东提督王文雄疏言，广州府番禺县之市桥、石碁及归善县之饭箩冈，皆滨海要区。应拨虎门协都司一员，千、把总各一员，带兵三百名，驻守市桥。拨千总一员，带兵一百名，驻守石碁。并移沙湾司巡检同驻市桥。其石碁陆汛，拨广州协大龙汛把总，带兵六十名，移驻防守。饭箩冈陆汛，拨惠州协平山汛守备一员，带兵一百名，移驻防守。平海营驻防稔山之把总移驻平山，庶海疆实有裨益。应如所请。从之。（《清圣祖实录》卷二五九） 十一月，以广东巡抚满丕为工部右侍郎。（《清圣祖实录》卷二六一） 十二月，以福建陆路提督杨琳为广东巡抚。（《清圣祖实录》卷二六一）
康熙五十四年（1715）	四月，以广东高雷廉总兵官赵文璧为福建漳州总兵官，升总河督标副将陈昴为广东碣石总兵官。（《清圣祖实录》卷二六三）
康熙五十五年（1716）	三月，广东巡抚杨琳奏准，广东各卫所设立卫学，附于各府学。 礼部议覆广东巡抚杨琳疏言，直隶各省俱有额设卫学，独粤东卫所从未设立。请将广州等处八卫二所文武童生各取进二名，其余二十八卫所文武童生各取进一名，拨入各府学，应如所请。从之。（《清圣祖实录》卷二六七）

（续上表）

时间	大事记
	闰三月，升江南寿春副将任重远为广东琼州总兵官。（《清圣祖实录》卷二六八） 十月，升两广总督赵弘灿为兵部尚书，升广东巡抚杨琳为两广总督。以革退翰林院侍读学士法海为广东巡抚。（《清圣祖实录》卷二七〇）
康熙五十六年（1717）	正月，两广总督石琳等奏准沿海海防事宜。 兵部等衙门遵旨会同陛见来京之广东将军管源忠、福建浙江总督觉罗满保、广东广西总督杨琳议覆：凡商船照旧东洋贸易外，其南洋吕宋、噶罗吧等处，不许商船前往贸易，于南澳等地方截住。令广东、福建沿海一带水师各营巡查，违禁者严拿治罪。其外国夹板船照旧准来贸易，令地方文武官严加防范。嗣后洋船初造时，报明海关监督地方官亲验印烙，取船户甘结，并将船只丈尺、客商姓名、货物往某处贸易，填给船单，令沿海口岸文武官照单严查，按月册报督抚存案。每日各人准带食米一升，并余米一升，以防风阻。如有越额之米，查出入官，船户、商人一并治罪。至于小船偷载米粮剥运大船者，严拿治罪。如将船卖与外国者，造船与卖船之人皆立斩。所去之人留在外国，将知情同去之人枷号三月，该督行文外国，将留下之人令其解回立斩。沿海文武官，如遇私卖船只、多带米粮、偷越禁地等事，隐匿不报，从重治罪。并行文山东、江南、浙江将军、督、抚、提、镇各严行禁止。从之。（《清圣祖实录》卷二七一） 四月，广东碣石总兵官陈昴疏请禁止天主教。 兵部议覆，广东碣石总兵官陈昴疏言，天主一教设自西洋。今各省设堂，招集匪类。此辈居心叵测。目下广州城设立教堂，内外布满，加以同类洋船丛集，安知不交通生事。乞敕早为禁绝，毋使滋蔓。查康熙八年会议天主教一事，奉旨：天主教除南怀仁等照常自行外，其直隶各省立堂入教著严行晓谕禁止。但年久法弛，应令八旗、直隶、各省并奉天等处，再行严禁。从之。（《清圣祖实录》卷二七二） 十月，以广东碣石总兵官陈昴为广东右翼副都统。（《清圣祖实录》卷二七四） 十一月，升福建台湾副将潘承家为广东碣石总兵官。（《清圣祖实录》卷二七五）
康熙五十七年（1718）	二月，两广总督奏准广东海防、通商事宜，于广东沿海设立炮台。升福建台湾总兵官姚堂为广东提督。 兵部议覆两广总督杨琳疏言，据原任碣石总兵官陈昴条奏，臣详察海上日本、暹罗、广南、噶罗吧、吕宋诸国形势，东海惟日本为大，其次则琉球，西则暹罗为最。东南番族最多，如文莱等数十国，尽皆小邦，惟噶罗吧、

（续上表）

时间	大事记
	吕宋最强。噶罗吧为红毛市泊之所，吕宋为西洋市泊之所。而红毛一种，奸宄莫测。其中有英圭黎、干丝蜡、和兰西、荷兰、大小西洋各国，名目虽殊，气类则一。惟有和兰西一族凶狠异常。且澳门一种，是其同派。熟悉广省情形，请赖督抚关差诸臣设法防备。或于未入港之先查取其火炮，方许进口。或另设一所，关束彝人。每年不许多船并集，只许轮流贸易。臣查外国彝商，利与中国贸易。而彝商慑服有素，数十年来沿习相安。应听其照常贸易。将该镇所请查取火炮，另设一所关束，轮流贸易之处无庸议。请于彝船一到之时，令沿海文武官弁昼夜防卫，使其慑服，无致失所。至于西洋人立堂设教，仍照康熙五十六年九卿原议禁止，再行严饬。均应如所请。得旨：依议。西洋人之处，着俟数年候旨再行禁止。……庚寅，兵部议覆两广总督杨琳疏言，粤东沿海地方，东连福建，西达交趾，南面一路汪洋，诸番罗列，素称险要，请于通省沿海泊船上岸之处，据高临险，相地制宜，修筑炮台城垣，添设汛地，建造营房，分拨官兵，以靖海洋。应如所请。从之。……戊戌，兵部议覆两广总督杨琳疏言，澳门夷船往南洋贸易，及内地商船往安南贸易，臣面奏请旨，不在禁例。应如所请。仍行该督严饬地方文武巡查。如有澳门夷人夹带中国之人，并内地商人偷往别国贸易者，查出照例治罪。如该管官盘查不实，徇情疏纵，从重治罪。从之。（《清圣祖实录》卷二七七） 四月，两广总督杨琳奏陈沿海防闲巡缉之法。 兵部等衙门议覆两广总督杨琳疏言，粤东沿海要地以广惠潮三府为重，而三府之内惠潮尤甚。敬陈防闲巡缉之法一。统巡职任之宜分路也，南澳为闽粤交界，应令南澳总兵官、琼州水师副将为统巡，派出标员为分巡，专巡本营洋面外，自南澳而西、平海营而东为东路；自大鹏营而西、广海寨而东为中路；自春江协而西、龙门协而东为西路。各令总兵官、副将为统巡，标员、营员为分巡。每年轮班巡查。（《清圣祖实录》卷二七七） 五月，两广总督杨琳奏准处置南洋夷船漂入境内事宜。 兵部议覆两广总督杨琳疏言，柔佛等国番人啲哈等五十三名、噶罗吧番人吧甘等三名，乘船被风飘至新安等县击碎，随令各地方官给与口粮，养赡抚恤。但查南洋柔佛等国俱系应禁地方，无内地商船到彼。闽、粤二省又无彼国船只前来。原船已遭风击碎，是啲哈等永无还乡之日。请给内地船一只，令难番附合驾归。嗣后如有飘至内地，难番验其原船可修即与修整发遣，如已破坏难修又无便船可附者，酌量给发。应如所请。从之。（《清圣祖实录》卷二七九） 九月，两广总督杨琳奏准，安南国进贡陪臣阮伯宗至广西南宁府病故，

（续上表）

时间	大事记
	照例予祭一次，如欲留葬广西，令置地营葬。升广西巡抚陈元龙为工部尚书，广东高雷廉总兵官曹廷谏为广州副都统。（《清圣祖实录》卷二八一） 十月，升镶黄旗佐领蔺佳进为广东高雷廉总兵官。（《清圣祖实录》卷二八一） 十月，总督杨琳上海防六议。 一曰巡海分路，自南澳而西，平海营而东，分为东路，以碣石总兵、澄海水师副将为统巡标员，及海门达濠平海营员为分巡，自大鹏营而西，广海寨而东，分为中路，以虎门、香山二协水师副将为统巡标员，及大鹏、广海二营员为分巡；自春江协而西，龙门协而东，以春江、龙门二协水师副将为统巡标员，及电白、海安、硇州营员为分巡，每年更番二次，二月至五月为一次，六月至九月为一次，其南澳琼州专巡本路。一曰战船宜均，澄海春江碣石船只各议增议减议改。一曰哨船宜加，左翼镇增内河船二十四只，新安营增内河船二只。一曰要汛增兵，海门、达濠二营兵丁未敷，请以督抚等标及新会营内裁兵一百一十八名，把总三员益之，又以达濠营额马十七匹，拨入海门营应用。一曰要地设官，饶平县属之黄冈，形势险远，请以潮州府海防同知移驻黄冈，海阳县属之菴埠商民稠密，请以海阳县县丞移驻菴埠。一曰远协属镇，琼州水师副将附近，归琼州总兵官统辖，龙门水师副将就近归高州总兵官统辖。从之。（雍正《广东通志》卷七《编年二》） 十一月，广东巡抚法海因病革任，升广西按察使杨宗仁为广东巡抚，河南布政使宜思恭为广西巡抚。（《清圣祖实录》卷二八二）
康熙五十八年（1719）	四月，升广东碣石副将游观光为碣石总兵官。（《清圣祖实录》卷二八四） 五月，两广总督杨琳奏报广东沿海修筑炮台、城垣、营房等事宜。 兵部议覆两广总督杨琳疏言，广东沿海险要地方，修造炮台城垣汛地共一百二十六处，盖造营房共一千三百八十间，拨守官兵共三千九百九十一人，安炮八百零七位。但各炮台悉系踞高临险，海风潮气，易于残缺，是必定岁修保固之法，方为永远善后之图。请嗣后责成州县官不时查看，一有损坏立，即修整。应如所请。从之。（《清圣祖实录》卷二八四） 十二月，升广西浔州副将郑继宽为广东潮州总兵官。（《清圣祖实录》卷二八六）

（续上表）

时间	大事记
康熙五十九年（1720）	正月，令两广盐务并新旧钱粮交与两广总督杨琳专理。① 户部等衙门议覆，两广巡盐御史昌保疏言，两广盐课有历年积欠九十一万余两，康熙五十七年十月，经督臣杨琳题请先完新饷、旧欠五年带销，奉旨，督臣兼理，各属凛遵。臣于康熙五十八年三月到任，查旧欠全未清完，因截住旧盐，饬完新饷，不但旧欠屡催罔应，新饷又复拖欠。且场盐缺少，私盐横行。臣力不能任，请将臣撤回，交督抚管理。庶新旧课饷，得按年清完。应如所奏。将两广盐务并新旧钱粮交与广东广西总督杨琳专理。从之。（《清圣祖实录》卷二八七）
康熙六十年（1721）	正月，以广东潮州总兵官郑继宽为福州副都统。 二月，升福建督标中军副将侯潆为广东潮州总兵官。（《清圣祖实录》卷二九一） 五月，两广总督杨琳奏准，广西太平府思明土州改土归流。 吏部议覆两广总督杨琳疏言，广西太平府思明土知州黄而芸贪残不法，已参革论绞，请改土归流。其所辖地方归并太平府知府管理，该土州原设吏目一员，仍存留以司捕务。应如所请。从之。（《清圣祖实录》卷二九二） 七月，两广总督杨琳奏准，给广东商人子弟二十个入学名额。 吏部议覆总督杨琳疏言，广东自康熙三十一年设立盐差，各省人赴广充商者居住日久，生长日蕃。请照两浙河东例，遇岁科二试，将商家子弟考取二十名入学。应如所请。从之。（《清圣祖实录》卷二九三） 十月，广东巡抚杨宗仁疏请处理暹罗国贡使中汉人事宜。 礼部议覆广东巡抚杨宗仁疏言，暹罗国贡使船内有郭奕逵等一百五十六名俱系内地福建、广东人，请查明令其归籍等语。应将郭奕逵等暂准回至暹罗国，行咨国王，俟有便船，将伊等家口及此外或尚有汉人在彼地者，一并查送回籍。从之。（《清圣祖实录》卷二九五）
康熙六十一年（1722）	二月，令广西巡抚高其倬署理云贵总督事务，升四川布政使孔毓珣为广西巡抚。（《清圣祖实录》卷二九六）

① 按，雍正《广东通志》卷七《编年二》将裁两广巡盐御史、盐务归总督管理之事系于康熙五十六年，误。

（续上表）

时间	大事记
雍正元年（1723）	四月，两广总督杨琳奏报擒获新会县贼张祖珠等。 两广总督杨琳等折奏，新会县盗首张祖珠等聚众抢掠，已遣兵擒获。奉上谕：朕知粤东兵马懦弱不堪，大盗竟敢与地方官公然抗衡。武备不强，贼何能尽？如欲剿尽山贼，必以操练兵马为先。粤省此一事最为紧要。尔等共膺封疆重寄，不可偷安，亟宜加意振作，方能改革旧习。且朕观天下督标抚标之兵，尤属不堪，率皆不以为事。彼此怠弛，不肯同心合力，整顿料理，而往往以避嫌藉为口实。若以标下军卒视为督抚之私兵，天下有是理乎？各省督抚自兹各当奋勉惕励，操习以勤，赏罚以公。（《清世宗实录》卷六） 八月，两广分设总督，以两广总督杨琳专管广东总督事务，升广西巡抚孔毓珣为广西总督，仍兼巡抚事务。（《清世宗实录》卷一〇） 八月，禁西洋人入内地行天主教，令毋致迁移失所。 浙闽总督满保疏称，西洋人潜住闽中行教，请送至广东澳门安插，或留京师，造历効用。诏从之。仍令给限优恤。至次年夏五月上敕广东巡抚，议西洋人去留澳门利害，盖上柔恤远人，至意有加无已也。（雍正《广东通志》卷七《编年二》） 九月，广西总督孔毓珣奏准，广西府州官员调补事宜。 吏部议覆广西总督孔毓珣奏言，粤西南、太、庆、思四府缺出，旧例将桂、平、梧、浔、柳五府属内选择调补，历俸三年，具题报满。今改为拣选之员五年报满，由部掣选之员，仍通省较俸升转，迟速不均。请将拣选人员仍照本省调补之例，三年报满；由部掣选者，五年报满。应如所请。从之。（《清世宗实录》卷一〇） 十二月，广东总督杨琳奏准，移广东广州左翼总兵官驻顺德县，镇标左右二营守备随防。改镇标中营游击为前营游击，移驻增城县。广西总督孔毓珣奏准，设立广西太平土州学，以养利州训导一员移驻，额取文武童生各四名。（《清世宗实录》卷一四）
雍正二年（1724）	四月，两广复设一总督，以广西总督孔毓珣为两广总督，兵部右侍郎李绂为广西巡抚。（《清世宗实录》卷一八） 五月，署广东总督年希尧奏准，改广东顺德营游击为左翼镇标中营游击，原驻增城之镇标前营游击为增城专营游击，隶提标统辖。其香山、春江二协，广海、新会二营，仍隶镇标统辖。（《清世宗实录》卷二〇） 九月，雍正皇帝谕两广总督孔毓珣两广禁矿事宜。 谕两广总督孔毓珣：据奏请于广东开采，以济穷民。朕发廷臣会议。知昔年粤省开矿，聚集多人，以致盗贼渐起，邻郡戒严，是以永行封闭。夫养

（续上表）

时间	大事记
	民之道，惟在劝农务本。若皆舍本逐末，争趋目前之利，不肯尽力畎亩，殊非经常之道。且各省游手无赖之徒，望风而至，岂能辨其奸良而去留之。势必至众聚难容。况矿砂乃天地自然之利，非人力种植可得，焉保其生生不息。今日有利，聚之甚易，他日利绝，则散之甚难。曷可不彻始终而计其利害耶？至于课税，朕富有四海，何藉于此？原因悯念穷黎起见，谕尔酌量令其开采，盖为一二实在无产之民，许于深山穷谷，觅微利以糊口资生耳。尔等揆情度势，必不致聚众生事，庶或可行。若招商开厂，设官征税，传闻远近，以致聚众藏奸，则断不可行也。又谕：尔任广西巡抚时，与提督韩良辅会奏，大金蕉木等山矿徒，地方官不能驱逐，添调官兵防汛。今广西巡抚李绂摺奏，有外省无籍矿徒流入蕉木山，随饬贺县知县会同富贺营守备，带兵三路并进，驱入广东。又称广东梅峒、宿塘等处，矿徒梁老二聚集多人，汛兵子弟，亦多附和，巡检不能防缉等语。据此，广东既有巢窟，虽从广西暂驱出境，亦复何益？此关系地方利害。尔总督全粤，宜会同两省巡抚、提督，设法驱除解散。毋因前曾奏请开矿，小有回护，以致慢忽因循。且闻所聚矿徒，已有名目，将来为害不轻，非比一二穷民偷采，或可法外宽宥。断宜速行严禁解散，无使滋蔓。督抚身任封疆重寄，职在戢暴安民。如应提调官兵处，悉心筹画而为之，不可姑息省事，贻害地方。务期整饬宁谧，必副朕意。（《清世宗实录》卷二四） 十月，两广总督孔毓珣奏准两广盐政事宜。 户部议覆两广总督孔毓珣条奏盐政五款。一、灶价水脚宜增。请将埠商所增盐包羡余银二万两赏给灶丁船户。一、福建汀州府八县例食粤盐，其引课请专责知府。汇总八县协办，通融销售。一、归善等县淡水等各场产盐甚多之处，请择廉干之员督收。其实心办事者，三年保举议叙，以示奖励。一、潮州场盐例配潮、惠、汀、赣四府属二十九县，应有专员经理。请复设运同一员，拣选题补。一、请于两广运使衙门复设经历一员，以供差遣。均应如所请。从之。（《清世宗实录》卷二五） 十二月，两广总督孔毓珣奏准处理各省送到广东西洋人事宜。 礼部议覆两广总督孔毓珣疏言，西洋人先后送到广东者，若尽送往澳门安插，滨海地窄难容，亦无便舟令其归国。广州省城为洋船聚泊之所，应将各省送到西洋人，令其暂住省城之天主堂。其年壮愿回者令其陆续附舟归国，年终造册报部。年老有疾不愿回西洋者，听其居住省城天主堂，不许各处行走，行教诵经。其外府之天主堂，俱改为公所。素日误入其教者，俱令改易。应如所请。从之。（《清世宗实录》卷二七）

（续上表）

时间	大事记
雍正三年（1725）	正月，谕令两广总督孔毓珣防范矿徒。 谕两广总督孔毓珣，广西蕉木山场常有矿徒骚扰。虽屡经驱禁，而巢窟尚在，广东终难安靖。闻蕉木山路共有四汛，在广西者三，在广东者一。两省汛兵，各宜尽心防缉，不得坐视推诿。嗣后著该管文武官分地查核，以专责任。或矿徒从某地来不能稽察，或已至某地，不能擒逐，或逃入某地，不能堵截，即将该管官弁题参议处。（《清世宗实录》卷二八） 二月朔，两广总督孔毓珣奏准限制西洋人来香山澳事宜。 兵部议覆两广总督孔毓珣疏言，广东香山澳向有西洋人来贸易，居住纳租，逾二百年。今户口日繁，总计男妇多至三千五百六十七名，大小洋船近年每从外国造船回澳，共有二十五只，恐致日增。请将现在船数作为定额，除朽坏重修之外，不许添置。西洋人头目自彼处来更换者，许其存留，其无故前来之人，仍令随船归国，不许容留居住。俱应如所请。从之。（《清世宗实录》卷二九） 四月，裁广东三卫、二十六所，并裁掌印都司、经历各一员。增广西省各学取进文童额数。 裁广东广州左卫、前卫、后卫，南海卫东莞所、新会所、新宁所、增城所、从化所，靖远卫连州所、南雄所、韶州所，惠州卫河源所、龙川所、长乐所，潮州卫澄海所、程乡所，肇庆卫广宁所、新兴所、阳春所、阳江所、神电卫、高州所、宁川所，海南卫万州所、崖州所，广海卫海门所、靖海所、蓬州所、清澜所，并裁掌印都司、经历各一员。增广西省各学取进文童额数。全州、郁林州、横州、新宁州、宾州五州，临桂、苍梧、怀集、宣化、上林五县向系大学，照府学额各取进二十名。灵川、兴安、灌阳、桂平、贵县、隆安、武缘、永淳八县向系中学，升为大学，各取进十五名。平南县向系小学，升为中学，取进十二名。（《清世宗实录》卷三一） 八月，两广总督孔毓珣题请，广西茗盈土知州李缜鼎患病休致，以其子李天荫袭替。（《清世宗实录》卷三五）
雍正四年（1726）	二月，重修雷州东洋海堤。（雍正《广东通志》卷七《编年二》） 四月，以两广总督孔毓珣素谙河工事务，令其先至河上详勘后进京陛见，两广总督印务令兵部侍郎阿克敦前往署理。（《清世宗实录》卷四三） 四月，总督孔毓珣奏准，沿海营仓各贮谷石。 两广总督孔毓珣以潮州米价常贵，沿海兵丁艰于赡养，因请南澳镇城及澄海协、海门营、达濠营及潮州镇标三营镇属之黄冈协潮阳营，又碣石镇标三营镇属之惠来营、平海、大鹏两营，又提标五营，督标连水师六营，暨肇庆城守营，共贮谷二万八千七百石，以济兵丁缓急。其谷价及建仓诸费，统

（续上表）

时间	大事记
	计银一万六千两有奇，可于总督任内无碍银两捐备。上嘉许之。（雍正《广东通志》卷七《编年二》） 五月，以署理两广总督阿克敦兼理广东广州将军。（《清世宗实录》卷四四） 六月，两广总督孔毓珣奏准，将广州协都司移驻佛山镇。 兵部议覆两广总督孔毓珣疏言，南海县佛山镇地方商贾云集，匪类易于藏匿，请将广州协都司移驻佛山镇。应如所请。从之。（《清世宗实录》卷四四） 九月，议广东积贮法。 上念广东地外极边，必急议积贮之法，于是大臣奏言，粤东省仓贮米七万一千余石，系融支兵饷之需，其外十府一州所属各仓，捐积常平贮谷一百六十四万二千余石，米一万三千九百余石，然多者至三万石，少者仅二千石，应酌产米、非产米之地，通商不通商之区，裒多益寡，荒歉无忧，仿督臣孔毓珣潮惠两郡平粜之法，则损益允当矣。又以广西桂梧二府产谷甚多，与广东错壤，令运交广东三十万石，分贮广、肇二府，而全省仓谷分贮州县，共有一百九十余万石之多矣。（雍正《广东通志》卷七《编年二》） 十一月，两广总督孔毓珣疏请广西部分州之吏目改为州同、州判。 改广西太平府属之江州、太平、万承、龙英，庆远府属之东兰，思恩府属之田州等六州吏目俱为州同，太平府属之安平、凭祥，思恩府属之向武等三州吏目，俱为州判。添设庆远府属之南丹州州同一员，那地州州判一员。从两广总督孔毓珣之请也。（《清世宗实录》卷五〇）
雍正五年（1727）	二月，广东巡抚杨文乾丁忧回籍，调福建巡抚常赉署理广东巡抚，以广西巡抚甘汝来为都察院左副都御史，实授韩良辅为广西巡抚。（《清世宗实录》卷五三） 二月，雍正皇帝讨论广东巡抚杨文乾条陈广东修筑围基、积贮仓谷、请开捐纳三事，并令两广督抚劝农务本，两省不得秦越相视。 谕大学士、九卿等：广东巡抚杨文乾条陈广东事宜三件。一系肇、广二府修筑围基之事。据杨文乾奏称，顶冲之处必须用石工修筑，方能永久。约计各项工程，非数十万金不可。据阿克敦折奏，则云本地百姓言土堤易于修理，若用石工，将来民间力量不能修补，转于地方无益。是以会稿时未曾列名等语。据此，则二人意见不同，其应如何修理之处，难以遥定。俟孔毓珣、杨文乾到京时，令九卿会同确议具奏。一系广东积贮仓谷之事。据杨文乾奏称，广东一岁所产米石，即丰收之年，仅足支半年有余之食。合计通省须积谷四百余万石等语。夫本省所产之米不足供本省之食，在歉年则有之。

（续上表）

时间	大事记
	若云每年如此，即丰岁亦然，恐无此理。朕思广东之米，所以不敷广东之用者，或田畴荒废，未尽地利；或兴作怠惰，未用人工；或奸民贪得重价，私卖海洋。三者均未可定。每年漕运进京之米亦不过三百余万石，以广东一省而积四百余万石之谷，为数太多，难于查核。而又当岭南潮湿之地，能保无霉烂之虞乎？今广东各属见报存仓之谷一百六十余万石，去冬又令广西运谷三十万石以备广东之用。是广东已有谷一百九十余万石。若此数实贮在仓，则一时需用尽足支应，不虑匮乏矣。一系请开捐纳以筑围基以备积贮之事。既为地方需米起见，一开捐纳，则米价反致昂贵，于民不便。故上年冬底为广东筹画积贮，九卿议开运谷捐监之例。其所以令其运谷者即是此意。若云开捐收纳银两，再委员采买于邻省，则何不动用库帑采买，而必广开事例乎？况广东既有运谷捐监之例，则将来米谷自然日益加多。想杨文乾具本时，尚未知运谷捐监之议也。以上二事。亦俟孔毓珣、杨文乾到京之日，九卿会同定议具奏。至广西拨运广东之谷三十万石。仍遵前旨即速运送。又谕内阁：广西巡抚韩良辅奏称，广东地广人稠，专仰给于广西之米。在广东本处之人惟知贪财重利，将地土多种龙眼、甘蔗、烟叶、青靛之属，以致民富而米少。广西地瘠人稀，岂能以所产供邻省多人之贩运等语。此奏与朕前旨相符，可知闽广民食之不敷有由来矣。着两省总督、巡抚等悉心劝导，俾人人知食乃民天各务本业，尽力南亩，不得贪利而废农功之大，不得逐末而忘稼穑之艰。至于园圃、果木之类，当俟有余地余力而后为之，岂可图目前一时之利益，而不筹画于养命之源，以致缓急无所倚赖，而待济于邻省哉。假使邻省或亦歉收，则又将何如哉。该督抚等务须谆切晓谕，善为化导，俾愚民豁然省悟，踊跃趋事，则地力不致虚耗，而米谷不致匮乏矣……杨文乾则欲运广西之米于广东，而韩良辅又欲留贮于广西。伊等各从疆界起见，甚属褊小。朕君临万方，普天率土，皆吾赤子。一省米谷不敷，自然接济于邻省。有无相通，古今之义。若封疆大吏各据本地实情奏闻，则朕易于办理。倘各存偏向本省之见，不肯通融接济，则朕办理甚难。若开捐纳以积谷则地方米价，必致高昂；若截漕米以济民，则天庾所关，更为紧要。辗转思维，实无善策。是在凡为督抚者，体朕一视同仁之意，酌地方之缓急，为有无相通之道。勿以彼此隔属，有心区别。如此，方不愧大臣公忠之谊，而于国家怀保小民之治，大有裨益也。（《清世宗实录》卷五三） 　　二月，为便于处置广西泗城土司不法事，令广西巡抚、提督、总兵官俱听云贵总督鄂尔泰节制，两广总督实际只管广东一省事务。（《清世宗实录》卷五三）

（续上表）

时间	大事记
	九月，总督孔毓珣奏准广东兵防事宜。 兵部议覆广东总督孔毓珣疏言，崖州、儋州、万州逼近黎岐，烟瘴未消。三营游击守备官员请照边俸五年俸满之例升转。又三江口一协，内扼八排，外连湖广、广西，深山岚瘴，约束猺民，实为险要。请与理猺同知一体照边俸三年即升之例。均应如所请。从之。（《清世宗实录》卷六一） 十一月，两广总督孔毓珣参奏广东东莞场大使胡文焕等缺少盐额，请革职留任，勒限追赔。（《清世宗实录》卷六三） 十二月，总督孔毓珣奏准，将廉州府钦州西北“三不要”地方归并钦州，派兵设防。 户部议覆广东总督孔毓珣疏言，广东廉州府钦州西北地名三不要，与广西之上思州、安南国之河口接壤，既不属钦州、上思州管辖，亦不属安南地界，故名三不要。查此地与广东龙门协相近，请归并钦州，以便就近抚绥。而该地有三村，曰白鸡，曰白鸽，曰白滩；又有土名曰北岺，最为险要。请于龙门协派拨千把兵丁，设汛防守，巡游弹压。俱应如所请。从之。（《清世宗实录》卷六三）
雍正六年（1728）	三月，两广总督孔毓珣题准，广西南宁府忠州土知州黄绍宗因病乞休，以其子黄鉴袭替。又奏准广西太平府思陵州、南丹土州兵防事宜。 兵部议覆，两广总督孔毓珣疏言，广西太平府之思陵西南半壁与安南之禄州密迩，请拨左江镇标内把总一员，带兵五十名，驻防思陵州，归新泰营参将管辖。至南丹土州，向有锡矿，请将来宾把总一员，兵八十名，再拨河池营兵二十名，一同移驻锡厂地方，听河池参将管辖。所遗来宾一汛，于提标内拨兵防守。再南丹之六寨哨，与邑坪哨之者扛地方，人悍地险，请拨柳庆协千总一员，于该协左右两营各抽兵三十名，令千总带兵四十名，驻防六寨哨，委队目一名，带兵十九名，驻防者扛。应如所请。从之。（《清世宗实录》卷六七） 九月，广东总督孔毓珣疏报，德庆、番禺等二十二州县开垦雍正五年分田地四十二顷有奇。（《清世宗实录》卷七三） 十月，因征剿广西八达寨苗乱，令云贵总督鄂尔泰总督云、贵、广西三省，一应军民事务，俱照总督之例管辖。两广总督改为广东总督。（《清世宗实录》卷七四）
雍正七年（1729）	三月，广东总督孔毓珣奏准，将琼山县县丞移驻海口所城。调广东总督孔毓珣为江南河道总督，以云南提督郝玉麟为广东总督。 吏部议覆，广东总督孔毓珣疏言，琼州一郡孤悬海外，海口所城，尤为扼要。商贾辐辏，奸良易混。请将琼山县县丞移驻，就近稽察。应如所请。

（续上表）

时间	大事记
	（《清世宗实录》卷七九） 四月，调任广东总督孔毓珣奏准，调整惠州府海防事宜。 兵部议覆，原任广东总督孔毓珣疏言，惠州府海丰县属参将府地方，距县治辽远，向无官兵防守，请将碣石镇标左营原驻东海窖之守备移驻，兼辖附近北坑一汛。其东海窖，以防守西甘澳炮台之千总移驻；西甘澳炮台，以防守甲子港之把总移驻；甲子港令驻扎甲子所之游击就近兼管。再碣石镇三标所属营汛，地有宽窄，向例抽拨兵丁，互相帖防。但与其越汛帖防，不若仍归本营管辖。请将帖防右营白沙湖等五汛兵丁，及左营大德东台等四汛兵丁，悉令撤回中营。均应如所请。从之。（《清世宗实录》卷八〇） 五月，命广东疍户听其登岸居住。 粤东蛋户以船为家，以捕鱼为业，不敢与齐民齿，上心悯恻。命有司遍行榜谕，其无力蛋户听其在船自便，有能盖屋栖身者，许其近水村庄居住，力田务本，以示一视同仁至意。（雍正《广东通志》卷七《编年二》） 六月，调任广东总督孔毓珣奏准，调整广东海防、盐场官员。 裁广东惠州府碣石卫守备一员，添设惠州府海防军民同知一员，驻扎碣石卫。裁海丰县南丰平安二驿驿丞各一员，添设巡检二员，分驻河田、汕尾地方。改东海窖驿丞一员，为东海窖巡检，并归新设海防同知管辖。从调任广东总督孔毓珣请也……复设广东广州府东汇关批验所大使一员，添设饶平县东界场、阳江县双恩场大使各一员，裁新宁县矬峒场大使一员，并归海晏场大使兼管，从调任广东总督孔毓珣请也。（《清世宗实录》卷八二） 七月，调任广东总督孔毓珣奏准，改广东广州府理猺同知为广东理猺军民同知，升府属之连州为直隶州，兼辖阳山、连山二县；调整虎门协防务。 兵部议覆，调任广东总督孔毓珣疏言，广东虎门协属之南山、台鳌湾、佛子凹、嘴头角四水汛，与该协相隔辽远，请就近改隶新安营管辖，即以新安营撤回原防佛堂急水等处之兵，派拨防守。再于虎门协左、右二营，抽拨额设船二只，战守兵八十名，配驾分防。其虎门协属左、右二营汛，参差穿插，巡防间隔，请将右营现防之麻涌、滥尾二汛，改归左营管辖；左营现防之龙湾、鸡公石、黄角、左右等四汛，改归右营管辖。均应如所请。从之。（《清世宗实录》卷八三） 十一月，督抚等官督修各郡城垣。 南雄府始兴、高明等郡县，总督督修；归善、大埔两县及平海所巡抚督修，惠州郡城提督督修，潮州郡城潮州总兵官督修，廉州府化州、罗定州布政使督修，雷州府徐闻县双鱼所按察使督修。（雍正《广东通志》卷七《编年二》）

（续上表）

时间	大事记
雍正八年（1730）	二月，广东总督郝玉麟奏准，调整琼州府部分巡检司驻地及官员。 移广东定海县青宁司巡检驻太平汛，儋州安海司巡检驻薄沙汛，崖州抱岁司巡检驻乐安汛，添设琼山县水尾司巡检一员、万州宝停司巡检一员，裁儋州大丰仓大使一员、琼州府司狱一员。从广东总督郝玉麟请也。（《清世宗实录》卷九一） 五月，广东总督郝玉麟奏准，调整广东部分分巡道辖区，并加兵备职衔。 吏部议覆，广东总督郝玉麟疏言，广东肇高廉罗道驻扎肇庆府，控制千里以外之高、廉二府；雷琼道所辖雷州府在海之北，琼州府在海之南，俱鞭长莫及。请添设巡道一员，驻扎高州，分辖高雷廉三府；改肇高廉罗道为肇罗道，雷琼道为海南道，并请将高雷廉道、海南道及原设之惠潮道，俱加兵备道职衔，以树声威。均应如所请。从之。（《清世宗实录》卷九四） 五月，琼州生黎归顺，恩诏簿收丁银。 总督郝玉麟、署巡抚傅泰奏称，崖州生黎一千三百七十三人，定安生黎六十七人，陵水生黎二百八十六人，琼山生黎二百二十人，愿附圣化，每年输纳丁银二分有奇。田输粮，丁输银。诏报曰，生黎诚心向化，愿附版图，朕念其无田可耕，本不忍收其赋税，但既倾心依向，若将丁银全行豁免，恐无以达其输诚纳贡之悃忱，将递年每名输内丁银二分二厘之数，减去一分二厘，止收一分，以作猺赋。地方文武大臣时时训饬，所属有司弁员等加意抚绥，悉心教养，务令安居乐业，各得其所，以副朕胞与地方之至意。（雍正《广东通志》卷七《编年二》） 六月，广东总督郝玉麟等奏准广东更改营制事宜。 大学士等议覆广东总督郝玉麟等遵旨议奏粤东更改营制事宜。一、左翼镇标右营游击，请移驻芦苞口汛。一、新会营游击请改为参将，添设守备、千总各一员，把总四员，兵六百七十七名，同原设之守备、千总、把总、营兵等分为左、右二营，统隶参将管辖。其添设之守备，驻防崖门。向有将军督抚三标贴防该县兵丁俱行撤回。一、河头汛，请添设都司、千总各一员，把总二员，兵四百名，兼防瓮峒。石窝、龙迳各汛，归罗定协统辖。向有督标原防各汛弁兵俱行撤回。一、龙门营，请改隶增城营管辖，其增城营游击改为参将。一、抽调廉州营把总一员，兵九十名，再添募兵三十名，一并归入化石营。一、崖州营游击请改为参将，添设千总、外委各一员，兵一百十八名。一、请移原防市桥之虎门协右营都司一员，带兵一百二十名，驻南村。并移番禺县县丞一员，同驻其地，以司巡查。一、广州、春江二协，请

（续上表）

时间	大事记
	即以副将专营，无庸仍隶左翼镇标管辖。并添设广州协千总、外委各一员，兵一百四十五名。其三水营亦添兵二十八名。一、左翼镇标二营、右翼镇标三营及增城一营俱无守粮，应酌量改战为守，与通省画一，并添设右翼镇标兵三百四十五名。一、香山县请添设县丞一员，驻扎前山寨城，稽查分管。调原驻之守备防守县城。均应如所请。从之。（《清世宗实录》卷九五）
雍正九年（1731）	二月，广东总督郝玉麟奏准，广州、肇庆二府围基改由巡检专管。 吏部议覆，广东总督郝玉麟疏言，广州、肇庆二府属地处低洼，沿河田禾，惟赖围基坚固，俾免水患，始获有秋。向例属县丞管理，但县丞驻扎邑中，潦水骤发，猝难兼顾。惟巡检所辖地方，与民最亲。偶遇潦涨，围基危险，即可督率乡民救护。南海、三水、高要三县事繁，请以县丞为督理，巡检为专管。高明、四会两县事简，请以知县为督理，巡检为专管。每年按时督率修筑。凡遇潦水涨发，加意防护，傥有贻误，入于大计内分别核参。应如所请。从之。（《清世宗实录》卷一〇三） 四月，广东总督郝玉麟奏准改设县治事宜，新设陆丰县。又奏准禁用违式鸟枪事宜。 兵部议覆，广东总督郝玉麟条奏改设县治事宜。一、裁海丰县之甲子、捷胜二所，改置一县。于东海滘地方建立县治，设知县一员、典史一员，移海丰县训导为新县训导，改原驻东海滘千总为新县城守营千总。一、海丰县属地方有附近东海滘之坊廓、石帆、吉康等三都，并大安、陈牙、云落、磜峰、横陇、石陂、黄塘、赖僧、朋塘、上护、赤花、邝公、半迳、新田、螺溪、上下沙等十六屯，请拨归新县管理。一、旧设之东海滘巡检应改为甲子巡检，移驻甲子城，与河田巡检俱隶新县管辖。其汕尾巡检改为新县黄沙坑巡检。一、海丰、长乐、兴宁、龙川、永安五县与新县捕务，应归驻扎碣石之军民同知管理。一、请裁平海、大城、海安、大鹏、双鱼五所。改设平海所巡检一员。该所原管军屯丁粮归并归善县管理。大城、海安二所军屯粮米，归并饶平、徐闻二县管理。并请添设新安、阳江二县县丞各一员，驻扎大鹏、双鱼二所城。一、请裁阳江县太平驿、阳春县乐安驿驿丞二缺。其驿务归各该县管理。于太平地方，添设巡检一员，以司捕务。均应如所请。从之。寻定东海滘新设县曰陆丰。辛丑，兵部议覆，广东总督郝玉麟疏言，粤东山海交错，民俗刁悍。其猺排黎峒等处，傥有殷实商民需用鸟枪者，请照琼州定例，止令长一尺五寸，家置一杆，赴官报明凿字备用。所有从前私藏违式鸟枪，限六个月悉令缴官。违者照私藏应禁军器律治罪。其命盗案内，

（续上表）

时间	大事记
	有执用违式鸟枪及未经凿字者，将失察之地方官议处。倘该管官希图隐讳，不行叙入，察出照讳盗例议处。应如所请。从之。（《清世宗实录》卷一〇五） 五月，广东总督郝玉麟奏准，移广东琼州协左营守备一员，带兵一百二名，同原防弁兵驻扎文昌铺前炮台。（《清世宗实录》卷一〇六） 六月，广东总督郝玉麟奏准，改广东阳山县星子、朱冈巡检二员，归连州管辖。（《清世宗实录》卷一〇七） 七月，广东总督郝玉麟奏准，增设鹤山县。 吏部议覆，广东总督郝玉麟疏言，新会、开平两县连界之大官田地方，与两县县城远隔，请增置一县。设知县一员、典史一员、训导一员，分新会县药迳司巡检改隶新县，县学额取进文武童生各八名，于新会原额二十名内拨取五名，开平原额十二名内拨取三名。均应如所请。从之。寻定新设县曰鹤山。（《清世宗实录》卷一〇七） 九月，广东总督郝玉麟因病请假暂解印务在署调理，以广东提督张溥署广东总督，调福建陆路提督张起云署广东提督。广东巡抚鄂弥达奏准添设移驻官弁事宜。 一、粤东新会、开平两县交界之大官田，及清远、英德两县交界之大埔坪，均属冲要，请各设捕盗同知一员，专司督缉。一、大官田同知所辖有新会、新宁两县，距广南韶连道驻扎之地甚远，请将该同知归肇罗道就近统辖。大埔坪同知所辖有广宁、长宁两县，距惠潮、肇罗二道驻扎之地甚远，请将该同知归广南韶连道就近统辖。其大埔坪地方，请拨右翼镇标左营千总一员，带兵三十名，驻防协缉，并受该同知管辖。一、阳江县之海陵岛、电白县之沙墎墟，离县窎远，均为要地，请各添设巡检一员，以资防范。一、粤东理猺同知向系兼管连州、连山、阳山三州县捕务，后因改为理猺军民同知专理猺事，所有三州县事务停其兼管。迩年以来，猺人驯服，事理不繁，请将三州县捕务仍归理猺同知一体查察。一、钦州如昔司止设巡检一员，不足以资弹压，请将廉州府同知移驻其地。再崖州外接安南，内邻五指生黎，请将琼州府海防抚黎同知移驻其地。又高州府属之梅菉地方，奸徒出没，请将该府通判移驻，专司捕务。又罗定州属东安县之西山夙称盗薮，请将原设罗苛司巡检改为西山司巡检，移驻稽查，并拨河头营把总一员带兵二十五名，驻防协缉。其罗苛司原管地方改归东安县典史专管。一、崖州水土恶毒，正杂各官俱列边俸，其移驻之海防抚黎同知，如果三年之内抚绥有术，黎民安堵，请照例以应升之缺即用。一、潮、肇二府通判，请兼捕盗职衔，各分地方，经管督缉。潮州府同知见驻饶平县黄冈，专理海防事务，请将附

（续上表）

时间	大事记
	近之饶平、惠来、海阳、潮阳、澄海、普宁六县捕务，归该同知专管。其附近郡城之揭阳、大埔、程乡、镇平、平远五县捕务，分与通判督缉。肇庆府属之高要、高明、新兴、阳春、阳江五县捕务，归肇庆府同知管理。德庆、封川、开建、四会四州县捕务，归通判管辖。（《清世宗实录》卷一一〇） 十月，改广东化石营守备缺为都司佥书。从广东总督郝玉麟请也。（《清世宗实录》卷一一〇） 十二月，广东总督郝玉麟奏准添改弁兵事宜，及改琼州协左营等守备为都司佥书。 辛丑，兵部议覆广东总督郝玉麟疏奏添改弁兵事宜。一、翁源县之磜下乡离城百余里，请添设巡检一员，以资弹压。一、博罗县城请留原设把总一员、兵四十五名，其原防之都司撤回府城。余兵六十八名，抽拨长宁县城以资防御。所有旧驻惠州府城之左营守备一员，亦请移驻长宁，管领该县兵丁。一、长宁县属窝底山附近之老虎坳，请添设一汛，移千总一员，带兵八十名，驻防于附近。老虎坳之芳峒山顶建炮台一座，拨兵二十名，以资犄角。又翁源县属之磜下乡、长宁县属之锡场山，请各设一汛。每汛设外委把总一员、兵四十名。以上四汛统归惠州协管辖。一、提标中营旧有贴防兴宁县五家坊汛兵四十名，不隶兴宁营管辖，未免呼应不灵，请撤回中营。于提标五营内共抽兵三十一名，拨入兴宁营。合之该营原额，共足三百名之数。其五家坊汛地，即令兴宁营拨防。再将军标向拨兵五十名，贴防龙门营铁冈汛，增城营向拨兵四十二名，贴防番禺县白沙塘等四汛，查龙门营见归增城统辖，而将军标即在番禺县城。请将将军标贴防铁冈汛兵撤回，就近防守番禺县四汛。增城营贴防番禺县兵撤回，就近防守铁冈汛。均应如所请。从之。癸卯，改广东琼州协左营守备，兴宁、和平、硇洲、东莞、三水、四会、那扶等营守备各缺，俱为都司佥书。从广东总督郝玉麟请也。（《清世宗实录》卷一一三）
雍正十年（1732）	正月，广东总督郝玉麟病痊，仍回原任办事。（《清世宗实录》卷一一四） 二月，广东总督郝玉麟奏准，添设广东香山县黄梁都巡检一员。令广东总督郝玉麟署理福建总督印务，广东巡抚鄂弥达署理广东总督印务，广东布政使杨永斌署理广东巡抚印务。（《清世宗实录》卷一一五） 五月，调任广东总督郝玉麟奏准，添设广东南澳海防军民同知一员。（《清世宗实录》卷一一八） 六月，调任广东总督郝玉麟奏准，移广东化州梁家沙司巡检驻平定堡。（《清世宗实录》卷一一八）

（续上表）

时间	大事记
	八月，署广东总督鄂弥达奏准，移广东合浦县县丞驻永安地方。实授郝玉麟为福建总督，鄂弥达为广东总督，杨永斌为广东巡抚。（《清世宗实录》卷一二二） 十二月，广东总督鄂弥达奏准广东兵防事宜。 兵部议覆，广东总督鄂弥达疏言，粤东广州府系海疆省会，中间一带如潭州与黄梁都等处，海口宏阔，并无藩篱之阻。请于潭州罟草汛筑土城一座，移守备一员率兵一百二十名驻扎，于黄梁都筑土城一座，移都司一员率兵一百二十名驻扎。此外，凡附近省城之险要地方，请各酌添墩台，并拨弁兵分驻。应如所请。从之。添设广东惠州协兴宁营千总一员、外委把总一员，复设广东督标右营右哨二司把总一员。（《清世宗实录》卷一二六）
雍正十一年（1733）	三月，广东总督鄂弥达等奏准人犯改发内地及改县驻防事宜。 丙申，刑部议覆，广东总督鄂弥达等疏言，旧例刨参人犯俱发广东琼州府属烟瘴地方。今奉恩旨改发沿海一带卫所充军。查广东沿海卫所俱已奉裁，嗣后此等人犯请改发内地，分派沿海之饶平、钦州等州县当差。应如所请。从之。丁酉，户部议覆，广东总督鄂弥达疏奏改县驻防事宜。一、程乡县改为直隶州，统辖兴宁、长乐、平远、镇平四县。改教谕为学正，典史为吏目，州学取进文童二十名。一、惠州协之兴宁都司改归潮州镇统辖，移潮州镇左营游击一员，增拨兵丁一百名，驻扎新州；右营游击一员，专防揭阳县城。均应如所请。从之。寻定程乡新改直隶州曰嘉应。（《清世宗实录》卷一二九） 四月，广东总督鄂弥达奏准，广东遂溪县湛川司巡检移驻东海地方，白鸽寨把总移驻东山汛。添设两广盐运使司运判一员，驻广东合浦县石康地方；广东顺德县县丞移驻容奇乡。（《清世宗实录》卷一三〇） 八月，广东总督鄂弥达奏准，韶州府粮捕通判令兼理曲江、乐昌、乳源三县猺务，改给关防，并酌立猺甲、猺目以资查察。连州所属三江地方，猺民向化，其理猺同知及三江协副将、都司、守备等缺，与内地一体较俸升转。（《清世宗实录》卷一三四）
雍正十二年（1734）	三月，广东总督鄂弥达奏准，添设广东龙川县老隆司巡检一员。（《清世宗实录》卷一四一） 五月，广东总督鄂弥达奏准调整兵防事宜。 移广东新会营守备驻新宁县城，改增城右营原设把总一员为千总，外委把总一员为外委千总，并添设外委千总一员。其肇庆协属之白马等四塘汛、春江协属之牛轭曲等四汛，改归罗定协河头营派防管辖。（《清世宗实录》卷一四三）

（续上表）

时间	大事记
	八月，广东总督鄂弥达奏准，添设广东平远县坝头司巡检一员、西宁县怀乡司巡检、夜护司巡检各一员及裁都城司巡检一员。（《清世宗实录》卷一四六） 十二月，广东总督鄂弥达、巡抚杨永斌等奏准调整兵防事宜。以苗乱平定，令广西省仍归广东总督统辖。 钦州属之东兴街、思勒峒二处逼近安南，民夷杂沓，私贩甚多，于龙门协酌拨千、把总一员，兵五十名，防守东兴街，并移钦州州判驻扎其地。再于该协抽拨队目一员，兵十七名，防守思勒峒，并令廉州府同知就近弹压。添设广东阳春县黄泥湾巡检一员，移钦州属管界司巡检驻龙门，琼州属临高县博铺司巡检驻和舍市。癸丑，吏部等衙门遵旨覆奏，广西一省向与黔省均有办理苗疆事务，是以暂令云贵总督统辖。今黔粤两处苗蛮输诚向化，用兵事竣，请循旧制。将广西省就近仍归广东总督统辖。从之。（《清世宗实录》卷一五〇）
雍正十三年（1735）	闰四月，广东总督鄂弥达奏准调整兵防事宜。 庚辰，改广东提标原辖之三江协归右翼总兵官统辖，罗定协归高雷廉总兵官统辖，春江协归左翼总兵官统辖。戊子，吏部议覆，广东总督鄂弥达疏言，新宁县属广海寨地方，滨临大海，距县辽远，请移该县之望高司巡检驻扎其地，所有附近之上川岛、𤍠峒一都，应令管辖。再上川之大蓢湾、下川之大坦二处，与县寨俱隔大洋，并请添设陆路二汛，以资防守。均应如所请。从之。（《清世宗实录》卷一五五） 五月，两广总督鄂弥达派拨广东督、提标兵二千名，广西抚标兵一千名赴古州援剿蛮苗。（《清世宗实录》卷一五六） 九月，两广总督鄂弥达奏报，擒获平乐县凶横滋事之獞民廖老大等。（《清高宗实录》卷三） 十月，两广总督鄂弥达奏准调整两广兵防事宜。 兵部、吏部等议准，两广总督鄂弥达疏言，广西柳州城守营兵少差繁，请拨提标中营存城兵一百二十名，将右哨千总改为把总，添入柳州城守营。其中营所辖通道汛千总改为提标中营右哨千总，仍驻通道汛防守。南澳孤悬海岛，界连闽粤，兵民杂处，请添设巡检一员，隶南澳同知管辖，铸给粤闽南澳巡检司印信。雷州协属白鸽寨为雷郡门户，边海要区，仅以千把总驻防，未免官卑任轻。查该寨与右营守备所管陆汛毗连，请将守备移驻白鸽寨，即将该寨弁兵归并右营管理，兼防水陆游巡，仍隶雷州协统辖。其原管右营陆路弁兵内抽拨把总一员、外委一名、目兵一百二十四名，并原防汛地，俱割归左营守备管辖。至右营兼管水陆，应多辖千总一员，派拨巡防。（《清高宗实录》卷四）

（续上表）

时间	大事记
	十一月，两广总督鄂弥达奏准，调整广西兵防事宜。 兵部奏：两广总督鄂弥达疏请思恩协改为思恩营，设游击一员、守备一员、千总一员、把总二员、兵五百名。镇安营改为镇安协，设副将一员、都司一员、守备一员、千总一员、把总二员、兵七百零五名，均隶右江镇管辖。应如所请。从之。兵部议：两广总督鄂弥达奏，新设苗疆怀远县，请添兵三百名，派守备一员管领，庆远协改归黔省，兵一百五十名照数复设。左江镇拨入右江镇兵三百名，照数募足。右江镇添设镇标中营兵五百名，添设游击一员、守备一员、千总二员、把总四员。宾州营添设千总一员、把总二员。应如所请。从之。（《清高宗实录》卷六、卷七）
乾隆元年（1736）	二月，两广总督鄂弥达奏准，复开赣县、全州粤盐盐店。 两广总督鄂弥达疏称，赣县良富地方设有盐店，与食淮盐之万安县连界。赣、万二县各有塘汛委员盘诘，不致冲赚。粤西全州界连楚省行销淮盐之零陵、东安二邑，向于黄沙河开有子埠盐店。其地人烟稠密，可无暗结枭徒等弊，均请照旧开设。从之。（《清高宗实录》卷一三） 三月，两广总督鄂弥达奏准加强龙门一协海防事宜。 兵部议覆：广东总督鄂弥达疏称，龙门一协孤悬海外，为粤东西南门户，一遇副将巡洋，都司修船等事止有千把存营，请令现设中军都司兼管左营事务，添设右营都司一员兼管右营事务，至修造战船，轮年赴厂。应如所请。从之。（《清高宗实录》卷一五） 四月，两广总督鄂弥达奏准，广东琼州府属之崖州、感恩、昌化、陵水，四州县正杂佐贰等官照台湾之例，二年报满，回内地以应升之缺题补。（《清高宗实录》卷一六） 五月，两广总督鄂弥达奏准盐务规条。 一、近场贫难茕独许挑负四十斤以下，在本境易米度日。透越外境，以私盐论。一、各场埠巡丁巡船，扼要巡查，不便概行停止。（《清高宗实录》卷一七） 七月，两广总督鄂弥达、广东巡抚杨永斌奏南海、潮阳等州县水灾赈恤情形。（《清高宗实录》卷二三） 八月，两广总督鄂弥达奏准广东盐务事宜。 户部议覆两广总督鄂弥达酌议盐务。查粤东十府，除南雄、韶州二府地不产盐，琼州孤悬海岛遍地生盐，向未立埠招商销引，惟就灶丁征课，其居民皆就地买食，毋庸置议外，其广、肇等七府属，乡村离州县甚远，贫难老少，报验非易。应如该督等所题，将贴近灶场之贫难老少男妇于境内负卖者照例免其禁捕，毋庸报验给卖。其各州县小贩亦听民自便。如有借称贫难，私贩窝囤等弊，即行查拿，按律究治。至巡盐船役一项，亦应免裁革，仍饬各州县严查，令各商遴选守法之人充当。并将各巡丁姓名、年貌、籍贯造册

（续上表）

时间	大事记
	呈县。遇有更换，报明注册。其粤西一省向行东盐，销盐各埠既向设汛捕巡丁，稽查私盐，应一体准照旧存留。从之。……户部议准，两广总督、鄂弥达议覆粤东场羡加增灶晒盐价一款。查盐有贵贱，自应随时增长，以养灶晒。乃竟以核定价值出有羡余，以致灶晒苦累。从前办理原未妥协，应如所请，将每年所获场羡银五万两出示晓谕，自行销乾隆元年引盐为始，于通省各场每年应收盐一百万余包内，每包加价银四分，共银四万余两，以裕灶晒养赡家口之资。从之。（《清高宗实录》卷二四） 　　十月，两广总督鄂弥达奏准，豁除广东盐场灶丁加增银两；广州、肇庆二府沿江基围令水利官建筑石堤。 　　户部议覆：两广总督鄂弥达疏言，广东盐场灶晒各丁，每丁定例纳课二引，每引纳银二钱三分。至各丁名下近场田地，自按则编征银米。嗣因将灶丁名下原报垦复田塘等项一概俱作盐田计算，每亩加增银二分至五分不等，贻累实深。康熙三十二年间，已酌将加增银两豁除一半，尚有应征加增银八千六百余两。查从前灶丁煎盐自卖，不无余利。今已发帑官收，各丁所领官价，不敷养赡。请将此项全行豁除。应如所请。从之。……乙丑，工部议覆：两广总督鄂弥达疏言，广、肇二属沿江一带基围关系民田庐舍，前经分设各属水利人员，动项岁修。然基围皆系土筑，每年不过增高培厚。险要之地，水大常致冲坍。欲除大患，莫如建筑石堤。请将顶冲险要者先筑石工以资捍御，次冲者陆续兴建。并动支运库子盐羡余银两。应如所请。将广州所属围基责令广南韶连道，肇庆所属围基责令肇高廉罗道，督率水利各官，即行雇募匠役，分别首险次冲办理。从之。（《清高宗实录》卷二八） 　　十一月，两广总督鄂弥达奏准，于梧州府添设盐运分司一员。 　　吏部等部议覆，两广总督鄂弥达疏言，广西梧州为通省运盐总汇。盐道驻扎桂林，相距既远，又因责任较繁，未能离省。一切转运盐包，给发水脚，稽查夹带，向俱委梧州府同知代办，然究非专管盐政之员。请照广东潮嘉汀赣分司之例，即于梧州府添设盐运分司一员，铸给关防，催征饷税，以专责成，仍归驿盐苍梧道管辖。应如所请。从之。（《清高宗实录》卷三〇）
乾隆二年（1737）	二月，署两广总督、广东巡抚杨永斌奏准广海寨添设船汛。 　　兵部议准，署两广总督广东巡抚杨永斌疏请酌添船汛。广海寨属上川之三洲湾、下川之大担湾，各添设四橹桨船一只。将香山协拨防狐狸迳汛目兵五十名，抽出三十名，于广海寨拨兵十四名，共四十四名，分配两船，游巡大担湾。于广海寨附近水汛派千总一员经管，外委千总一员专防。三洲湾派把总一员经管，外委把总一员专防。即将狐狸迳汛兵五十名改归广海寨充额。所需配船及狐狸迳汛目兵，统于广海寨照数酌拨。至香山之狐狸迳汛属地方亦改归广海之都斛汛弁就近管辖。并请将广海寨属添设四橹桨船二只，

（续上表）

时间	大事记
	共需银二百二十两有奇，于乾隆元年地丁银内支给。从之。（《清高宗实录》卷三六） 四月，广东巡抚杨永斌疏报遵旨裁革粤东冗税。 一、海阳县杉饷、广州府通桥税口、潮州府隰隍一口、高州府梅菉墟期等小税口、肇庆府黄江厂、恩平县牛河税、揭阳县杂税内粪麸、牛骨、皮碎、农具、棉条等项，悉行裁革。一、揭阳县并肇庆等四府州比例加征税三百八十二条俱系额外加征，均行裁革。一、潮州府广济桥税例有带征大埔税银，各则均有零尾，吏胥易滋弊端。各则零尾，概行裁除。（《清高宗实录》卷四一） 八月，两广总督鄂弥达奏准，粤西梧州盐运分司添设知事一员，并建衙署。（《清高宗实录》卷四八） 十月，两广总督鄂弥达奏准广东提督、总兵出巡事宜。 兵部议覆，两广总督鄂弥达疏称，粤东疆域辽阔，水陆营汛散处，非数月半年可以遍及。提督统辖全省，一经出巡，必致有妨公事。应将广东提督不拘限期次第出巡之处停止。其各镇总兵每年止于九、十两月出巡所属营伍一次。应如所请。从之。（《清高宗实录》卷五四）
乾隆三年（1738）	二月，署广东巡抚王謩奏准，添设、移驻肇庆、廉州、琼州等府属巡检司。 设广东肇庆府鹤山县双桥司巡检一员，阳江县那龙司巡检一员，廉州府钦州那陈司巡检一员，琼州府澄迈县新安司巡检一员，万州龙滚司巡检一员，嘉应州镇平县罗冈司巡检一员。改原设万州宝停司巡检隶陵水县，为陵水县宝停司巡检，崖州通远司巡检移驻永宁乡为永宁司巡检，并铸给印信。从署广东巡抚王谟请也。（《清高宗实录》卷六二） 四月，两广总督鄂弥达奏报平定横山矿匪。 鄂弥达奏称，横山矿匪范亚四等与矿匪黄肇等争占杀伤多命案内，混名武状元邓清侯、郭华、周亚晚等十八名，现已拿获。其在山余党，即委把总何九星赍臣令箭，直入巢穴，晓以利害，各自解散，免其究治，山场肃清，地方并无惊扰。得旨。此案办理。殊属可嘉。（《清高宗实录》卷六七） 六月，两广总督鄂弥达奏准广东商籍生员事宜。 粤东商籍生员照天津之例一体选拔。粤东商籍生员向系分拨广、南、番三学肄业。而三学廪、增额数原就民籍而定，则商籍所补廪、增，即在民籍之内，于民籍未免有妨。请将广、南、番三学商籍生员悉归商籍，令广州府儒学考课。其所进商学仍照旧额，广州八名，南海六名，番禺六名，统归商学。至廪、增额数，因人定额，各设十五名，自行帮补，无庸给与廪饩。（《清高宗实录》卷七〇）

（续上表）

时间	大事记
	七月，两广总督鄂弥达调任川陕总督，以都察院左都御史马尔泰任两广总督。（《清高宗实录》卷七三） 十一月，调任两广总督鄂弥达奏准，复海南道为雷琼道，改高雷廉道为高廉道，各兼兵备道职衔。 鄂弥达等疏言，广东琼州一府孤悬海外，惟北与雷州府相近，米谷货物，俱赖雷州贩运接济。向有巡道一员统辖二府，权其缓急，随宜料理。雍正八年，分肇、高、廉、罗道辖之高、廉二府，分雷、琼道辖之雷州一府，添设高、雷、廉巡道一员驻扎高州，改雷琼道为海南道，止辖琼州一府，驻扎琼州，不特控制难周，即琼民日用亦多未便。请复海南道为雷琼道，改高雷廉道为高廉道，各兼兵备道职衔。应如所请。从之。（《清高宗实录》卷八〇） 十一月，调任两广总督鄂弥达等奏准，广东南雄协守备与原防清化司前汛之外委均移驻始兴县城，其原防始兴县城之经制千总移驻司前汛。（《清高宗实录》卷八一） 十二月，两广总督马尔泰等奏准，动支广东库银买广西之谷以备平粜。 马尔泰等奏请，动支粤东藩库田房税羡银五万九千两，委员往粤西采买谷石，运交广、肇二郡近水次地方及现在开矿之曲江等处贮备平粜。钦州一带地接交趾，年丰谷贱，请亦于税羡项下酌拨银两，饬令地方官收买数千石，以杜外贩之弊，并资来春龙门兵民赴买之需。得旨：如此办理甚妥。（《清高宗实录》卷八三）
乾隆四年（1739）	五月，两广总督马尔泰奏准，添设广东嘉应州州同一员，连州、罗平州州判各一员。（《清高宗实录》卷九三） 七月，两广总督马尔泰奏准，举人候选知县叶焕等准于广东盐场录用。 两广总督马尔泰奏：粤东盐务殷繁，藉员分理，而才堪驱策者，必得久任其事，方收实效。前于雍正六年间，准部行令，凡本省及他省有候选知县、县丞、州同职员，身家殷实，才可办事者，准于盐政衙门具呈录用等因。查粤东从前投场人员内，有叶焕、王汝梅、关绍祖三名，均系举人出身，候选知县。前督臣鄂弥达取有身家殷实印结，尚未具题。本年正月初四日，接准吏部文行，覆准御史褚泰条奏，嗣后场员、库大使停止取结拣选，以杜冒滥。至各省场员、库大使于候补本项人员并举人候选知县内，有情愿改就者，自行赴部具呈等语。今叶焕等三员，现系知县职衔，与例相符，惟未经赴部拣选，可否留场委用。得旨：允行。（《清高宗实录》卷九六） 八月，两广总督马尔泰疏议册封安南正副使翰林院侍读嵩寿、修撰陈倓条奏广西太平府属迁治添兵事宜。 工部等部议覆：两广总督马尔泰疏称，议得册封安南正副使翰林院侍读嵩寿、修撰陈倓条奏，广西太平府属之明江改筑砖城，将宁明州治迁建明江。

（续上表）

时间	大事记
	新太等协营添设兵丁，崇善至宁明增改塘汛。奉旨敕部议覆，行令确查酌议。查明江虽为土府旧治，乃系偏僻之区，不近水次。宁明为太郡咽喉，水路扼要，应于宁明旧治建造砖城，不必迁移明江。至明江居五十村寨之中，应修筑土城以资捍卫。既建砖城于宁明，为仓库、监狱重地，自应添兵。应于宁明州添兵一百名，于枫门岭添兵三十名，虎山汛添兵十五名。自崇善至宁明，自宁明至镇南关，原设水陆各塘二十二处，又添设水塘十一处，无庸再议添设。应如所议。从之。（《清高宗实录》卷九九） 十一月，两广总督马尔泰奏准南澳海岛仓储事宜。 户部议覆：两广总督马尔泰疏称，粤闽南澳孤悬海岛，米谷不敷兵民日食，向藉潮郡揭阳等县买运接济。偶值海洋风阻愆期，经前督臣鄂弥达请拨潮属仓谷运往澳城，令新设南澳同知收贮，专管平粜买补事宜，遵行在案。今南澳总兵黄锡申以镇标闽属之左营，旧贮谷五千八百五十七石，广属之右营，止贮谷二千石，多寡悬殊。请再拨一二千石增入右营仓贮。旋查得同知仓内现共有谷一万五千余石，请酌拨二千石交该右营添贮等语。查南澳民少于兵，仓储备缓急之需，自可通融动拨。应如所请，准其拨贮，年底由该镇盘查结报。其改归同知管理之旧建澳仓三间，仍令拨营经管，毋庸添建。从之。（《清高宗实录》卷一〇四）
乾隆五年（1740）	三月，两广总督马尔泰奏准调整广东融怀汛等兵防，以控扼黔粤咽喉。 壬子，兵部议准：两广总督马尔泰疏称，融怀一汛与黔省之古州接连，实为黔粤咽喉，两省扼要之区，须安设专营，改调大员驻扎。永宁一营，界在两郡之中，系属腹里。请将原设之永宁营参将一员、守备一员，并千把外委、马步兵丁六百二十四名，移改融怀，管辖怀远、融县、罗城三县地方。参将驻扎怀远，守备分防融县。将提标现在轮班分防怀远等处之守备、千把兵丁六百四十名内，照永宁营额兵六百二十四名之数，派定驻防永宁营原辖之州县地方。所余兵丁十六名，并于提标照战三守七之例，拨出六十名，共兵七十六名，归于融怀营，以足七百名之数。原驻永宁、融怀两处兵丁中有情愿移驻者，准其移驻；有不愿移驻者，查明造册报部，毋庸彼此搬移。永宁营现有衙署，即令守备驻扎。至融怀参将，驻扎怀远县，旧有守备衙署，规模未免狭隘，应量加扩充。守备驻扎融县，应另为估建。所增之兵丁七十六名，亦应添房给住。又称，桂林营分防临桂、阳朔等县汛地，差使繁多，额兵几八百名。隆林营地方辽阔，额兵七百名，应请于原设千总一员、把总二员外，各添设千总一员、把总二员。从之。（《清高宗实录》卷一一二） 四月，两广总督马尔泰弹劾琼州知府袁安煜纵仆放债，前任总督鄂弥达放纵家人霸占民利，处以革职、赔赃。 乙酉，刑部议奏：两广总督马尔泰奏，原任琼州府知府袁安煜借帑营

(续上表)

时间	大事记
	利，已在赦前，应邀免议。其赦后拷打良民，纵仆放债，应坐赃论罪。至前任总督鄂弥达一任家人萧二交结属员，霸占民利，请旨革职。得旨：依议。鄂弥达身为封疆大臣，一任家人交结属员，霸占民利，婪赃盈万，招摇不法，实属溺职。鄂弥达着革职。袁安煜借帑营利，恣肆妄行。似此贪劣之员，鄂弥达曾在朕前奖以好语，以致袁安煜肆无忌惮，更属徇庇。袁安煜应赔赃银，著鄂弥达照数另赔一倍，以示罚惩。(《清高宗实录》卷一一四) 六月，两广总督马尔泰奏报，率军擒获广西庆远府宜山县土蛮蓝明反等。 两广总督马尔泰奏称，粤西各属多系土苗，猺獞素号难驯。然各有土官弁兵管辖防御，不致扰害。惟庆远府宜山一县，环列十八村，悉属土。内有白蛮土、邱索二村，凶恶尤甚，抗粮拒捕，劫夺强奸，无所不有。弁员兵役不能擒治，若不速行料理，必至各蛮效尤。臣等乘此时身在粤西，得以就近指麾，相机部署。随拨汉土兵丁三千余名，前往白土、邱索二村，分路夹攻，又于各村寨大张晓谕，令其早献首凶，以分良恶，剿抚兼行。旬日之内，已攻破贼巢，擒获钜恶蓝明反，余党不日即可就擒。得旨：知道了。此等梗化顽民断不宜姑息，以致养痈之患也。(《清高宗实录》卷一一九) 闰六月，令两广总督马尔泰速赴桂林，与楚省会剿楚粤苗瑶。 甲辰，谕大学士等：朕闻五月间，广西兴安地方有楚苗纠众入境，又有粤西怀远、融县、义宁之狗猺，聚集千人，欲搬往城步。知县、县丞、巡检、把总等前往抚谕，凶猺竟不受抚。伙众将知县倪国正等五员捉回巢穴。有巡检鲁器受伤深重，未卜存亡。夫兴安、义宁地方，相去广西省城不过百里。而苗猺敢于猖獗如此，则平日之漫无约束可知。朕思楚粤苗猺共为犄角，楚省攻捕甚急，则潜入于粤；若粤省攻捕甚急，又潜入于楚。必须两省并力会剿，务尽根株，庶可削平苗逆，宁谧地方。今楚省已责成巡抚冯光裕、提督杜恺专办矣。两广总督马尔泰，现在广西太平府，可速赴桂林省城，就近相机调度。并将朕旨移文知照楚省抚提，协同办理。至广西省城百里内外，苗猺蠢动若此，巡抚安图竟不奏闻。是何意见，尔等并传旨询问之。(《清高宗实录》卷一二〇) 八月，两广总督马尔泰等奏报平定广西宜山县土蛮事宜。 马尔泰等奏，广西宜山县土蛮不法，经派委右江道李锡秦监纪军务，游击杨刚统领汉、土官兵三千余名前往剿抚。于六月十二日到齐，自十四日起，旬日之间，分路进剿。先后擒获首凶贼匪罗扶养等九十七名，其余当场杀死者不计其数。凡攻破村寨，即填平沟垒，不使将来再图潜踪滋事。附近贼村被胁良民已全行招抚，分村安插，蛮境悉平。所有原调官兵，因现在粤西会剿逆苗，尽数彻回，派往苗疆等处，听候调遣。得旨。此次官兵奋勇，

（续上表）

时间	大事记
	成功迅速，实属可嘉。李锡秦、杨刚及在事有功官弁，著该督查明，交部议叙，该部知道。（《清高宗实录》卷一二四） 十二月，两广总督马尔泰题准广东连州三江城建仓贮谷、添兵设防事宜。 户部等部会议两广总督马尔泰题覆，广东连州三江城建仓拨谷贮备借给猺民案内，连州拨银一千两，买补谷二千石，内阳山县一千石，暂贮州仓，现饬领回补项。连山县拨银五百两，买补谷一千石，现贮县仓。其三江城贮谷二千石，应建仓廒及看仓房屋等语。查连州、连山县买谷价银，该省报价不符，应令核减题销。至三江城估建仓廒，准于司库税羡项下动支。向来贮谷，并无另设看仓房屋之例，应毋庸议。又称，连山县城北元武岭应设炮台，安兵四十名，城西北铺前寨应添设一汛，驻把总一员，安兵三十名。城东南茂古峒，安兵十五名。界元武岭、藏古峒与城相近之黄瓜岭，安兵十五名，分处估建营房，弁兵请隶连阳营辖等语。查相险设防，自当因地制宜，应如所请。添设分驻，估项亦于税羡支销。又建造汛房地基，所买民田遗税，俟造竣请豁。各兵俟饬营召募足数，册报兵部。均应如所请行。从之。（《清高宗实录》卷一三三）
乾隆六年（1741）	二月，两广总督兼广西巡抚马尔泰奏准，两广兵粮先支旧存米谷，出陈易新，以防霉变。 户部议准，两广总督兼理广西巡抚事马尔泰奏，两省兵粮于州县旧存米谷内拨给，将本年应征兵米，照一米二谷例，改征存贮其无旧存之处。除拨支现征米外，即于邻近旧存项内凑拨，出陈易新，可免霉变。从之。（《清高宗实录》卷一三六） 四月，两广总督马尔泰奏准，建广西义宁、阳朔、贵县养济院。马尔泰丁母忧，令云南总督庆复署理两广总督印务。（《清高宗实录》卷一四〇） 五月，修理广东三水县学宫，从两广总督马尔泰请也。（《清高宗实录》卷一四二） 五月，原任两广总督马尔泰奏定嘉应、罗定、连州等州新设州同驻地，及潮州新设丰顺县户口税粮分割事宜。 嘉应州新设州同应驻公口堡地方，罗定州新设州判应驻罗镜地方，连州新设州判应驻塔脚地方，应给衙署，即于各处建造。潮州添设丰顺县，将海阳县属之丰政一都并嘉应、大埔、揭阳等州县邻近田疆户口，酌量分割新设之县管辖，所有应征地丁银米，照数割拨，于乾隆五年分册内，造入收除。（《清高宗实录》卷一四三） 六月，左都御史管广东巡抚事暂署两广总督印王安国奏报广东征收粮主之弊，乾隆皇帝令其彻底清查。

（续上表）

时间	大事记
	王安国奏称，乾隆四年奉旨查办广东征收粮米之弊，至今各项陋规，总未革除。又州多征民粮，亦有各项费用。如征解粮道仓给发驻防兵米，除耗米三升外，仍多浮收。又巡抚衙门每年食米，皆取于南、番两县。而抚署吏书，每年食米一百六十石，皆向粮道票取。上下通同，遂成积弊。请严饬广东各官两年来奉行不实之罪，并责成抚臣，令彻底清查办理。得旨：此事据实直陈，非卿不能也，甚嘉是之，已有旨谕部矣。谕：朕向来闻得广东征收粮米支给本省兵粮者，州县官折收银两，每一仓石照时价多收银六七钱，至加倍不等。收银之后，另买稻谷，碾米给兵，则分派富户米行，又照时价短少。似此需索扣克，甚属累民。特于乾隆四年六月颁发谕旨，令该督抚悉心稽查，严行禁革。今留心访察，广东征收粮米之弊并未革除。收本色则浮加斛面，收折色则高抬价银。以及管仓家人，仓书斗给，各项陋规，合算民间纳米，每石费至加倍有余。且上司衙门所用食米，名曰发价，其实缴还，种种弊端，上下朦混。从前奉行不实之咎，诚属难逭。若非痛加整顿，何以除民困于将来。著交与巡抚王安国彻底清查，实心办理，务令弊端悉剔，苛累永蠲，始于地方有益。如再有玩忽之处。朕于该抚是问。（《清高宗实录》卷一四四） 十月，署两广总督庆复奏报酌筹广东买谷事宜。（《清高宗实录》卷一五三）
乾隆七年（1742）	三月，署两广总督庆复奏准，肇庆协分防绿水等十汛改用小船巡防。 兵部议准，署两广总督云贵总督庆复奏称，肇庆协分防绿水等十汛，桨船长大，配兵十余名方能驾驶。内悦城、马墟二汛，兵数尚敷。余除差防外，无兵配船，修造徒靡公项，应请裁。将该汛递文三板小船略为改造，增长五尺、宽一尺，安二桨一橹、沙炮一位，配兵五名，余兵在汛，巡守两得。应如所请。从之。（《清高宗实录》卷一六二） 四月，署两广总督庆复奏准，广西矿铜留本省鼓铸制钱。（《清高宗实录》卷一六四） 六月，署两广总督庆复奏准，广东各标镇协营添设兵额。 兵部议覆：署两广总督庆复疏称，粤东各标镇协营原额兵七万七百六十名，嗣于左翼等各镇协标营添兵一千八百四十五名，原系通省额兵内将马改步，将步改守，与额外另募者不同。应如所请，照旧存留。至惠州协添兵一百四十一名，连阳营添兵一百名，均属额外另募，自应裁汰。如惠、连二处地方，实在紧要，必须添兵防卫，则该省原额及增募兵共七万二千六百五名，该督即可通融抽拨。其惠、连新添兵，自不便一体存留糜费。从之。（《清高宗实录》卷一六八） 八月，署理两广总督庆复奏准，裁梧州盐务运同、知事，所管盐务仍令同知办理；南海县横基角地方添设一汛，拨兵驻防。

（续上表）

时间	大事记
	吏部议覆：署理两广总督庆复疏称，西省盐法，从前官运官销，由东省配兑省河盐包，运至梧州府总口。一切收发委梧州府同知办理。嗣于乾隆元年，经前督臣鄂弥达奏准，添设广西运同一员驻扎梧州，专管西省各埠饷税，催征收解。但查未设运同之前，督催官系东、西两道，经征官系各州县，责任攸分，不必再设催征之员。至令该员收饷专解，又有不便于商者。平乐等二十八埠商人俱住广东省城，其告折盐包，原系先完饷而后折引。伊等自赴运司库，或数百两，或一千两，就近缴纳，当即折引，最为便易。今前赴梧州完纳，逆流窎远。其西税一项，商埠咸隶西省，而余盐美利，例系商人自赴西盐道库完纳。则西税银两，照羡余纳西盐道库，均属便易。若令解运同衙门转解，未免多一周折。又运同之下，添设知事一员，亦属冗旷。请将梧州盐务运同并知事二缺俱裁。所有收发盐包、给发水脚、盘验盐船事宜，仍委梧州府同知就近办理等语。应如所请。从之。……兵部等部会议：署两广总督事务云南总督庆复疏称，南海县横基角地方，上至江浦汛八里，下至顺德县河澎汛十二里，乡村错杂，商民往来，渡口险要，应添设一汛，并三板船一只，拨兵驻防巡缉。从之。（《清高宗实录》卷一七二） 八月，因地方安宁，广东巡抚王安国奏裁大埔坪、大官田添设同知，高廉运判，三水等县西南等驿，崖州等州县训导。署两广总督庆复奏报处置安南饥民入境事宜。 吏部议准，广东巡抚王安国疏称，先因大埔坪吉河地方为花县、广宁、从化、长宁、阳山各县接壤，最易藏奸，添设同知一员，专管花县、从化、清远、英德、广宁、长宁等六县捕务。今查其地虽各县接壤，相隔实远，呼应不灵。况近来奸宄敛迹，大埔坪城内有千总驻扎巡防，请将大埔坪同知所管各县捕务，仍归各府同知通判照旧管辖。又大官田地方，因有昆仑、皂幕诸大山，昔称盗薮，添设同知，驻扎鹤山县城，管辖新宁、新会、开平、恩平、鹤山各县捕务。今查其地均已平宁，且现有知县、典史等官，又有药迳、双桥二巡检巡缉，洵为周密，亦应将大官田同知裁汰。所管捕务仍归各府同知通判管辖。至鹤山县捕务，请归肇庆府通判兼管。又高廉运判一缺，先因粤省盐务未清，请于合浦县石康地方添设运判，督收支放事宜。今查各场厂栅，既有效力之员巡缉，私枭亦已潜踪，运判实属闲员，应裁。其发晒银两各项事宜，仍归高廉二府兼理。又三水县西南驿、清远县安远驿、曲江县芙蓉驿、英德县正阳驿，均无驿马，仅司递送本章与发管徒犯，闲旷应裁。各驿原管事宜，悉归各县典史兼管。又阳江县新设那龙司、澄迈县新设新安司，先因地系通衢要冲，商贾云集，酌议添设。但各离县甚近，管辖地

（续上表）

时间	大事记
	方无多，实为可省，应裁。原拨分管地方仍归各县捕巡管理。又崖州、陵水、感恩、昌化四州县训导缺出，拣员调补。但学额无多，正、谕各一员，尽足训课，亦应将各训导裁汰。从之。……署两广总督庆复奏覆：交地荒歉，饥夷流入内地，良匪莫辨，已饬令查明。病饿者暂与存恤，强壮者酌给口粮，押送出关。并严禁民人，不得收留贩卖。至审讯与夷目韦福琯往来之民人叶蓁并未在夷境主谋多事，周老六亦无教习拳棒之事。俟并案审拟办理。得旨：是。（《清高宗实录》卷一七三） 九月，署两广总督庆复以行止卑鄙、罔利营私参劾廉州知府缪绳祖，令革职、究讯。（《清高宗实录》卷一七三） 十月，两广总督庆复等奏准，宽南洋贸易之禁；广西巡抚杨锡绂奏准鼓铸事宜。 一、每年铸钱约用铜二十三万余斤，现在开采之回头山、将军山、响水厂三处，约可抽买十二万斤。其不敷应收买客铜，每百斤给银十三两八钱。但客铜多寡难以悬定。今临桂、永福、恭城等处报有铜矿。俟试采有效即题报抽课，停买客铜。其黑铅惟渌泓等厂颇高，计每年抽课四万余千斤。应请自乾隆七年起每年拨一万五千斤运省供铸。余仍运至南宁，作各标镇协营弹铅。如有余仍变解充饷。至现开各厂，并无白铅，应于百色等处收买运省。又贺县、南丹二处，虽有锡矿，但锡质低潮，课亦无多，应请采买点锡。查该省收买厂铜每百斤原给价银六两八钱及八两三钱不等，今收买客铜，给价银十三两八钱，殊属浮多。其系由何处贩买，实需工本脚价若干，并令查明酌减报部。余应如所请行。一、回头山所出铜矿，除揭炼课余铜外，有地脚炉渣犹可熔炼出铜。向来每百斤官给银八两三钱，商人因不敷工费，弃置不炼。今确估工本银十三两，再加运省脚价银四钱，应仍令其熔炼。其将军山、响水厂如有炉渣，一并查办。查八两三钱之价，先经题定，已敷各厂工本。今炉渣炼出铜斤，自应照例抽课，并照定价画一办理。一、铜、铅、锡一百斤，共铸钱十三千三百文，除炉头匠工钱及炭价外，净得钱十一千二百九十文。计每钱一千，工本不出九钱以外。应请酌拨七年地丁银四万五千两以为工本，于将来盈余钱内归还。查炭价即在工料之内，未便重开，应令将所铸钱文暨给发工料钱文，查明据实造报。一、钱局房屋须近水次及宽敞地方。今择于省城文昌门外临河地面，酌盖钱局一座，取名广源局，计头门三间、二门三间、大堂三间、铜库四间、铅锡库三间、钱库四间、炭库十间、东西炉房各五十间、砌炉二十二座、铁匠房三间、官房三间、书办房二间、巡拦房二间、炉神庙三间、土地庙一间。应如所请建造。一、需用器具什物、炉头匠作，力难自备。请先于工本银内垫给，于伊等火工钱内扣还。至

（续上表）

时间	大事记
	鼓铸事关重大，须委令按察使总理，亦应如所请。从之。（《清高宗实录》卷一七六） 十一月，署两广总督庆复奏准，因广东晚禾丰收，将豫筹于江西拨谷八万四百石运往江南淮扬等府备赈。（《清高宗实录》卷一七九） 十一月，英国巡船遭风飘至广东澳门海面，并遣夷目撑驾三板小船径至省城，恳求接济水米。署总督庆复等令地方官接济口粮，采买木料，修理船只，俟风信便时，饬令出口。①（《清高宗实录》卷一九八、《清史稿》卷一四五《邦交志二》）
乾隆八年（1743）	正月，令署两广总督庆复进京陛见，总督印务交新任将军策楞暂行管理。 谕：从前庆复调署两广总督时，曾奏请来京陛见，朕批示此次署任不过二三年，俟回任时先来陛见，再赴滇省。今马尔泰已署川陕总督，不能赴粤。是庆复回滇尚未有期。伊在外日久，朕心深为眷念。俟新任将军策楞到任后，令其将总督印务及一应事件交与策楞暂行管理，伊即起身来京陛见。尔等可寄信与庆复知之。（《清高宗实录》卷一八三） 正月，署两广总督庆复奏准广州、肇庆二府沿江围基修补事例。 大学士鄂尔泰等议覆，署两广总督庆复奏称，广州、肇庆二府沿江围基向来遇有冲决，系民修筑。乾隆元年，督臣鄂弥达奏请动用盐羡生息修理，改用条石镶嵌。乾隆六年，抚臣王安国等奏围基坍卸，部覆令承修各员，赔修保固，其土工仍令地方官于农隙时督民培修。至地方情形可否仍改民修之处，并奉有查奏之旨。今查已建石工尚属坚固，赔修工程亦可保护田庐。将来赔修工竣，请将已修石工与民修土工，一并交地方官督率围民防护。遇有冲啮缺损，俱令围民自行修补，永著为例。倘有冲损过多，民力不支，即于生息项下奏请拨用。其民修需费，按田匀派，生息银两，酌定修补成数，余充别用。俱应如所奏。从之。（《清高宗实录》卷一八三）

① 按，《清史稿》原文中两广总督写为策楞，实误。据《清高宗实录》，乾隆七年十一月时，两广总督仍由庆复署理。策楞于乾隆八年正月被任命暂署两广总督印务，闰四月才到任。故处理此事者必为庆复。《清史稿》记载此事的史源当为《清高宗实录》卷一九八："乾隆八年八月甲寅，又谕：据署广东总督策楞等奏，上年十一月内，英咭唎国巡哨船只遭风坏船，飘至澳门海面，并遣夷目撑驾三板小船，径至省城，恳求接济水米。沿途水塘汛弁，绝无盘诘稽查，后经督抚准令湾泊内海，接济口粮，采买木料，修理船只，俟风信便时，饬令出口。策楞随将海口毫无查察之副将王璋并不早为揭报之总兵焦景竑题参……"可见，《清史稿》是将此事的奏报者等同于处理者，故致失误。

（续上表）

时间	大事记
	三月朔，署两广总督庆复奏准，于番禺县分防墩头、南冈头二汛千把总各建衙署。（《清高宗实录》卷一八六） 四月，署两广总督庆复奏准，调整连阳营、三江协、惠州协兵防。 兵部议准、两广总督庆复疏称，连阳营新添把总一员、兵一百名，以额外募设，悉行裁去。将三江协左、右二营额设兵内，每营抽五十名，于该协经制千总轮拨一员，带领驻防。惠州协左营新添兵一百四十名，汛防紧要，应量裁七十名，其应拨补裁去之兵，于左营融拨二十名，提标各营额兵内拨五十名，按年更换防守。从之。（《清高宗实录》卷一八九） 闰四月，署两广总督庆复奏准，裁右翼镇所辖南雄、韶州、连江一带另设桨船三十二只，改三板船四只，以递送公文。（《清高宗实录》卷一九〇） 闰四月，广州将军署两广总督策楞奏报调剂仓米、严守边防、擒获贼匪三事。 策楞奏报：桂林米价每石已至二两以上，恐本地存仓米不敷接济，将东省运回楚谷就近截留一万石，仍于梧仓买备平粜项内拨还东省。再于柳州府仓内拨谷五千石，运省平粜，其运脚等在粜价盈余内开销。至拨运之后尚有不敷，亦即在柳州就近酌拨。又奏，西省贴近安南，值该国盗匪窃发之时边防尤关紧要，饬令文武大员，督率汉土官兵，在于各关隘口防范稽查，以杜汉奸夷匪潜出窜入。又奏报，广东潮阳县贵屿地方奸民李阿科等聚众为匪，现已查拏到案，总在严惩首恶之罪，稍宽胁从之条。得旨：好。（《清高宗实录》卷一九一） 五月，调署两广总督庆复为川陕总督，署川陕总督马尔泰为两广总督，俟庆复到后交代，即赴广东新任。（《清高宗实录》卷一九三） 七月，署两广总督策楞、调任总督庆复等奏准，将高州芷芀战船厂改设广州河南地方，修造战船不必定用栎木。 工部议覆，署两广总督策楞奏称，广东通省外海战船，向分四厂。内高、雷、廉三府属战船，在高州芷芀地方设厂成造。嗣因木植稀少，另设子厂于龙门地方，专造龙门协战船。其高、雷两府战船，仍在芷芀成造。惟是芷芀地处偏隅，所产木植有限，自设船厂，迄今已二十年。不独附近水次木植无余，即深山邃谷，亦渐无可采，恐误船工。应如所请，将芷芀一厂改设省城河南地方。高、雷二府属战船，届修造之期，驾赴厂所。仍令高、雷等府属文武大员监督修造，由该管道员查核估销。龙门子厂照旧办理。又调任总督庆复奏，修造战船不必定用栎木，不如松杉等料更为驾驶便益，且料易购买，亦应如所请，嗣后不必采用栎木，以致扰民误工。从之。（《清高宗实录》卷一九六）

（续上表）

时间	大事记
	八月，广州将军暂署两广总督印务策楞奏报，安南内乱，严守边防。 策楞奏称，安南国夷目带领兵船于七月初八、十九等日，与桃山夷匪兆晓打仗，杀伤贼匪一千余人，获贼船一百余只。兆晓仍逃回桃山，桃山离钦州远隔一海，料不能远越重洋潜入内地。但边防不可不慎。现檄沿海各镇督率营弁，酌拨兵船，加谨巡哨。又准云南督臣张允随密扎称，安南自矣长投诚之后，复有矣扬，更名武贤卿，及莫正豹等，在该国安边、保乐等地方啸聚，并称莫正豹原名莫能仁，系泗城府人，手下人等亦俱系广西人居多。臣查泗城地方，从前原有安插莫姓之事。其子孙现居凌云县境，已照单行司，跟查缉究。再该国牧马、谅山等处连年用兵，将来饥馑荐臻，或致仍有盗匪窃发之事。现在不时严饬沿边文武各官，加谨防御。得旨：所见甚是，正宜如此办理。（《清高宗实录》卷一九九） 九月，从署两广总督广州将军策楞请，铸给广西义宁协副将关防。（《清高宗实录》卷二〇一） 十一月，署两广总督策楞等奏准，加强管理澳门夷人事宜。 吏部议覆，原署两广总督策楞等疏称，广州一府，省会要区，东南紧接大洋，前已奏设香山、虎门二协，而文员未有专属，防范难周。又澳门番夷，亦宜严密弹压，请将肇庆府同知，移驻前山寨，稽查出入海船，兼管澳夷，归广州府管辖，其原管捕务，归肇庆府通判兼理。又将香山县县丞移驻澳门，专司民番词讼，属该同知管辖。再照理猺同知之例，给与把总二员、兵丁一百名，在香山、虎门两协内各半抽拨。并酌拨巡缉船只，添建衙署营房，铸给印信。应如所请。从之。（《清高宗实录》卷二〇四） 十二月，署两广总督策楞奏准，广东造船厂河南厂改归盐运司经管，芷艼厂改归粮驿道经管。 工部议覆，署两广总督策楞疏称，广省河南厂及芷艼厂新归省厂修造外海船只，原定监修之广南韶道、高廉道驻扎窎远，请将河南厂改归盐运司经管，芷艼厂改归粮驿道经管。其府修内河船只，亦令该二道各半督修，不得仍前委佐杂千把微员料理。又本地木植稀少，请于六个月前委员领银购办，均应如所请。从之。（《清高宗实录》卷二〇六）
乾隆九年 （1744）	二月，原署两广总督广州将军策楞奏准，以南宁为苗疆要地而无城守专员，将广西左江镇前营游击改为南宁营游击。 兵部议覆，原署两广总督广州将军策楞疏称，广西南宁一郡为苗疆要地，并无城守专员。而左江镇向设四营，请将前营游击改为南宁城守营游击，并铸给南宁营游击关防，应如所请。从之。（《清高宗实录》卷二[illegible]）

（续上表）

时间	大事记
	四月，原署两广总督广州将军策楞奏准，裁提标左、右、前、后四营，惠州协右营，南雄协增城营，新会营原设橹桨急跳巡哨船四十五只，添设各标协营两橹八桨船三只、三板小船四十一只，所需工料分别于水师朋扣银、营中公费银内动支。两广总督马尔泰奏准，因袭职土知县梁应乾年少，以江州州同张永昭暂管广西罗白土县事。（《清高宗实录》卷二一四） 五月，两广总督马尔泰奏准，豁除茂名、开平二县雍正十一、十二年分报垦地内成熟二十五顷六十九亩余。（《清高宗实录》卷二一六） 六月，两广总督马尔泰奏准，以官商冬埠余盐羡银二万余两，供兴建提标及左右两镇所辖协营在通衢之塘房、墩楼四百余所之用。署广西巡抚托庸参奏广西布政使唐绥祖擅动封贮库银，并奏报安南边防事宜。 托庸参奏广西布政使唐绥祖动用封贮库项，并不详请题明，擅将二万五千余两令太平、南宁、梧州、郁林四府州属买谷。又接受挪垫银六千八百余两。本任内亦有挪垫未清银五万余两。是侵是挪，或私动生息影射，均未可定。又宾州知州阮维璋前任布政司经历时，唐绥祖任为腹心，委管恭城县回头山铜厂，以商民欠积之私铜不得出关，巧立首卖名色，俱令卖与厂员转卖，每百斤解缴充公羡余银一两，是以阮维璋每百斤私得盈余银二三四两不等，管厂一年，私卖铜四十余万斤，婪赃一万余两。唐绥祖凡有喜庆之事，阮维璋俱有厚馈，有打造金器银匠为证。又河池州南丹银锡厂，唐绥祖并不照例另行委员，即委该州知州朱红兼管，以致恣意舞弊，每年抽收课银五千余两，每两于库戥外加收二钱六分，又将商人纹银概作九三折算，填入印簿，计每两浮收银八九分一钱不等。又南丹厂留余井窦甚多，各商不时试采纳课。朱红将试采课银尽行肥己。唐绥祖亦难免通同情弊。又奏，南宁、太平、镇安三府属紧接交夷，原设三关百隘，经原任抚臣金鉷题定，平而、水口二关许商民出入，镇南一关为该国经贡道，其余百隘悉行封禁。惟三关百隘之间，皆有小径，瘴深雾毒，人迹罕到。而土苗生长彼地，惯于越山逾岭，巡查偶疏，奸徒即已偷越。数年来安南内讧时，经前署督臣策楞奏请严禁汉奸出入，不许商贩到夷交易，逗遛番地，私娶番妇。及臣抵任后，检阅案牍，见司道从前会详，各隘用砖木堵塞，设立卡房，多拨兵勇，并于沿边村寨编立保甲。嗣又请将太平府明江同知所管之由村一隘开放出入，以便商民。又据会禀，沿边一带，万山矗立，袤长千有余里，在在可攀藤附葛而过，实难堵塞。似此前后详禀互异，漫无定见。臣复留心体访，缘由村隘距宁明州一百一十里。宁明商贩愿从出入，盖因由村隘系通交趾禄平、文渊、驱驴等处，为货物聚集之所。若从平而、水口两关出入，必须绕道数百里，

（续上表）

时间	大事记
	计程十余日。不如径从由隘出口之便。虽经封禁，逾越终不能免。且明江五十三寨土民，原系思明土府管辖，因恃顽藐法，土府黄观珠不能管束，分土归流，于雍正十年归并宁明州管辖。此等土民，全赖挑贩营生，若将由村隘封禁，恐失业者聚而为匪，必百计包货偷越，转于边防无益。又访得交趾滨海产盐最多，且无私盐之禁，听夷人自晒自卖。贩卖者纳官钱二十文即尽力挑运。及挑回内地，每斤可得银一二分至五六分。交趾万宁州与内地南宁府地方，只隔土名十万山。沿边之民贪利赴贩，遇兵役即恃众相拒。现在飞饬司道设法禁止，并使商民均便，不致滋事。（《清高宗实录》卷二一九） 七月，谕令两广总督马尔泰调补浙闽总督，那苏图调补两广总督。两广总督马尔泰、署广东巡抚策楞条陈粤东开采矿厂、召商抽课各事宜。 户部议覆两广总督马尔泰、署广东巡抚策楞条陈粤东开采矿厂、召商抽课各事宜。一、据广州府属番禺等县报铜矿十二、铅矿二十二、铜铅矿砂三；韶州府属曲江等县报铜矿五、铅矿二十七、铜铅矿砂三；惠州府属博罗等县报铜矿十六、铅矿十、铅矿兼有银砂者五；潮州府属海阳等县报铜矿六、铅矿七、铜铅矿砂十五、又铜铅矿砂杂有金银砂者十四；肇庆府属鹤山等县报铜矿二、铅矿五、又铜铅矿砂九、金矿九；罗定州属西宁县报铜铅矿砂五；连州及连山县报铜铅矿十七、铜矿一；嘉应州及长乐等县报铜矿四、铅矿六，现勘明于田庐无碍，即召商试采。第每铜百斤实需工本十二两有奇，若照洋铜每斤一钱四分五厘交官收买，除百斤内抽课二十斤外，工费不敷，应如所请，饬该督定议报部。一、铜矿原本无银，间杂银屑，为数甚微。现酌议何等以上抽课，何等以下免抽，应如所请，俟确查定议。其余铜铅仍照例二八抽课。一、定例每县召一总商，承充开采，听其自召副商协助。一县中有矿山数十处，远隔不相连者，每山许召一商，倘资本无多，听其夥充承办。应如所请。如矿少砂微，并令居民开采抽课，一并按季按月汇报。一、每山设一山总，每陇设一陇长，约束稽查。每工丁十人，设一甲长管领，应募者取保互结，亦应如所请。饬该管官严行防范。从之。（《清高宗实录》卷二二〇） 八月，赈恤广东广州府属之东莞、增城，惠州府属之永安、博罗、归善，潮州府属之大埔、海阳、澄海，肇庆府属之高要、高明、恩平、开平等十二县被水灾民。两广总督马尔泰奏准考验新兵以除冒滥等弊事宜。 两广总督马尔泰议覆，广东提臣林君升奏拔募新兵恐有任情冒滥等弊。请令镇臣于出巡时将各协营本年拔募者顺便考验。应如所奏办理。其督抚五营及肇庆水师营、提标五营及东莞、惠州一营协，向系督臣提臣亲自验补，毋庸议外。尚有不隶镇辖之广州协增城营，请于镇臣因公赴省时就近调验，亦

（续上表）

时间	大事记
	应如所奏办理。至肇庆协与督臣衙门同城，应同督标之兵一体阅操。其平海、大鹏二营僻处滨海，所有员弁因公随带之兵及按季派拨护饷者，止系数名，不能俱赴省考验，应听提臣于保题军装案内委员一并查点。得旨：依议行。（《清高宗实录》卷二二三） 十月，调任两广总督马尔泰奏准，广西与交阯边境关隘防守、开放事宜。 大学士鄂尔泰等议覆调任两广总督马尔泰奏称，广西省明江土思州地方新太协右营龙馗等营拨防之权相等隘，及镇安协拨防之荣劳等隘，共五十余，逼近交阯，所设关隘，或据险要，或扼总路，或于商民出入贸易之所，设立官弁兼同土勇，防范巡查。即间罅散漫之处，已俱垒石建栅。迁隆土峒之板蒙等隘、思陵土州之叫荒等隘、下雷土州之下骨等隘共三十余，紧连交阯，各土司等自设隘目，带土勇巡查。应行捍蔽处所，木石堵塞，已为详慎。土思州之那陶等六隘及小镇安地方之那萬等卡，官兵星罗棋布，俱属得宜。至南、太、镇三府，沿边关隘，自建卡拨守以来，奉行尚未周密。应令各该地方官相其险易及时增培。每年冬月沿边查勘一次。垒石坍塌者修之，建栅朽坏者补之，濠沟淤积者浚之。再镇安协与镇安府，因交阯保乐地方匪徒滋扰，请于原设隘卡外多设新卡安兵。查右江一镇三营，兵制原属单薄，即通省标营，亦未便更议抽拨，惟于平却魁劳等六卡似应添设。镇安协原制兵七百五名，酌量险易缓急，足资防守。将来果有不敷，再于右江镇标酌拨弹压。再由村一隘，当年题定封禁，原以平而、水口两关既开，商民得出入贸易。殊不知交阯驱驴地方为货物聚集之所，距由隘不远，径捷利倍，宁明商贩多愿从由口出入。况明江汛近设新太协右营守备驻防，客商尤为辏集。即明江五十三寨无业贫民，挑担营生，亦藉就近为商雇觅。由隘一开，诚属便商利民。惟是边民非比齐民，若不立法防范，使出入有数可稽，恐奸匪隐混窜逸。查宁明州向置会馆，设立客长，以为由隘出入之公所。应令该州慎选老成殷实数人充当。凡客货出隘，许客长将客人姓名、籍贯、货物及发往何处，一一注册，报该州查实，给与印票，并刊立木榜，不许客长藉端需索。其五十三寨挑夫，亦令该洲将姓名住址造册取结，给与印票，令理土同知于该隘查明印票，给腰牌放行。有印票腰牌者方许放入。其入关客人姓名，从何处卖货入内，令该同知注册，报宁明州查对。倘有滥给印票者，责在宁明州；滥给腰牌私放出入者，责在理土同知。凡客人在外贸易者，彼处若有回头客货，自应略为等待，应酌给半月限期。过期即饬头人、保人，严询究处。是由村一隘，实因便商养民起见，应请嗣后开放，责地方官慎密稽查。其平而、水口两关俱属河道，虽设弁兵防守，当夏秋水发之时，夜深人

（续上表）

时间	大事记
	静，一槎飞渡，应设立铁链横江拦截，每月逢五逢十开放。夜则锁截，至商贩由平而、水口出关贸易者，止许在太源、牧马附近之处交易。从由隘出口贸易者，止许在谅山、驱驴附近处交易，不得逗遛交境。倘冒险远出，许夷官拦回责处。又现在逗遛番地者，给半年限期，概令夷官查明，陆续驱回，安插原籍。如无籍可归者，分拨梧、浔、平、柳等府安插。又从前在彼已娶番妇，生有子女，与夷人结有姻娅，并庐墓田业，情甘异域者，照例安插彼处，永不许进口。嗣后如有商民在彼私娶番妇者，应令该夷官查明离异，驱逐进口，押回原籍，交地方官，照例杖责。以上各条，如果实力奉行有效，三年之后，请将现任办理之文武边员，督抚提臣秉公核实，分别奏请交部议叙。倘有因循怠忽、贻误边防者即参。查该督等所议条款，已经勘验明确，因地制宜，均应如所请，遵照办理。从之。（《清高宗实录》卷二二六） 十月，两广总督那苏图、署广东巡抚广州将军策楞等议覆廷寄御史卫廷璞、欧堪善条奏请停缓开采矿山事宜，支持广东开采铜铅等矿，而禁开金银矿。 两广总督那苏图等奏：承准廷寄御史卫廷璞、欧堪善条奏二件。请停缓开采矿山。奉旨交臣等定议。臣抵任后即与臣策楞详查案卷。并备询属员。博采舆论。窃惟粤东矿厂自康熙三十八九年以来，议开议停，已非一次。臣等身膺重寄，何敢好大喜功，创此无益之举。第敷政有体，当衡其轻重缓急，补偏救弊而归于至当。若两御史所奏，虽因息事宁人起见，而臣等仰承下问，不敢不据实上陈。查粤省山海交错，五方杂处，兵民商贾，在在需用钱文。鼓铸一事，万难缓待。而铜斤之产于东洋者，江浙等省纷纷购买，尚虑亏缺。其产于滇南者，额解京局及供应本处，与川黔等省鼓铸，岂能源源接济。今粤东现有矿厂，弃而不取，非计之得也。议者谓矿厂一开，奸良莫辨，海寇黎猺，劫垒踞山，事属可虑。伏惟久道化成，数十年来，鲸鲵绝迹，必无意外之虑。即如云南夷猓杂处，粤西苗獞交错，频年开矿，并未滋事。惟在司事文武，弹压有方，便可杜绝。况粤东山多田少，民人虽有胼胝之能，苦无耕作之地。与其飘流海外，作奸为盗，何如入山佣趁，使俯仰无忧。是开采非特为鼓铸计，兼可为抚养贫民计也。若云本省米谷有限，丁众食指浩繁，查产米地方，远则江楚，近则粤西，皆一帆可达。购邻省之米，养本省之人，有何食贵之虑？臣等随时调剂，断不使粤民向隅。如台臣所云，因开矿而米价即贵也，似宜将现在报出铜铅各矿，先行试采。自广州、肇庆二府起，由近至远，以少及多，砂旺即开，砂弱即止。其衰旺缘由，及应开、应停，作何抽课之处，容试采之后，陆续奏闻。至金、银二矿，民多

（续上表）

时间	大事记
	竞趋。恐其先金银而后铜铅，转于鼓铸有碍，应请停止，照旧封闭。其余各项事宜，悉照户部议定章程办理。毋庸更改。得旨：大学士会同该部议奏。……署广东巡抚广州将军策楞奏，承准廷寄御史卫廷璞、欧堪善条奏二件请停缓开采矿山，奉旨交臣定议。查粤省人稠境窄，赖此产矿山场，乃天地自然之利。如果经理得宜，于民生殊非小补。且现议开炉鼓铸，铜斤不敷。与其远购邻封，何如近取本地。惟是金银并采或启纷争之渐，自应将铜铅等矿先为试行。将来拣选砂旺山场开采。其金银矿仍概行停止。督臣那苏图到任后与之详加商酌，意见相同。其余吏治官方、民情土俗，并水师营汛之疲玩，盐务商欠之混淆，亦一一告知。不敢以事非本任，遂为诿卸。得旨：好。汝二人和衷办理，以期地方日有起色，庶政以次毕举，将来吏治民安，海疆宁谧，方慰朕怀也。（《清高宗实录》卷二二七） 十二月，两广总督那苏图等奏准，粤东开采铜铅以裨鼓铸。先于广、肇二府近处矿厂试采，俟有成效，渐次举行。金、银二矿，仍旧封闭。（《清高宗实录》卷二三一）
乾隆十年（1745）	四月，命两广总督那苏图进京候旨，以广州将军署广东巡抚策楞为两广总督，调安徽巡抚准泰为广东巡抚。（《清高宗实录》卷二三八） 四月，两广总督那苏图疏报，安南国难番黎文请等七名于乾隆八年驾藤步单桅船一只，往广义采玳瑁，被风飘至崖州望楼港，业经支给口粮，加意抚恤，今发遣回国。（《清高宗实录》卷二三九） 六月，两广总督策楞奏，粤东山多田少，产米不敷民食。现在查勘高、雷、廉一带闲旷之地约八万余亩，皆可垦种。详议劝垦规条，以垂久远。（《清高宗实录》卷二四三） 八月，两广总督策楞议准，广东渡船税银照旧征收。 策楞奏称，粤东广、惠、潮、肇、高等府及罗定一州，例有渡船税银。前任督臣那苏图奏请豁除，经部议驳。今御史赵肇洙复请查照原奏免征，奉旨令臣议奏。臣查各属滨河地方，义渡官渡，原无索钱之事。而前项税银乃出于银货往来之大河船。盖缘此等船只充当之时，例取身家殷实甘结，凡各镇小本铺家，用银置货，类皆托其代买。孤身客贩无力雇船者，亦附搭行走。伊等停泊开趁之处，皆有一定马头，官为稽查，以免船户偷窃之虑。故按户给帖，令输税银。若一经议革，恐船只散漫无稽，沿途偷窃疏虞，转非行旅之便。请仍照户部原议遵行。得旨：著照所议行，该部知道。（《清高宗实录》卷二四七） 十月，两广总督策楞奏准令民垦山种树，渔课改按大船征收，小船免征事宜。

（续上表）

时间	大事记
	户部又议准，两广总督策楞疏称，龙川、海阳、饶平、揭阳、嘉应等五州县荒山可种树木，请令无业贫民各就山场远近承垦。每人以一顷为率，照斥卤下则例，十年后升科，准为世业。又东莞、香山、新会、南海、增城、三水、番禺、新安、新宁、清远、龙川、澄海、饶平、阳江、封川、高要、德庆、东安、茂名、石城、电白、吴川、海康、遂溪、徐闻、琼山、澄迈、儋州、乐会、陵水、万州、文昌等三十二州县额征渔课，共银五千八百九十八两有奇，或按埠匀摊，或按船摊征，难免豪强勒抽。请自丙寅年始，照归善、海丰、陆丰、潮阳、惠来等五州县例，将额征银数，按渔船大中二号匀派，给与司照，如数交纳，小船免征。从之。（《清高宗实录》卷二五一） 十一月，两广总督策楞奏报，广东巡抚准泰到任，除遵例移交抚篆外，并将地方要事一一告知。旋即自省起程，抵肇庆驻扎衙门。（《清高宗实录》卷二五三）
乾隆十一年（1746）	四月，免广东新宁等四州县水灾额赋。（《清史稿》卷一一《高宗本纪二》） 六月，广东水灾，令督抚赈恤。 乾隆皇帝谕：据广东巡抚准泰奏报，广州府属之南海、三水、顺德，肇庆府属之四会、鹤山、开平、恩平，南雄府属之始兴，韶州府属之曲江、仁化、英德、乳源等县，因大雨水发，有被冲田亩围基房舍之处。民人间有倾压淹毙者。定例，夏灾止有借贷口粮耔种，未及赈恤之条等语。朕心深为轸念。着将实在乏食贫民，给与一月口粮，所有沙压田亩倒塌房屋及淹毙人口，令该抚查明，俱着加恩分别抚恤。其被灾稍轻，应须借给口粮耔种者，即行借给，秋后免息还仓。俾被水民人均沾实惠，无致失所。该部遵谕速行。（《清高宗实录》卷二七〇） 九月，广东巡抚准泰奏准，广州、肇庆二府因水冲压沙石夹杂难垦田地共三十七顷六十二亩有奇，其编征银米，照数豁除。（《清高宗实录》卷二七四） 是年，总督策楞将总督府自肇庆迁往广州，此后一直驻扎广州。（《清史稿》卷七二《地理志十九·广东》）

参考文献

1. 《明实录》（正统至天启朝），台北：台湾“中央”研究院史语所 1962 年影校本。

2. 《清实录》（顺治至乾隆朝），北京：中华书局 1987 年影印版。

3. （清）张廷玉等：《明史》，北京：中华书局 1977 年版。

4. （清）赵尔巽等：《清史稿》，北京：中华书局 1976 年版。

5. （明）应槚初辑，（明）凌云翼嗣作，（明）刘尧诲重修：《苍梧总督军门志》，北京：全国图书馆文献缩微复制中心 1991 年版。

6. （明）郭棐等：万历《广东通志》，广东历代方志集成本。

7. （明）郭棐：万历《粤大记》，日本藏中国罕见地方志丛刊本，北京：书目文献出版社 1990 年版。

8. （明）郭棐撰，黄国声等点校：《粤大记》，广州：中山大学出版社 1998 年版。

9. （清）金光祖：康熙《广东通志》，广东历代方志集成本。

10. （清）郝玉麟：雍正《广东通志》，四库全书本。

11. （清）金鉷：雍正《广西通志》，四库全书本。

12. （清）阮元修，陈昌齐等撰：道光《广东通志》，续修四库全书本。

13. （清）杜臻：《粤闽巡视纪略》，四库全书本。

14. （清）汪森：《粤西文载》，四库全书本。

15. （明）叶春及：明万历《肇庆府志》，肇庆端州图书馆影印上海图书馆藏本。

16. （明）陆鏊、陈烜奎等：崇祯《肇庆府志》，广东历代方志集成本。

17. （清）吴绳年修，何梦瑶纂：乾隆《肇庆府志》，广东历代方志集成本。

18. （清）屠英等修，江藩等撰：道光《肇庆府志》，广东历代方志集成本。

19. （清）屠英等：光绪《肇庆府志》，肇庆端州图书馆藏本。

20. （清）马呈图：宣统《高要县志》，肇庆端州图书馆藏本。

21. （明）鲁可藻：《岭表纪年》，杭州：浙江古籍出版社 1985 年版。

22. （明）张镜心：《驭交纪》，丛书集成初编，上海：商务印书馆 1935 年版。

23.（清）王夫之：《永历实录》，上海：上海古籍出版社 1987 年版。

24.（清）钱秉镫：《所知录》，上海：上海古籍出版社 1987 年版。

25.（清）温睿临：《南疆逸史》，北京：中华书局 1959 年版。

26.（清）计六奇：《明季南略》，北京：中华书局 1984 年版。

27.（清）阮元：《揅经室集续集》，四部丛刊本。

28.（清）杨述曾等：《通鉴辑览明季编年》，台湾文献史料丛刊第五辑，台湾大通书局本。

29.（清）汪楫：《崇祯长编》，台北：台湾“中央”研究院史语所 1962 年影印本。

30.（清）佚名：《崇祯实录》，台北：台湾“中央”研究院史语所 1962 年影印本。

31.（清）谈迁：《国榷》，北京：中华书局 1958 年版。

32.（清）夏燮：《明通鉴》，长沙：岳麓书社 1999 年版。

33.（明）雷礼：《国朝列卿纪》，四库存目丛书本。

34.（明）王世贞：《弇山堂别集》，北京：中华书局 1985 年版。

35.［意］利玛窦、［比］金尼阁著，何高济等译：《利玛窦中国札记》，北京：中华书局 2001 年版。

36.［意］利玛窦著，朱维铮主编：《利玛窦中文著译集》，上海：复旦大学出版社 2001 年版。

37. 吴廷燮撰，魏连科校：《明督抚年表》，北京：中华书局 1982 年版。

38. 钱实甫：《清代职官年表》，北京：中华书局 1980 年版。

39. 张德信：《明代职官年表》，合肥：黄山书社 2009 年版。

40. 刘伟铿、吴咏平编著：《肇庆历史风貌》，广州：广州文化出版社 1989 年版。

41. 肇庆文物志编辑委员会编：《肇庆文物志》，广州：广东省新闻出版局 1996 年版。

42. 萧健玲：《利玛窦》，广州：广东人民出版社 2007 年版。

43. 陈谦：《话说“两广总督”》，《岭南文史》1987 年第 1、2 期。

44. 刘伟铿：《明代两广总督对澳门商埠的设置与管治》，《学术研究》1997 年第 2 期。

45. 颜广文：《明代两广总督府的设立及对粤西的经略》，《学术研究》1997 年第 4 期。

46. 蒋祖缘：《明代广东巡抚与两广总督的设置及其历史地位》，《广东社会科学》1999 年第 2 期。

47. 关汉华：《试论清代前期两广总督的选任与治绩》，《广东社会科学》1997 年第 6 期。

48. 罗冬阳：《明代的督抚制度》，《东北师范大学学报》1988 年第 4 期。

49. 关文发：《试论明代督抚》，《武汉大学学报》1989 年第 6 期。

50. 王德金：《浅析明代的督抚》，《河北大学学报》2001 年第 4 期。

51. 王献军：《端溪书院史话》，《广东史志》2002 年第 2 期。

52. 曾峥：《对“中国现代数学起源于肇庆”命题的若干思考》，《数学教育学报》2007 年第 2 期。

53. 司徒尚纪：《两广总督府驻节肇庆的地缘政治因素及其效应》，《肇庆论丛》2011 年第 2 期。

54. 王元林：《明清两广总督府驻肇庆的时间初探》，《肇庆论丛》2011 年第 2 期。

55. 黄启臣：《明清驻肇庆两广总督的开放思维及其社会效应》，“肇庆两广总督府历史文化学术座谈会”会议论文，2010 年 12 月。

56. 任志强：《两广总督府驻肇期间对肇庆的积极影响》，《社科纵横》2011 年第 6 期。

57. 刘利平：《论吴桂芳提督两广之治绩》，载《明史研究》第十二辑，合肥：黄山书社 2012 年版。

58. 刘利平：《明代海盗吴平及其生死考》，《兰台世界》2011 年第 6 期。

附 录

附录 1 《总督府驻肇庆期间历任两广总督表》编制说明

1. 历任两广总督的相关信息，早在明清时期已有较为专门的记载。如明代雷礼所撰《国朝列卿纪》卷一〇七有《总督两广尚书侍郎都御史年表》，王世贞所著《弇山堂别集》卷六四有《总督两广军务年表》，所记均止于万历中的刘继文。吴廷燮的《明督抚年表》、张德信的《明代职官年表》均记载有整个明代的两广总督年表。《清史稿·疆臣年表》、钱实甫《清代职官年表》、《清实录广东史料》之六《清代两广总督名表》都记载有整个清代的两广总督年表。此外，明清时期修撰的各种《广东通志》、《肇庆府志》多在“职官表”目下记载有历任两广总督的情况。另，2010 年，中山大学历史系黄启臣教授在“肇庆两广总督府历史文化学术座谈会”上提交的会议论文《明清驻肇庆两广总督的开放思维及其社会效应》中，根据《明督抚年表》和《清实录广东史料》之六《清代两广总督名表》整理出一份《明清驻肇庆两广总督列表》。这是笔者所见的第一份专门记载总督府驻肇庆期间历任两广总督的列表（光绪《肇庆府志》卷一二《官职二·明》、卷一三《官职三·国朝》分别记有明、清两代两广总督驻肇庆时历任总督的信息，因分属两卷，似不能称为专门记载）。然而，经过对比，笔者发现上述各种年表或列表记载历任两广总督的信息均较简略，并不全面，有些还存在不少讹误。因此，笔者认为有必要在上述诸表的基础上，查找更多的史料对其进行补充和考订，以获得一份信息更加全面、准确的肇庆两广总督表。为此，我们编撰了《总督府驻肇庆期间历任两广总督表》。编撰时所用史料，以《明实录》、《清实录》为主，南明时期，则主要参阅了《永历实录》、《南疆逸史》、《岭表纪年》、《所知录》、《明季南略》等史籍。

2. 本表分八栏，较一般的年表增加了“任前官职”、“离任原因”、“两广总督具体名称”及“备注”四栏。“任前官职”是指担任两广总督前所任官职，两广总督是个通称，其具体名称在不同时期有些变化。名称不同，其内涵有别，故独立一栏。“备注”栏则交代一些在前七栏里不能反映且又有必要说明的问题。

在“任期”一栏中，用皇帝年号纪年，月份用的是农历。在括号里注明对应的公历年份。

3. 为节省文字及表格空间，本表中总督的职衔均用了简称。对这些简称说明如下：“上任职衔”栏中，“右侍”均指“兵部右侍郎”，“左侍”均指“兵部左侍郎”，“兵尚”指“兵部尚书”，“右佥”、“右副”、“右都”分别指“都察院右佥都御史”、“右副都御史”、“右都御史”。“离任原因”栏中，“吏（户、礼、兵、刑、工）部尚书”，简称“吏（户、礼、兵、刑、工）尚”；“兵部右侍郎”简称“兵右侍”，都察院右佥都御史简称“右佥”，余照此类推。明代职衔前凡带“南”字的，皆指南京的官职，如“南刑尚”，指南京刑部尚书。

4. “任期”一栏中的时间，除特别说明外，均指朝廷下令任免的时间，而非实际到任或离任的时间。由于交通等原因，实际到任和离任的时间往往要比朝廷下任免令的时间迟缓数月，甚至更久。故《广东通志》、《肇庆府志》等记载总督任期时，有的以实际到任时间为准，故存在一些差异。

5. 两广总督因应召入京等原因短期离任时，朝廷多会以他官署理总督印务，除清代的张溥、庆复因署理时间较长而载入本表外，其他短期以他官署理者，一概不列入本表。

6. 清顺治一朝及康熙、雍正朝少数年份，两广总督府未驻肇庆；南明时，两广总督也因军事形势的变化而无固定驻地，但为保持延续性，仍将这些时期的总督列入本表，并在相应的“备注栏”中予以注明。

7. 光绪《肇庆府志》卷一二《官职二·明》及黄启臣教授的《明清驻肇庆两广总督列表》所载南明时期的两广总督均有李栖鹏、阎可义、李建捷、罗承耀四人。其根据可能是计六奇《明季南略》卷十三“杜允和固守羊城”这条史料：“成栋没时，‘两广印’允和佩之，得不亡失。次传之李栖鹏，栖鹏陷梅岭；再传之阎可义，病卒于韶州府；又传之李五老（五老者，元胤之兄，亦成栋养子），军士鼓噪而罢；又传罗守诚（守诚，浙江人；成栋之中军），亦以不协众望而罢。此皆己丑秋间事。至九月，允和摄两广篆，专守羊城。”笔者认为，南明的两广总督，要有南明小朝廷的任命才能算数，而不能看总督印在谁手里。且其他的南明史料并无这些记载，更未见朝廷任命他们的任何记录，总督印只是在其手中短暂私相传递而已。此四人不能算担任过两广总督，故本表未将其载入。

附录2 总督府驻肇庆期间历任两广总督表

姓名	籍贯	任前官职	上任职衔	两广总督具体名称	任期	离任原因	备注
吴桂芳	江西新建	河道总督	右侍兼右佥	提督两广军务兼理巡抚	嘉靖四十二年九月—四十五年九月（1563—1566）	改南兵右侍	嘉靖四十三年，将总督府自广西梧州迁驻广东肇庆。
谭纶	江西宜黄	四川巡抚	右侍兼右佥	总督两广军务兼理粮饷巡抚广西	嘉靖四十五年十月—隆庆元年八月（1566—1567）	应诏入京，后升兵尚	
张瀚	浙江仁和	河道总督	右都兼左侍	同上	隆庆元年八月—二年十二月（1567—1568）	回籍听用，后升吏尚	总督府驻梧州。
刘焘	直隶天津卫	兵部左侍	右都兼左侍	同上	隆庆二年十二月—四年二月（1568—1570）	回京提督神枢营	总督府驻梧州。隆庆三年十月以前兼理福建军务，隆庆三年十一月另设广西巡抚，除兼职。
李迁	江西新建	南兵右侍	左侍兼右佥	总督两广军务兼理粮饷	隆庆四年二月—五年八月（1570—1571）	升南刑尚	总督府驻梧州。隆庆四年五月，裁广东巡抚，两广总督改称提督两广军务兼理粮饷巡抚广东。

（续上表）

姓　名	籍　贯	任前官职	上任职衔	两广总督具体名称	任　期	离任原因	备　注
殷正茂	南直歙县	广西巡抚	右侍兼右佥	提督两广军务兼理粮饷巡抚广东	隆庆五年八月—万历三年六月（1571—1575）	升南户尚	
凌云翼	南直太仓	兵部右侍	左侍兼右佥	总督两广军务兼理粮饷带管盐法巡抚广东	万历三年六月—六年十月（1575—1578）	升南工尚	万历三年，复称总督，加带管盐法。①
刘尧诲	湖广临武	江西巡抚	右侍兼右佥	同上	万历六年十月—九年十一月（1578—1581）	升南右都	
陈瑞	福建长乐	南京刑尚	南刑部尚书	同上	万历九年十一月—十一年一月（1581—1583）	致仕	道光《广东通志》卷一八《职官表九》将吴桂芳放在陈瑞之后，误。
郭应聘	福建莆田	广西巡抚	右都兼右侍	同上	万历十一年一月—十一年十一月（1583）	改南右都	
吴文华	福建连江	刑部左侍	右都兼右侍	同上	万历十一年十一月—十五年六月（1583—1587）	升南工尚	

① 按，两广总督带管盐法，当源于隆庆五年广西巡抚殷正茂奏请，以官帑运广东之盐往湖广衡州、永州售卖，以所得盐利充古田善后军饷，户部遂“题请将各官原领敕内增添盐法一节，钦遵行事”。见郭应聘《古田善后盐饷议》，载《郭襄靖公遗集》卷一三，续修四库全书第1349册，第312～313页。

（续上表）

姓　名	籍　贯	任前官职	上任职衔	两广总督具体名称	任　期	离任原因	备　注
吴善	福建龙溪	南工右侍	右侍郎	同上	万历十五年六月—十六年七月（1587—1588）	卒于任上	道光《广东通志》卷一八《职官表九》记为十六年以左都御史任，误。又吴善之后记为萧彦，十七年任，亦误。当为十九年任，在刘继文之后。
刘继文	南直灵璧	广西巡抚	右侍郎	同上	万历十六年七月—十九年三月（1588—1591）	升户部右侍	
萧彦	南直宣城	郧阳巡抚	右副都御史	同上	万历十九年三月—二十年十月（1591—1592）	升户部右侍	
陈蕖	湖广应城	广西巡抚	右副都御史	同上	万历二十年十月—二十二年九月（1592—1594）	升南户右侍	
陈大科	南直通州	广西巡抚	右侍兼右副	同上	万历二十二年九月—二十六年七月（1594—1598）	被劾免职，后致仕	
戴燿	福建长泰	广西巡抚	右侍兼右佥	同上	万历二十六年八月—三十六年十月（1598—1608）	因钦州之乱革职	道光《广东通志》卷一八《职官表九》记在陈大科之前，误。

（续上表）

姓　名	籍　贯	任前官职	上任职衔	两广总督具体名称	任　期	离任原因	备　注
张鸣冈	江西万安	南兵右侍	右侍兼右佥	同上	万历三十八年三月—四十四年十一月（1610—1616）	升南刑尚，未赴任	按，自三十六年十月戴燿革职后至三十八年三月张鸣冈上任，两广总督一直空缺。另，张鸣冈于万历四十一年七月升南京刑部尚书，未赴任，仍代理两广总督至四十四年六月。
周嘉谟	湖广汉川	云南巡抚	右侍兼右副	同上	万历四十三年二月—四十五年三月（1615—1617）	升南兵尚	道光《广东通志》卷一八《职官表九》漏载。另，周嘉谟于万历四十三年二月被任命为两广总督，但因故至万历四十四年六月才到任。
许弘纲	浙江东阳	副都御史	右都兼右侍	同上	万历四十五年三月—四十八年八月（1617—1620）	升兵尚	道光《广东通志》卷一八《职官表九》漏载。
陈邦瞻	江西高安	广西巡抚	右侍兼右佥	同上	泰昌元年八月—十二月（1620）	升兵左侍郎	候代至天启二年三月。
胡应台	湖广长沙	应天巡抚	右侍兼右佥	同上	泰昌元年十二月—天启四年二月（1620—1624）	升南刑尚	道光《广东通志》卷一八《职官表九》记为万历四十八年任，误。
何士晋	南直宜兴	广西巡抚	右侍兼右佥	同上	天启四年二月—五年四月（1624—1625）	革职为民	道光《广东通志》卷一八《职官表九》记为张鸣冈之前，三十四年任，误。

（续上表）

姓　名	籍　贯	任前官职	上任职衔	两广总督具体名称	任　期	离任原因	备　注
商周祚	浙江会稽	福建巡抚	右侍兼右佥	同上	天启五年四月—六年十二月（1625—1627）	升南工尚	道光《广东通志》卷一八《职官表九》漏载。
李逢节	南直长洲	南工右侍	右侍兼右佥	同上	天启七年一月—崇祯元年七月（1627—1628）	回籍	道光《广东通志》卷一八《职官表九》之前记为王业浩，浙江山阴人，五年任，误。
王尊德	贵州贵阳	广西巡抚	右侍兼右佥	同上	崇祯元年七月—三年十一月（1628—1630）	卒于任上	道光《广东通志》卷一八《职官表九》记为商周祚后，胡应台前，四十五年任，误。
王业浩	浙江山阴	通政使	右侍兼右佥	同上	崇祯三年十一月—五年二月（1630—1632）	丁忧回籍	
熊文灿	贵州泸江	福建巡抚	右侍兼右佥	同上	崇祯五年二月—十年闰四月（1632—1637）	升兵尚兼副都，总督六省军务	崇祯五年，将总督府暂移驻广州，不久回驻肇庆。道光《广东通志》卷一八《职官九》记为崇祯四年任，误。
张镜心	河南磁州	光禄寺卿	右侍兼右副	同上	崇祯十年五月—十四年九月（1637—1641）	升兵左侍	道光《广东通志》卷一八《职官表九》漏载。
沈犹龙	南直华亭	福建巡抚	右侍兼右佥	同上	崇祯十四年九月—十七年六月（1641—1644）	升兵右侍	

（续上表）

姓　名	籍　贯	任前官职	上任职衔	两广总督具体名称	任　期	离任原因	备　注
丁魁楚	河南永城	总督河南、湖广	右侍郎	两广总督	弘光元年六月—隆武二年十月（1644—1646）	升大学士	
王化澄	江西金溪	广东巡按	副都御史	同上	隆武二年十月—十一月（1646）	升兵尚	
林佳鼎	福建莆田	兵部右侍	右侍郎	同上	隆武二年十一月（1646）	战死	
朱治憪	浙江嘉兴	岭西副使	右副兼兵侍	同上	隆武二年十二月—永历元年一月（1647）	弃城而逃	朱治憪之“憪”字，他书多误为“涧”。
朱盛浓	湖广江夏	巡按御史	右侍郎	总督两广军务兼巡抚广西	永历元年一月—二月（1647）	退灵州，免	不驻肇庆。
于元烨	山东东阿	兵部右侍	兵部尚书	同上	永历元年二月—十一月（1647）	转任工部	不驻肇庆。另按，于元烨之“烨”字，他书多作“煜”，乃为避康熙皇帝之讳改。

（续上表）

姓　名	籍　贯	任前官职	上任职衔	两广总督具体名称	任　期	离任原因	备　注
鲁可藻	南直和州	广西巡抚	右侍兼右副	总制两广	永历元年十一月—二年五月（1648）	不详	不驻肇庆。
李成栋	陕西宁夏	提督	不详	两广总督	永历二年四月—三年二月（1648—1649）	战死	总督府驻广州。
杜永和	河南	大将	不详	同上	永历三年二月—六年六月（1649—1652）	海南降清	总督府驻广州。杜永和，《明季南略》作“杜允和”。永历四年十一月，清军攻克广州，杜永和携总督印逃往海南，六年六月降清。南明两广总督消亡。
佟养甲	奉天	总兵官	兵尚兼右都	总督两广军务带管盐法兼巡抚广东	顺治四年一月—五年四月（1647—1648）	降南明，不久被杀	总督府驻广州。另，顺治五年佟养甲被杀后，清朝的两广总督已不存在，直到顺治十年六月才复设。
李率泰	奉天	大学士	太子少保、兵尚兼右副	总督两广军务	顺治十年六月—十三年二月（1653—1656）	转浙闽总督	道光《广东通志》卷四三《职官表三十四》记为十一年任；道光《广东通志》卷二五五《宦绩录》二五《李楼凤传》记为顺治十五年离任，迁浙闽总督，均误。

（续上表）

姓名	籍贯	任前官职	上任职衔	两广总督具体名称	任期	离任原因	备注
王国光	奉天	固山额真	兵尚兼右都	同上	顺治十三年二月—十五年六月（1656—1658）	因病免	总督府自广州移驻广西梧州。另，道光《广东通志》卷四三《职官表三十四》记为十六年任，误。
李栖凤	陕西武威	广东巡抚	太子少保、兵尚兼右副	同上	顺治十五年六月—十八年十二月（1658—1662）	致仕	顺治十八年八月，两广分设总督，李栖凤任广东总督，广西巡抚于时跃升广西总督。
卢崇峻	奉天	宣大总督	右侍兼右副	广东总督	顺治十八年十二月—康熙四年二月（1662—1665）	丁忧免，后调河道总督	广东总督移驻廉州。另，道光《广东通志》卷四三《职官表三十四》记为康熙三年任，误。
卢兴祖	奉天	广东巡抚	左侍兼右副	广东广西总督	康熙四年二月—六年十一月（1665—1667）	革职	康熙四年五月，广西总督裁并广东，称两广总督，驻肇庆。道光《广东通志》卷四三《职官表三十四》记为七年任，误。
周有德	奉天	山东巡抚	兵尚兼副都	同上	康熙六年十一月—九年一月（1667—1670）	丁忧免，后调四川总督	道光《广东通志》卷四三《职官表三十四》记为九年任，误。

（续上表）

姓　名	籍　贯	任前官职	上任职衔	两广总督具体名称	任　期	离任原因	备　注
金光祖	满洲	广西巡抚	左侍兼右副	同上	康熙九年二月—二十年十一月（1670—1681）	革职	道光《广东通志》卷四三《职官表三十四》记为十二年任，误。另，康熙十五年四月，金光祖曾降吴三桂，十六年六月，复归正，仍任总督。
吴兴祚	浙江山阴	福建巡抚	兵尚兼副都	同上	康熙二十年十二月—二十八年五月（1681—1689）	降级调用	道光《广东通志》卷四三《职官表三十四》记为二十二年任，误。
石琳	奉天	云南巡抚	右侍兼右副	同上	康熙二十八年五月—四十一年十月（1689—1702）	年老致仕	
郭世隆	山西汾州	浙闽总督	右侍兼右副	同上	康熙四十一年十月—四十五年十二月（1702—1707）	革职	
赵弘灿	陕西宁夏	广东提督	右侍兼右副	同上	康熙四十五年十二月—五十五年十月（1707—1716）	升兵部尚书	
杨琳	奉天	广东巡抚	右侍兼右副	同上	康熙五十五年十月—雍正二年四月（1716—1724）	卒官	雍正元年八月至二年四月间，广东、广西各设总督。孔毓珣任广西总督兼广西巡抚。

（续上表）

姓　名	籍　贯	任前官职	上任职衔	两广总督具体名称	任　期	离任原因	备　注
孔毓珣	山东曲阜	广西总督	兵尚兼副都	同上	雍正二年四月—七年三月（1724—1729）	升江南河道总督	雍正六年十月，广西归云贵总督管，称云贵广西总督。两广总督改称广东总督。
郝玉麟	奉天	云南提督	右侍兼右副	广东总督	雍正七年三月—九年九月（1729—1731）	因病请假	
张溥	不详	广东提督	不详	署广东总督	雍正九年九月—十年一月（1731—1732）	郝玉麟病愈复任广东总督，张溥不再署理	道光《广东通志》卷四三《职官表三十四》不载。
郝玉麟	奉天	广东总督		广东总督	雍正十年一月—十年二月（1732）	调福建总督	雍正十年，广东总督自肇庆移驻广州。
鄂弥达	满洲	广东巡抚	右侍兼右副	两广总督	雍正十年二月—乾隆三年七月（1732—1738）	调任川陕总督	雍正十二年十二月，广西仍归广东总督管辖，称两广总督，仍驻肇庆。《清史稿》卷一九七《疆臣年表一》雍正十三年，仍记为广东总督，误。
马尔泰	满洲	左都御史	不详	同上	乾隆三年七月—六年四月（1738—1741）	因丁忧免，后调川陕总督	

（续上表）

姓　名	籍　贯	任前官职	上任职衔	两广总督具体名称	任　期	离任原因	备　注
氏复	满洲	云南总督	不详	署两广总督	乾隆六年四月—八年五月（1741—1743）	调川陕总督	庆复始终是署理两广总督。
马尔泰	满洲	川陕总督	不详	两广总督	乾隆八年五月—九年七月（1743—1744）	调浙闽总督	另，乾隆八年四月始，庆复离任赴京，总督印暂令广东将军策楞署理，至九年正月马尔泰到任止。
那苏图	满洲	浙闽总督	不详	同上	乾隆九年七月—十年四月（1744—1745）	调直隶总督	
策楞	满洲	署广东巡抚	不详	同上	乾隆十年四月—十三年九月（1745—1748）	调川陕总督	乾隆十一年，将总督府移驻广州。

附录3 《论明代两广总督吴桂芳》

论明代两广总督吴桂芳

刘利平

摘　要： 吴桂芳（1521—1578），字子实，江西新建人，嘉靖二十三年（1544）进士，授刑部主事，累迁两广提督、工部尚书。他历仕三朝，扬历中外，声绩颇佳，为明代中后期才名俱著的贤臣。提督两广之时（嘉靖四十二年至四十五年），是其宦绩最显之际，期间他打击倭（海）寇、山贼，平定柘林兵乱，整饬海陆防务，肇建广州外城，迁总督府于肇庆，修学官作养人才，移风俗造福百姓，为两广的地方安宁和社会发展作出了重大贡献。

关键词： 明代　两广总督　吴桂芳　事功

吴桂芳（1521—1578），字子实，号自湖、石潭，江西新建人，生于明武宗正德十六年（1521）九月，举嘉靖二十三年（1544）进士，初授刑部主事，累迁两广提督、工部尚书，卒于万历六年（1578）春，享年58岁，赠太子少保。[①] 吴桂芳历仕嘉靖、隆庆、万历三朝，居官三十余载，扬历中外，声绩颇佳，为明代中后期才名俱著的贤臣。

吴桂芳逝世后，他的生前挚友、时任刑部侍郎的王宗沐为他撰写了一篇两千余字的传记——《吴公桂芳行状》。晚明史家焦竑在编纂明人传记文献《国朝献征录》时，收录了这篇传记，并将其列入“河漕”目下，而非“总镇侍郎”目下；清修《明史》的修纂者在为吴桂芳立传时，或受焦竑的影响，亦将其与治河名臣潘季驯、徐贞明等同列一传。似乎吴桂芳的宦绩最显于漕运总督任上的治河漕事功。然细读二传，文中叙述其在两广提督任上的功绩、篇幅实多于治河督漕；参诸他史，吴桂芳在提督两广任上亦居功甚伟。故其为官治绩最彰显者，乃在提督两广之时。史家之所以将其传记归入“河漕”目下，或因其任两广提督在前，任漕运总督在后，官阶后高于前且卒于漕运总督任上之故。就笔者管见，迄今尚无专论吴桂芳之论著，故特以其治绩最著之时为中心，撰成此文，以期抛砖引玉。

① （明）王宗沐：《吴公桂芳行状》，载焦竑《国朝献征录》卷五九《都察院六·河道》，四库存目丛书第103册，第235～237页。按，下文有关吴桂芳履历的叙述，凡不出注者，均出此。

一、吴桂芳任两广提督前之履历

吴桂芳自幼聪颖，“九岁即善属文”，十三岁“补弟子员”，嘉靖二十三年（1544），中二甲进士，授刑部主事。当时，刑部尚书闻渊才识非凡，耿直无私，为一代名臣。吴桂芳新官上任，锐气方刚，受其激励，亦想成就一番功名。他处理案件时，精核比议，判案得当，堪称法家；判崔鉴一案[①]，融情、理、法于一体，有如董仲舒春秋断狱，深得闻渊的赏识[②]。不久，闻渊升任吏部尚书，欲委吴桂芳以科道之职，适逢吴桂芳赴继母丧，不果。服除，补礼部主事，旋升祠祭司郎中，时为嘉靖三十一年（1552）。[③]

当时，严嵩父子把持朝政，欲结名士以自重，闻吴桂芳贤名，且有一女待嫁，遂登门请求联姻，被吴桂芳婉拒。吴桂芳因此得罪严氏父子，但因“却婚时宰，为士林所重”[④]。时江南重罹倭患，淮、扬尤甚，地方官如坐针毡，常以御倭不力获罪。严氏父子遂将吴桂芳贬为扬州知府。命下之日，缙绅大骇，然咸知所由，谓桂芳不附权贵，不失节操，由是而名益高。抵任数日，遇寿藩宫眷还邸过境，吴桂芳以计使之不泊岸而行，百姓免受供亿骚扰之苦，咸德之。时倭寇猖獗，流劫通州、泰州一带。吴桂芳精选海边灶户为兵设防，一举斩杀倭寇数百名，因功升俸一级[⑤]，倭寇因之不敢复入扬境。吴桂芳趁机大修城墙以备倭，如皋、泰州、海门、瓜州诸城均修葺一新，又增筑扬州外垣，“扬有二城，自桂芳始”[⑥]。修城工程浩大，所需财力巨万。吴桂芳诎财聚力，调度有方，使民不知病。扬州号称财赋之区，吴桂芳身为知府，经手钱粮不计其数，但他廉洁自爱，一无所取。有徐生者，被仇家诬以通倭之罪，即将家破人亡，吴桂芳白其枉，得释。徐生视桂芳若再生父母，以千金相谢，吴桂芳婉拒。徐生感动万分，立桂芳之像供于家，每日拜谢。

扬州知府三年任满，政绩斐然，吴桂芳升迁临清兵备副使，离任之日，百姓如丧考妣，为之罢市。不久，改任山东提学副使，下车伊始，订立教约，杜绝请谒，教风学风为之一变，当年乡试多得名士。

---

① 按，有关崔鉴案的详情，见吴桂芳所撰《崔鉴传》，载焦竑《国朝献征录》卷一一二。

② （清）张廷玉等：《明史》卷二二三《吴桂芳传》。

③ （明）俞汝楫编：《礼部志稿》卷四三《历官表·祠祭司郎中》，四库全书本。

④ （明）李贤等：《明一统志》卷四九《江西布政司》，四库全书本。

⑤ 《明世宗实录》卷三四〇，“嘉靖三十四年十二月丙子”条；（清）张廷玉等《明史》卷二二三《吴桂芳传》。

⑥ （清）张廷玉等：《明史》卷二二三《吴桂芳传》。

嘉靖三十六年（1557），吴桂芳调任广东右参政，分守岭西道①，驻扎肇庆府。分守参政属省级官员，故常住省城，分守道则驻府城，只供其临时巡视之用。桂芳抵任后，为便于工作，舍省城不居，举家迁往肇庆。任内，他爱民如子，尤以作养人才为己任，择士馆穀于崧台书院，甚至亲自督课，② 深得民心。

嘉靖三十七年（1558）前后，吴桂芳升任浙江按察使（正三品），主管全省司法，为三司长官之一；三十八年（1559）五月又升任浙江右布政使③（从二品），主管全省民政。当时，倭寇犯浙闽沿海，总督胡宗宪受命平倭，患军费不足，令两省筹饷。桂芳查理积年隐没钱粮，仅数月间，得白银十余万两，悉数以献。胡宗宪为之惊叹，曰：公真天人也！

吴桂芳出众的才干与政绩为自己赢得了崇高的声望和更大的发展空间。嘉靖三十八年（1559）十月，他由右布政使转左布政使④；时隔一月，再升任都察院右佥都御史巡抚福建⑤。年仅三十九岁的他，已赫然成为一省最高的军政长官。然而，桂芳尚未履新，忽闻父丧，随即解官赴丧，在家守孝三年。

嘉靖四十一年（1562）十月，守孝期满，吴桂芳以原官抚治郧阳。⑥ 郧阳（今湖北十堰市）位于湖广西北部，系成化十二年（1476）专为安置荆襄流民而新设的一个府。因地处秦巴山区，与陕、豫毗邻，流民时常为患，朝廷遂在郧阳设立巡抚衙门，以抚治楚、豫、陕三省边区的流民。桂芳抵任后，眼见辖区“民穷财尽，吏猛官邪”，于是“蚤夜讲求，痛行惩创，数月之内，颇觉吏治改观，民心知向”⑦。由于政绩出色，嘉靖四十二年（1563）四月，桂芳由右佥都御史升任右副都御史⑧，不久被任命为总理河道。命下之日，“不惟镇民怅然于臣之去，而臣亦诚若有不能恝然于衷者”，于是写下一份近四千字的《条陈民瘼疏》上奏朝廷，备陈属民疾苦之状及抚治郧阳之策⑨，多被朝廷采纳⑩。

---

① （明）叶春及：《万历肇庆府志》卷一八《名宦传二·吴桂芳》第244页；宣统《高要县志》卷一五《职官二·宦绩·吴桂芳》第六册，第9页。

② （明）叶春及：《万历肇庆府志》卷一八《名宦传二·吴桂芳》，第244页。

③ 《明世宗实录》卷四七二，“嘉靖三十八年五月癸未”条。

④ 《明世宗实录》卷四七七，“嘉靖三十八年十月辛亥”条。

⑤ 《明世宗实录》卷七四八，“嘉靖三十八年十一月壬午”条。

⑥ 《明世宗实录》卷五一四，“嘉靖四十一年十月丁巳”条。

⑦ （明）吴桂芳：《条陈民瘼疏》，载《明经世文编》卷三四二《吴司马奏议》。

⑧ 《明世宗实录》卷五二〇，“嘉靖四十二年四月乙亥”条。

⑨ （明）吴桂芳：《条陈民瘼疏》，载《明经世文编》卷三四二《吴司马奏议》。

⑩ 按，如疏内“申明矿禁以免无辜牵累”一条，即被采纳，刊入新的《问刑条例》，见《明世宗实录》卷五二八，“嘉靖四十二年十二月戊申”条。

二、临危受命

嘉靖中叶以降，两广地方因“海寇”、“山贼”、“猺贼”时常为乱而动荡不安，一些县城、府城不时为盗贼攻克占据，甚至连省城也数遭贼类围攻，致使朝中大臣发出“岭表非我版图矣”① 的忧叹。因此，作为两广军政长官的提督兼巡抚一职，居之不易。吴桂芳的上任，可谓是临危受命。

在吴桂芳之前，担任两广提督的是张臬。张臬，江西进贤人，嘉靖五年（1526）进士，颇有军事才干，累迁四川巡抚、兵部右侍郎。嘉靖四十年（1561）闰五月，张臬以兵部右侍郎兼右佥都御史提督两广军务②；次年五月，因平定“骚乱三省”的饶平巨盗张琏③，威望大著，升右都御史④。当时，倭患已从江浙沿海南移到闽广沿海一带。嘉靖四十一年（1562）十一月，倭寇攻陷福建兴化府城，朝廷大震，欲遣一有才望的大臣前往挽回败局。兵部认为“大臣有威望、累著擒贼之功者，一时无如臬贤”，遂于四十二年（1563）二月，命张臬总督闽广军务⑤。朝廷对张臬寄予厚望，希望他能迅速平定闽广倭乱。张臬上任后，适逢广东归善县人温七、伍端勾结倭寇作乱，张臬檄令广东惠州参将谢敕率官军讨伐。谢敕在讨伐过程中因防备不严，为寇所乘，结果损兵折将，大败而归。⑥ 朝廷对张臬的厚望因此也变成了失望。不久，广东“和平贼李文彪作乱，臬以其地险难用兵，倡议抚之。给事中陈懋观劾其纵寇殃民”，兵部转而认为张臬“非军旅才”，于是张臬被免职，闽广总督亦因“闽广道里远隔，不便兼辖”而被撤销，回归之前的两广提督兼巡抚。⑦

张臬被罢免后，两广形势更加危急。谁能接任张臬，平息海寇山贼交相为乱的忧危局面呢？兵部想到了才能出众的吴桂芳。他任扬州知府时曾大败倭寇，对付海寇有经验；后来他又到被视为山贼渊薮的郧阳地区担任过巡抚，抚治山贼亦有一套方法。吴桂芳可谓是最佳人选。在兵部推荐下，嘉靖四十二年（1563）九月，刚刚升为右副都御史、被任命为总理河道的吴桂芳还没来得及离郧阳巡抚之

---

① （明）张居正：《张太岳集》卷三一《答两广刘凝斋言贼情军情民情》。
② 《明世宗实录》卷四九七，“嘉靖四十年闰五月甲寅”条。
③ 《明世宗实录》卷五〇九，“嘉靖四十一年五月乙未”条。
④ 《明世宗实录》卷五一四，“嘉靖四十一年十月丁巳”条。
⑤ 《明世宗实录》卷五一八，“嘉靖四十二年二月丁丑”条。
⑥ 《明世宗实录》卷五三二，“嘉靖四十三年三月丁未”条。
⑦ 《明世宗实录》卷五二五，“嘉靖四十二年九月乙巳”条。

任，便又被升为兵部右侍郎兼右佥都御史，提督两广军务兼理巡抚[①]。

三、讨倭平贼

吴桂芳上任后，面临的形势非常严峻。在广东沿海一带，海寇因大败谢敕，益加骄横；福建的倭寇因戚继光的有力打击，逃往广东者有一万余人，一时间海寇蜂拥，广东海防危如累卵。[②] 在广东内陆地区，以和平李文彪、河源李亚元、程乡叶丹楼等为首的山贼连岁为患，日益蔓延，百姓几无宁日。[③] 面对险恶的局势，吴桂芳沉着应对。几经缜密思考，他决定先讨倭寇，后平山贼。

1. 邹塘大捷

吴桂芳深谙用兵之道。他在讨伐倭寇之前，首先奏请朝廷严厉惩处此前讨倭失事的广东惠州参将谢敕[④]，以警示官兵，整肃军纪。随后，他轻车简从，自广西梧州东向，星夜驰往抗倭前线——潮州。他至潮州时，此前调集的赣、粤狼、土官兵四万五千人，福建兵一万五千人已集结完毕。吴桂芳命抗倭名将申威营总兵俞大猷、副总兵汤克宽总领之[⑤]，以降贼伍端“为先驱尝贼，官军继之，围倭于邹塘”[⑥]，在此他组织了上任后的首次讨倭战役。《殊域周咨录》对该战役的情形有生动描述：

(嘉靖四十三年) 三月二十六日，总兵俞大猷移营，五鼓发兵。以福兵并王诏、门崇父二参将下兵，分三大枝而进。午时，逼贼寨。贼率精锐出寨，摆定分兵来冲。福兵首与相持，半顷未决。俞大猷督后，急遣人斩哨长首级二颗。遍行宣示于福兵，奋勇先登。王、门二参将狼兵继之，呐喊直奔贼中，大战良久，一鼓破之。或奔入寨，或奔入山。各兵分投追杀，杀六百有奇。恐寨中埋伏，用火箭铳炮四面围焚，烧死一千余人。是役，倭贼大率死于锋镝灰烬将及二千，夺出被虏者逾数百人。已而，败衄遁走，抢船出海。忽风雷大作，俱溺无免者。[⑦]

显然，这次战役官军大获全胜。不过，《殊域周咨录》对官军战果的记载显

① 《明世宗实录》卷五二五，“嘉靖四十二年九月乙巳”条。
② (清) 杜臻：《粤闽巡视纪略》卷三，四库全书本。
③ (清) 张廷玉等：《明史》卷二二三《吴桂芳传》。
④ 《明世宗实录》卷五三二，“嘉靖四十三年三月丁未”条。
⑤ (清) 杜臻：《粤闽巡视纪略》卷二，四库全书本。
⑥ 《明世宗实录》卷五三二，“嘉靖四十三年三月己未”条。
⑦ (明) 严从简：《殊域周咨录》卷三《东夷》，北京：中华书局2000年版，第101页。

然存在夸大、失实之处。据更为权威的史料《明世宗实录》记载，此役官军实际“焚斩四百余人”[1]，而非“将及二千”；倭寇败逃者遇暴风后亦非“俱溺无免者”，而是有幸免者，且其人数多达“二千余人”[2]。但即便如此，在谈倭色变之际，能一举消灭倭寇四百余人，亦算是个大胜仗。此前广东对倭寇连年征剿无功，而吴桂芳履新半载即获此大捷，嘉靖皇帝闻报龙颜大悦，当即下旨，奖赏他“银二十两，纻丝二表里”，并鼓励他“严督各路兵，乘胜荡平，以纾民患”[3]。

2. 海丰大捷

吴桂芳首战告捷，军威大振。在皇帝“乘胜荡平，以纾民患”的鼓励下，他决定乘势追击，将余寇一举荡平，既“纾民患”，更解皇帝南顾之忧。

据侦报，在潮州邹塘大捷中逃脱的两千余倭寇已逃至相邻的惠州府境内，正屯集在海丰县的金锡都。倭寇知道官军势必追剿，故选择易守难攻之地，占据有利地形，做好了与官军鱼死网破的准备。吴桂芳知悉后，稍加思索，即得破倭良策。他令总兵俞大猷率官军追至金锡都附近，抢占四周的有利地形，迅速对屯集的倭寇形成合围之势。倭寇看到官军四面云集，以为大战迫在眉睫，于是厉兵秣马，饱食一顿，准备以逸待劳，利用有利地形与官军拼死一搏。岂料官军在合围后只是静守，并不强攻，对于被围的倭寇，来者射杀，回者不追。这样，倭寇此前占据的地利优势化为乌有。倭寇这才知道中了吴桂芳的围困之计，欲战不能，欲守乏食，进退维谷，已成瓮中之鳖，插翅难飞！

围困了近两个月，吴桂芳探知倭寇粮草已尽，估计不得不选择突围了，于是，故意在防线上制造一个薄弱环节，命副总兵汤克宽于大埔寨设伏以待。不久，倭寇果然蜂拥而至，欲从此突围。结果“贼至，伏发，贼乃大惊扰，克宽斩其枭帅三人，参将王诏等兵继进，贼遂大溃，擒斩千二百余人，各哨军前后所得零贼又一千余人。于是，余倭无几，不复能军”[4]，“逃山薮间，渐捕尽”[5]。

吴桂芳一如皇帝所期望的那样，乘胜将邹塘大捷中逃脱的两千数百名余寇擒斩殆尽，一举荡平倭患，创下明代广东抗倭史上最辉煌的战果之一。明代史籍将此次战役称为“海丰大捷”。捷报传到北京，嘉靖皇帝欣喜万分，对吴桂芳、俞大猷等大为赞赏，各赐银币。[6]

---

① 《明世宗实录》卷五三二，“嘉靖四十三年三月己未”条。
② 《明世宗实录》卷五三五，“嘉靖四十三年六月辛卯”条。
③ 《明世宗实录》卷五三二，“嘉靖四十三年三月己未”条。
④ 《明世宗实录》卷五三五，“嘉靖四十三年六月辛卯”条。
⑤ （清）谈迁:《国榷》卷六四，“嘉靖四十三年六月辛卯”条，北京：中华书局版第四册，第4003页。
⑥ 《明世宗实录》卷五三八，“嘉靖四十三年九月丁未”条。

3. 剿灭海盗吴平

吴平是当时活跃于潮州沿海的一名海盗头目，素以豪猾著称，势力很大，被朝廷称为“广东巨寇”[①]。后来威震一时的海寇首领曾一本、林道乾等，在当时都只是吴平的部曲而已。[②] 嘉靖后期，以吴平为首的海寇常在潮州一带作乱，甚至勾结倭寇，与之互为犄角，共同对付官军。嘉靖四十三年（1564），吴桂芳、俞大猷等连续取得邹塘大捷、海丰大捷，入侵广东的倭寇遭到毁灭性打击。吴平见势不妙，惧而请降，总兵俞大猷受之，将其安置于梅岭，令剿杀山贼以自效。

嘉靖四十四年（1565）四月，吴平见官军防备松弛，乘机反叛。他率众逃回老巢，招收败散的倭寇及无赖，“造战舰数百，聚众万余，筑三城守之，行劫广东惠、潮及（福建）诏安、漳浦等处。福建总兵戚继光督兵袭之，吴平尽采其辎重入舟，率众遁入海，保南澳”[③]。同年八月，吴平为报复戚继光，率战船四百余艘，从南澳出发，谋犯福建。戚继光派把总朱玑、协总王豪前往海上迎击，结果全军覆没，朱玑、王豪亦葬身鱼腹。嘉靖皇帝闻讯大怒，要求福建、广东两省镇抚官“严督兵将，协心夹剿，以靖地方”[④]。于是，吴桂芳与福建巡抚汪道昆商议，两省官军联手，欲一举端掉吴平的老巢。经过周密部署，俞大猷率水兵，戚继光领陆兵，水陆并进，直趋南澳。经过一场恶战，官军大破海寇，攻占了南澳岛，吴平“仅以身免，奔据饶平凤凰山。继光留南澳。大猷部将汤克宽、李超等蹑贼后，连战不利，（吴）平遂掠民舟出海”[⑤]。

对于朝廷而言，吴平的逃脱可以说是南澳大捷中唯一的遗憾。对于这一遗憾，朝廷很是在乎，因为首恶未获，后患不止。吴平以其在海寇中的威望，在遁入大海后，很快又能招降纳叛，纠集一支队伍，成为沿海大患。因此，朝廷派往闽、广的巡按御史开始追究致使吴平逃脱的责任。吴平逃离南澳后，负责追击吴平的明军主帅是俞大猷，加之起初接受吴平请降的也是俞大猷，在御史们的交章论劾之下，屡立奇功的抗倭名将俞大猷终被罢官。[⑥]

果然，吴平逃入大海后不久，又拉起了一支海寇队伍，势力复振。[⑦] 于是朝廷严令闽、粤官军继续追剿，务必将吴平剿灭。吴平鉴于潮、惠沿海地区官军势雄，且两省官军易于声援，于是率部乘战船自饶平沿海西下，逃往阳江方向，欲

① 《明世宗实录》卷五四九，“嘉靖四十四年八月丁丑”条。
② （清）杜臻：《粤闽巡视纪略》卷三。
③ 《明世宗实录》卷五四五，“嘉靖四十四年四月己丑”条。
④ 《明世宗实录》卷五四九，“嘉靖四十四年八月丁丑”条。
⑤ （清）张廷玉等：《明史》卷二一二《俞大猷传》。
⑥ （清）张廷玉等：《明史》卷二一二《俞大猷传》。
⑦ （清）张廷玉等：《明史》卷二一二《汤克宽传》。

在粤西沿海发展势力。吴桂芳准确地判断出吴平的战略意图，令广东参将汤克宽率水师先于阳江沿海设防以待。不久，吴平果然率众海寇乘战船百余艘抵达阳江洋面。汤克宽率舟师奋勇迎击，在乌猪洋大败海寇。吴平势穷，率残部继续西逃，途经琼州（今海南），奔往安南（今越南）。[①]

当时，安南为明帝国的藩属国，有义务为明廷效力。于是，吴桂芳檄令安南万宁宣抚司发兵，协助明军征剿，同时令参将汤克宽、傅应嘉等率水师一路穷追。嘉靖四十五年（1566）四月初一日，明军与安南助剿水师将吴平夹击于万桥山澳，双方展开激战。当天适值日食，天色灰暗，至傍晚时分，大风乍起，“我军纵火攻，焚平所乘舟，平军大败，赴水死者无算，官兵生擒贼众及斩首共三百九十八人”[②]，海寇首领吴平亦死于是役[③]。至此，横行闽、粤沿海的吴平海寇集团基本被剿灭。

4. 平柘林兵乱

柘林寨位于潮州府饶平县东南部，为海防要地，嘉靖间朝廷在此设立守备，驻兵戍守。嘉靖四十一年（1562），柘林守备移驻南澳[④]，柘林只剩四百余名水兵驻守。嘉靖四十三年（1564）三月，驻守柘林的水兵徐永泰等四百人，因连续五个月没能领到军粮，皆怨望思乱。会领军指挥韩朝阳传总兵俞大猷檄，要将柘林水兵调戍潮阳海港。柘林水兵闻此消息，更加愤怒，于是起兵反叛，执韩朝阳数入外洋，与东莞盐徒及海南栅诸寇合，从珠江口逆流而上，扬帆进逼广州，省城危急，全省震动[⑤]。获悉叛乱消息后，吴桂芳沉着应对。他一面奏请惩处潮州知府何庞、千户于英、海道副使方逢时等失事官员，一面设法镇压这场叛乱。他见事发突然，叛军来势凶猛，官军一时难以结集与之相抗，省城危在旦夕，于是想到一个缓兵之计。他佯令官军对叛乱水兵进行招抚，以乱其军心，缓其速度；暗地里迅速调集东营南头兵从外洋入，大部队自惠阳经东洲南出，对叛军形成前

---

① （清）张廷玉等：《明史》卷二一二《汤克宽传》。

② 《明世宗实录》卷五五七，“嘉靖四十五年四月壬戌朔”条。

③ 《明世宗实录》卷五六一，“嘉靖四十五年八月乙酉”条。按，关于吴平的生死，史籍有不同说法。《明史》卷二一二《俞大猷传》、《汤克宽传》均言吴平“遁去”；《粤闽巡视纪略》卷三亦谓吴平“乘小艓逸去”；《明史》卷二二三《吴桂芳传》云，参将傅应嘉初报吴平被生擒，复报溺水死，但吴桂芳不信；《明世宗实录》卷五六一曰：“（兵部）尚书杨博等复言，据闽、广诸将续报，则（吴）平已定死，桂芳止以初闻不实，复有此疑。”据此，则吴平确实死了。上述史籍中，《明世宗实录》最具权威性，且成书时间离事发时最近，所载当可信，从之。详见拙文《明代海盗吴平及其生死考》，载《兰台世界》2011年第6期。

④ 《明世宗实录》卷五一五，“嘉靖四十一年十一月壬寅”条。

⑤ 《明世宗实录》卷五三二，“嘉靖四十三年三月甲寅”条。

后夹击之势。结果，官军大获全胜，“生擒六百有奇，斩馘无数”①，平定了这场叛乱，省城得保无虞。吴桂芳因此获得朝廷的嘉奖。②

5. 平定山贼

两广内陆地区，山险林深，易于滋盗，山贼作乱，史不胜书。何谓“山贼”？史称“本中华之人习为不善，投匿山峒者曰山贼”③。其实，山贼是朝廷对聚集于山林中与朝廷对抗的武装分子的通称，其中有所谓“猺贼”（瑶族叛乱者）、“獞贼”（壮族叛乱者）、“民贼”（汉族叛乱者）、“黎贼”（黎族叛乱者）等。在今天看来，史籍所称的“山贼”其成分非常复杂，既有占山为王的土匪，也有揭竿而起的义民，还有族群冲突中的百姓，不宜一概称之为“贼”。但在彼时站在朝廷立场上看，这些人不仅不入户籍，不纳粮当差，还武装对抗朝廷，破坏社会秩序，对编户齐民的生命财产和社会安宁造成威胁，甚至危及朝廷在地方的统治，称之为“贼”，亦理所当然。

吴桂芳提督两广期间，两广的山贼非常活跃。在粤东潮州、惠州二府诸县，活跃着以蓝松三、伍端、温七、叶丹楼、李亚元等为首的数股山贼④；在粤北韶州府有以马五、卓文胜等人为首的山贼；在粤西肇庆府不时有瑶民的叛乱；在广西则有以韦银豹为首的“古田獞贼”作乱。这些山贼严重威胁着朝廷在两广的统治。所以，吴桂芳不得不在讨倭的同时，也对这些山贼进行镇压。

粤东潮、惠二府的山贼，如蓝松三、叶丹楼、伍端、温七等常与入侵的倭寇相勾结，所以成为吴桂芳首先打击的对象。吴桂芳赴潮讨倭之际，即开始部署平贼事宜，令广东总兵俞大猷围剿刚刚打败过惠州参将谢敕的伍端、温七，以翦除倭寇的羽翼。俞大猷为抗倭名将，早已威名远播，伍端一听说“俞家军”来袭的消息，非常恐惧，“乃驱诸酋以归”。不久，温七被大猷生擒，伍端自度难免，遂自缚至大猷军前乞降，以助官军杀倭自赎。于是，俞大猷令伍端率所部为前驱引倭，遂有上文所述的“邹塘大捷”。随后官军又获“海丰大捷”，入侵广东的倭寇遭到毁灭性的打击，官军由是声威大振，而诸山贼则成惊弓之鸟。俞大猷“乃移师潮州，以次降蓝松三、叶丹楼”⑤。至此，粤东潮、惠二府的山贼基本平定。

嘉靖四十三年（1564）十二月，粤北南韶山贼马五集众二千余人作乱，“流

① （清）郝玉麟：《广东通志》卷四〇《名宦志省总·总督·吴桂芳》。

② 按，至隆庆二年，御史王同道才将这次平叛的功次勘明，吴桂芳被钦赐“银二十两、彩币一表里”。见《明穆宗实录》卷一九，隆庆二年四月乙未。

③ （明）李迁：《请专敕宪臣练土兵以弭盗安民疏》，载《苍梧总督军门志》卷二五，第290页。

④ （清）张廷玉等：《明史》卷二一二《俞大猷传》。

⑤ （清）张廷玉等：《明史》卷二一二《俞大猷传》。

劫乳源、江湾等处，守备贺铎、纳级指挥蔡允元督兵迎战，为贼所执，骂贼不屈而死”。消息传到北京，嘉靖皇帝“令桂芳等严兵刻限擒剿”①。于是，吴桂芳令在此次事件中失职的兵备佥事刘稳、知府吕天恩各停俸戴罪杀贼，并授以方略。半年之后，兵备佥事刘稳等率官军“大破之，俘百余人，斩四百余级”②，将其平定。

在粤东北的河源、翁源、和平诸县，以李亚元为首的山贼集众一万数千人，势力很大，时出劫掠，为害一方，各县百姓谈贼色变，饱受其苦。吴桂芳在讨倭之余，决计将其铲除。嘉靖四十五年（1566）二月，吴桂芳会同南赣巡抚吴百朋，征兵十万，分为五哨，起用被朝廷罢免的原总兵官俞大猷为总指挥。吴桂芳指受方略后，令俞大猷率官军直捣李亚元的老巢。经激战，官军生擒李亚元，“擒斩一万四百余级，俘一千余人，夺归八百余人，招降一千二百余人，听抚四千余人，贼党悉平”③。吴桂芳因“指授方略”有功，受到嘉靖皇帝的赏赐，俞大猷则不仅受到皇帝赏赐，还官复原职。④

广西桂林府古田县城自景泰年间以来，一直被“獞贼”韦氏家族霸占，朝廷屡派官军征剿，均损兵折将，以失败告终⑤，成为朝廷和广西地方官的一块心病。至嘉靖后期，“獞贼”首领韦银豹及黄朝猛更为猖獗，他们四处劫掠，甚至两次进犯省城，“劫藩库，杀参政”⑥，全省为之震动。吴桂芳决定伺机征剿。嘉靖四十五年（1566）二月，围剿广东河源、翁源巨贼李亚元的战役取得完胜，山贼一万数千人悉被官军擒斩，贼首李亚元亦被生擒。于是，吴桂芳趁着兵威，开始着手解决韦银豹的问题。当时，韦银豹占据古田，分其地为上、下里，“银豹两犯省城，独下四里人从之”。吴桂芳探知该情报，决定先分化瓦解韦银豹的势力，“遣典史廖元入上四里谕降诸獞，诸獞复业者一千九百余人”⑦。韦银豹势孤，又“因二源兵威（笔者按，指平定广东翁源、河源二县巨寇李亚元之事），

---

① 《明世宗实录》卷五四一，“嘉靖四十三年十二月丁酉”条。

② （清）谈迁：《国榷》卷六五，“嘉靖四十四年七月”条，第4014页。

③ 《明世宗实录》卷五六一，“嘉靖四十五年八月甲申”条。另，《明史》卷二一二《俞大猷传》、《罪唯录》卷一九《俞大猷传》均载此事。然对该役官军夺归的人数，《明世宗实录》说“夺归八万余人”，《明史·俞大猷传》亦言“夺还男妇八万余人”，恐误百为万。据时任兵部尚书杨博的奏疏，实为八百余人，故引用时据此改正。详见（明）杨博：《覆两广提督侍郎吴桂芳等剿平河源山寇疏》，载《杨襄毅公本兵疏议》卷一九，《续修四库全书》第477册。

④ 《明世宗实录》卷五六一，“嘉靖四十五年八月甲申”条。

⑤ （清）金鉷：《广西通志》卷九五《诸蛮·韦银豹》。

⑥ （清）李清馥：《闽中理学渊源考》卷六二《武襄俞虚江先生大猷》，四库全书本。

⑦ 《明世宗实录》卷五六二，“嘉靖四十五年九月戊戌”条。

惧征悔过，恳请县官，甘输国赋，开山通道，立堡纳兵，听抚效顺”①，向朝廷请降。至此，古田的“獞贼”问题得到暂时解决②。

此外，在吴桂芳的部署下，广东官军还擒斩了降而复叛、劫掠于东莞一带的王西桥③，剿杀英德等处山贼一千四百九十三级④，在肇庆府德庆州上下江一带“随山刊木，设立营堡”，使罗旁的瑶民不敢出掠为乱⑤。总之，吴桂芳在提督两广任上，基本上平定了两广的山贼、海寇等反叛势力，为两广的社会安宁作出了巨大贡献。正如方志所言，吴桂芳“在镇五年，诸逋逃稔恶皆谈笑荡定”⑥。

四、整饬防务

吴桂芳在讨倭平贼的过程中，根据两广面临的军事形势，对两广的海防、陆防进行了一系列的整饬，从而增强了两广的防务。

1. 增设广东海防佥事及海防参将

广东原设有海道副使一员，驻扎省城广州，专门负责整个广东的海防，兼理市舶（即朝贡贸易）。嘉靖四十三年（1564），大批倭寇自海上由闽入粤，侵犯广东潮、惠二府，海道副使因此“专备惠、潮，以市舶委之府县”。这样，惠州府以西至琼州的漫长海岸线上防务必然空虚。为此，吴桂芳向朝廷建议，“自东莞以西直抵琼州，属副使摄之，仍制番夷（市舶），而更设海防佥事，巡历东莞以东海丰、惠、潮等处，专御倭寇”⑦。这个建议随即获朝廷批准。显然，海防佥事的设立对增强广东的海防有着重要意义。海防佥事设立后，官军随后就在讨倭战争中获得海丰大捷，两年后又平定海寇吴平，可见其作用是明显的。

此外，吴桂芳还奏请添设了东莞南头海防参将，将粤东沿海分散的海防力量进行了整合。在粤东征讨倭寇的过程中，吴桂芳发现，粤东沿海一线原先设有南头、碣石、柘林三哨水兵，各哨分地防守，每哨只委指挥一员管督，而无将官专统。指挥官官卑权轻，号令不肃，以致兵无忌惮，致有柘林哨兵之变。为加强海

---

① （明）杨博：《覆两广提督侍郎吴桂芳等条议恢复古田县疏》，载《杨襄毅公本兵疏》卷一九，《续修四库全书》第477册，第568页。

② 按，至隆庆三年，广西巡抚殷正茂大征古田，擒斩黄朝猛、韦银豹，改古田县为永宁州，古田问题才最终解决。详见《广西通志》卷九五《诸蛮·韦银豹》。

③ 《明穆宗实录》卷八，“隆庆元年五月辛亥”条。

④ 《明穆宗实录》卷一九，“隆庆二年四月庚子”条。

⑤ 《明世宗实录》卷五四七，“嘉靖四十四年六月庚辰”条。

⑥ 宣统《高要县志》卷一五《职官二·宦绩·吴桂芳传》第六册，第10页。

⑦ 《明世宗实录》卷五三五，“嘉靖四十三年六月戊寅”条。

防，吴桂芳建议维新军政，“并三哨之兵而稍减其数，别选精于水陆战阵兵夫务足三千名……选谋勇指挥二员分管”，在二指挥之上，增设参将一员总领，“以威望素著熟于水战者充之，名曰督管广州潮惠等处海防参将”①。海防参将设立后，各哨官兵均受参将统领，分散的海防力量得以整合划一，号令不肃的局面大为改观，海防能力亦得到提升。

2. 复设柘林守备

柘林位于潮州府饶平县东南，与南澳岛隔海相望，历来是个海防要塞。嘉靖年间，朝廷曾在此设立过守备，嘉靖四十一年（1562）被移除，仅留下数百名水兵戍守。两年后，戍守柘林的水兵亦群起叛乱，柘林的防备更加空虚。嘉靖四十五年（1566）九月，海盗吴平余党林道乾等复窥南澳岛，海防形势趋于紧张。于是，朝廷在吴桂芳的建议下，“复设柘林守备，以澄海、潮阳二县水兵隶之，令往来南澳及河渡门等处备盗”②。史载，柘林守备“设指挥一员，官兵一千一百七十五名，兵船四十五”③，兵力阵容蔚为壮观，使粤东海防更加稳固。

3. 修筑广州外城

由于商贸的发展，至明朝嘉靖年间广州原有城市显得过于狭窄，无法容纳更多的商民。于是，商民们便在广州城外的西南面辏集成市，形成一个城外的大市场。然而，市场濒临大海，却无障蔽，若海寇来袭，无险可恃，商民必受重创。于是，吴桂芳提议修筑广州外城。在他的主持下，于嘉靖四十四年至四十五年间增筑了自西南角楼以及五羊驿，环绕至东南角楼的城墙，把商贾云集的濠畔街等地包括在内，称为外城。广州外城长 1 100 余丈，周 3 700 余丈，高 2. 8 丈，有九座城门，较旧城大为扩展④。而且，外城修好后，“自东往西，防御严密”，隆庆年间，海寇曾一本曾欲入犯广州，终被外城所阻，“民恃无恐，粤人思保障功，立祠祀之”⑤。广州外城的修建及防务的加强，为广州在明代后期成为我国南方的一大都会奠定了基础。

4. 复设广西总兵

广西原设有总兵官一员，与巡抚都御史两府并列，称为抚镇。后因故改设副总兵，只以都指挥使（正二品）充之，官职已轻；复添设抚夷道侵夺副总兵之

---

①（明）吴桂芳：《请设海防参将疏》，载《苍梧总督军门志》卷二四《奏疏二》，全国图书馆文献缩微复制中心 1991 年版，第 280 页。

②《明世宗实录》卷五六二，“嘉靖四十五年九月壬辰”条。

③（清）杜臻：《粤闽巡视纪略》卷三。

④ 参见蒋祖缘：《明代广东巡抚与两广总督的设置及其历史地位》，《广东社会科学》1999 年第 2 期。

⑤（清）郝玉麟：《广东通志》卷四〇《名宦志省总·总督·吴桂芳》。

权，副总兵只管桂林、平乐两府，不得兼制柳州、庆远，权轻位下，凡事辄受抚夷道牵制。副总兵因之遇事难有作为。长期以来，广西地方兵事不止，兵柄未专、将权过轻是体制方面的原因。吴桂芳在抚定古田"獞贼"韦银豹的过程中，深刻地体会到这一点。嘉靖四十五年（1566）九月，韦银豹受抚之后，吴桂芳上疏朝廷，认为"诸獞虽纳款，犬豕之性，难保其终，欲为地方长久之计，莫如稍重将权"①，建议"照依旧例复设总兵，或仍旧副总，加重职任，添选部兵，兼制柳、庆，守备、卫所应行征剿事宜，听其从便。现任副总兵门崇文近欠振扬，并拟降格，以示曲全"②。吴桂芳的建议随即被兵部采纳，副总兵门崇文被革职听调，改设总兵一员，加都督职衔（正一品），兼制柳、庆地方③。广西的防务体制自此重新划一，防务能力大为提升。数年之后，殷正茂得以擒斩韦银豹，彻底平定古田，这与吴桂芳复设广西总兵、划一防务体制是分不开的。所以，《广西通志》的修撰者认为，吴桂芳"设镇守广西总兵官，以都督同知俞大猷充之，后古田成功，与有力焉"④。《粤西文载》亦说，正因为吴桂芳奏设广西总兵，"后古田因得成功"⑤。

5. 开山伐木，营镇罗旁

德庆罗旁在今郁南县境内，"东界新兴，南接阳春，西抵郁林、岑溪，北尽长江，与肇庆、德庆、封川、梧州仅界一水，延袤千里，万山联络，皆猺人盘据"⑥。有明以来，罗旁瑶民凭借山江之险，时常为乱，朝廷曾多次围剿，但旋剿旋起，当时瑶民曾得意地说："官有万兵，我有万山，兵来我去，兵去我来。"⑦

嘉靖四十四年（1565）二月，罗旁下江山瑶作乱。瑶人沿江劫掠，过往官民时遭不测，作为两广咽喉的西江为之行旅阻塞。⑧ 官民咸请出兵大征，吴桂芳则认为瑶民"阻深箐而居，时出剽掠，有司每岁发卒戍之，费广力疲，无益实效"，征之徒劳无益。吴桂芳进而认为，瑶民敢于作乱，"所恃者独沿江茂林深箐"⑨，于是他向朝廷建议，"今一劳永逸之计，莫如聚兵召商，随山刊木，设立

---

① 《明世宗实录》卷五六二，"嘉靖四十五年九月壬辰"条。

② （明）杨博：《覆两广提督侍郎吴桂芳等条议恢复古田县疏》，载《杨襄毅公本兵疏议》卷一九，《续修四库全书》第477册，第569页。

③ 《明世宗实录》卷五六二，"嘉靖四十五年九月壬辰"条。

④ （清）金鉷：《广西通志》卷六七《名宦·吴桂芳》，四库全书本。

⑤ （清）汪森：《粤西文载》卷六五《传·名宦·吴桂芳》，四库全书本。

⑥ （明）刘尧诲重修：《苍梧总督军门志》卷二一《讨罪五》，第218页。

⑦ （明）刘尧诲重修：《苍梧总督军门志》卷二一《讨罪五》，第218页。

⑧ （清）郝玉麟：《广东通志》卷六《编年志》。

⑨ （明）刘尧诲重修：《苍梧总督军门志》卷二一《讨罪五》，第204页。

营堡，将就近田地给与戍兵耕种，以省给饷诸费，庶可扼其从出之涂，绝其潜伺之计，耕守既定，控制斯严，北岸营兵以次渐减，此足食足兵，治以不治之上策也”①。疏上，朝论韪之。于是，在吴桂芳的主持下，自南江口下至新村洚水一百二十里间，沿江开山伐木，各辟土深入十里，立营十所，每营以兵百名或二百名戍守。自此西江沿岸“旌旗相望，炮鼓相传，木拔道通，狐潜兔伏。于是，江道肃清，孤帆夜渡矣”②。吴桂芳的布防不仅使得罗旁一带“稍宁数年”，而且为后来万历初年两广总督凌云翼彻底平定罗旁瑶乱作了前期准备工作③。

五、迁总督府于肇庆

嘉靖四十三年（1564），刚任两广提督未及一年的吴桂芳把两广总督府从广西梧州迁到广东肇庆，开启了两广总督的新时代。此后，终明之世，两广总督府一直驻扎在肇庆，甚至明清易代亦未改变，直至清乾隆十一年（1746）才迁往广州。可见，吴桂芳的迁府之举影响深远，是两广尤其是肇庆历史上的大事。

然而，史籍对吴桂芳迁府于肇庆之事记载甚为简略，对于搬迁的原因亦只点到即止。明万历《肇庆府志》载：“嘉靖四十三年，督府始移肇庆。自成化来总督府设于梧州。嘉靖间吴桂芳分守岭西久，吴都御史遂以旧按行台建督抚行台移居之。是后皆居于此。”④ 又载，吴桂芳于嘉靖“甲子，总督两广，郡人喜其复临，鼓舞迎之。时东省军兴，开府于肇庆”⑤。清代两广总督阮元在《重建肇庆总督行台并题名碑记》中说：“嘉靖四十三年，总督吴桂芳因东事重于西事，始移驻肇庆，以行台为署，据各营劲兵，为兼顾之计，诚据形胜也。⑥ 清代《广东通志》所载稍加详细：

初，两广各置巡抚，成化五年以事权相左，置总督而罢广西巡抚。至是（按，指嘉靖四十三年）复设提督侍郎，吴桂芳始开府于肇庆。桂芳以开府梧

---

① 《明世宗实录》卷五四七，“嘉靖四十四年六月庚辰”条。

② （明）刘尧诲重修：《苍梧总督军门志》卷二一《讨罪五》，第204页。

③ 参见颜广文：《明代两广总督府的设立及对粤西的经略》，《学术研究》1997年第4期。

④ （明）叶春及：明万历《肇庆府志》卷一《郡事纪》，肇庆端州图书馆影印上海图书馆藏本，第25页。

⑤ （明）叶春及：明万历《肇庆府志》卷一八《名宦传二》，肇庆端州图书馆影印上海图书馆藏本，第224页。

⑥ （清）阮元：《揅经室集续集》集二《重建肇庆总督行台并题名碑记》，四部丛刊本。

州，惠潮山海寇时发，相去二千里，文檄往来征调为难，乃徙于肇庆[①]。

上述史籍表明，吴桂芳于嘉靖四十三年将两广总督府移驻肇庆，以原来的总督行台作为衙署。至于迁移的原因，万历《肇庆府志》说是"东省军兴"，阮元则说"因东事重于西事"，均很含糊，唯《广东通志》所记较详细，是因当时粤东惠州、潮州山海寇时发，而总督府远在梧州，"相去二千里，文檄往来征调为难，乃徙于肇庆"。

其实，《广东通志》所说的原因只是一个诱因。两广总督府在嘉靖四十三年从广西梧州迁到广东肇庆，并不是历史的偶然，它与成化以来两广军事形势的变迁及肇庆的地理位置有着必然联系。这就要从两广总督的设置开始说起。

两广总督之设，源于景泰三年（1452）的广西"浔、梧瑶乱"。瑶乱发生后，广东总兵董兴与广西总兵武毅相互推诿不任事，兵部尚书于谦"请以翁信、陈旺易之，而特遣一大臣督军务，乃以命（王）翱。两广有总督自翱始"[②]。但此时的两广总督并非常设，至天顺元年（1456），两广总督就被裁撤。至成化初，韩雍平定广西大藤峡瑶乱后，为便于协调两广军政事宜，复设两广总督，以韩雍充任。成化五年（1469），韩雍开府于梧州，次年四月始建总督府于府城东北面，成化七年六月总督府正式落成。[③] 至此，两广总督成为定制，总督府则自此时至嘉靖后期的近百年间一直驻扎在梧州，梧州因之成为天下雄镇。

两广总督府之所以驻扎在梧州，主要在于当时军事防务的重点是在瑶乱不断的广西而非广东，朝廷的当务之急是要镇压广西境内的瑶族、壮族人民的反抗，防止浔州、梧州二府的瑶族反叛势力进入广东的雷（州）、廉（州）、高（州）、肇（庆）地区。由于梧州地处广西境内，离广东的省会广州有千里之遥，两广总督处理广西的事务非常方便，但对于广东的事务只能遥制，甚为不便。所以，韩雍在开府梧州之后，又在肇庆设立两广总督的行台[④]，后来广州亦有总督行台之设[⑤]。

自嘉靖中期以来，两广的防务形势开始发生变化。广西的瑶乱经成化以来的大规模征剿后声势日弱，而广东境内的瑶乱、黎乱、山贼、海寇等此起彼伏，日

---

① （清）郝玉麟：《广东通志》卷六《编年志》。

② （清）张廷玉等：《明史》卷一七七《王翱传》，第4702页。

③ （明）韩雍：《开设总府记》，载《苍梧总督军门志》卷二八《碑文》，第357页。

④ 按，光绪二年《肇庆府志》卷一二《职官二·明》引邹光祚《高要县志》云："肇两粤扼塞，嵚然巨镇，自韩襄毅公开行府而文武僚属协然盛矣。"可知，肇庆的督抚行台乃为韩雍所开。

⑤ （清）阮元：《重建肇庆总督行台并题名碑记》云："两广总督若明韩雍、王守仁皆驻兵广西梧州，而广东肇庆、广州皆有行台"，载《揅经室集续集》集二，四部丛刊本。

益猖獗，两广总督的防务重点逐渐转移到了广东。尤其是嘉靖后期，浙闽沿海一带的倭寇在戚继光等人的打击下纷纷逃向粤东潮、惠二府。这些倭寇动辄数万人，往往与当地的山贼、海盗相互勾结。他们攻占县城，烧毁民宅，杀戮官民，抢夺财物，奸淫妇女，无恶不作，气焰十分嚣张。粤东形势更加严峻，成为两广总督的燃眉之急。当时的两广总督张臬就是因为没能处理好粤东的防务问题而被劾罢官。

嘉靖四十二年九月，刚被任命为总理河道，还未来得及履新的吴桂芳突然被调往两广，改任两广提督。三个月后，吴桂芳抵达梧州两广总督府履任。他在梧州仅待了二十天，便率属东向，前往粤东潮、惠二府指挥讨倭平贼的战事。[①] 在粤东讨倭平贼的过程中，吴桂芳深刻地体会到，总督府远在广西梧州，与当前两广军事防务广东重于广西的形势不相协调。于是，吴桂芳决定把总督府东移至肇庆。

吴桂芳之所以把肇庆作为两广总督的新驻地，主要是基于两方面的考虑。其一，肇庆“襟五岭，带三江，绾两粤咽喉，为东南扼要之地”[②]，地理位置十分优越。当时两广防务的新形势要求两广总督需将防务的重点放在广东，但同时要兼顾广西。肇庆在广东境内，地处西江中游，顺流而下可直抵省会广州，逆流而上可直达广西梧州，正好符合两广防务新形势的要求。正如明人林大春所言，总督府东移肇庆后，“俨然与苍梧旧镇角立而峙。即西省有事，直鼓行而西耳。假令东省诸郡有不虞，亦可以传檄而至。自不至于偏重遥制之患”[③]。其二，自韩雍以来，肇庆不仅一直是两广总督府的行台所在，而且因两广总督府驻梧州“去岭东郡甚远，地属炎荒，暑气为烈，故自先朝以来，先辈督府诸公往往以夏月移镇端州，名曰避暑，而实以城彼东方也”[④]。端州即肇庆府城的驻地。可见，总督府在移驻肇庆之前，两广总督们常在夏季移驻肇庆行台办公，名为避暑，实为以肇庆为基地，加强对广东的控制。因此，肇庆作为两广总督的驻地有着良好的历史及政治基础。此外，吴桂芳早年任广东参政分守岭西道时，舍省城广州而定居肇庆，期间深受肇庆官民的拥戴，以至于他任两广提督重回肇庆时，“郡人喜其复临，鼓舞迎之”[⑤]。吴桂芳曾在肇庆为官，对肇庆既熟悉又有民众基础，这

---

① 史载：吴桂芳“莅苍梧甫二旬，即躬董师东向”。见刘尧诲《苍梧总督军门志》卷二一《讨罪五》，第203页。

② （清）珠尔杭阿：《重修肇庆府志序》，载光绪《肇庆府志》卷首，肇庆端州图书馆藏本。

③ （明）林大春：《改建端州督抚行台碑》，载《苍梧总督军门志》卷二八《碑文》，第373页。

④ （明）林大春：《改建端州督抚行台碑》，载《苍梧总督军门志》卷二八《碑文》，第373页。

⑤ （明）叶春及：明万历《肇庆府志》卷一八《名宦传二·吴桂芳》，肇庆端州图书馆影印上海图书馆藏本，第224页。

对于他决定将总督府迁到肇庆亦当有一定的影响。

吴桂芳把总督府迁到肇庆之时，正值讨倭平贼军情吃紧之际，未来得及大兴土木，修建一座像梧州总府那样雄伟壮观的总督衙门，而是因陋就简，对原有的总督行台衙署稍作修葺。改建后的总督府甚为简陋，仅“正堂五间，穿廊一间，后堂五间，左右各为耳房，堂西衙二列各五间”①，规制远逊于梧州总府。如此简陋的建筑显然与作为镇守两广的总督衙门的地位是不相称的。当时吴桂芳也意识到，如此规制“非所以重军旅、肃夷夏之具瞻也”，想待事宁之后进行重建。然“方议修建，会迁去，不果”。好在吴桂芳的继任者们终将其未竟之业逐步完成。十余年后，两广总督凌云翼“乃始创建后堂及东西二楼，稍拓门前衢路而增饰之，亦足称大观，而制尤未备”；至万历七年，总督刘尧诲重建总督衙门，历时半载而成。新的总督府“堂寝、门庭、廊庑、轩墀之属，高耸深闳，弘敞壮丽，巍然为一方巨制”，“俨然与苍梧旧镇角立而峙”。② 至此，肇庆总督府衙亦巍然壮观，足与梧州总府相媲美，与总督的地位亦相称。

吴桂芳适应两广军事局势的变化，将两广总督府东移肇庆，对提高两广的军事防卫水平和平定两广的反叛势力具有重要意义。此后，两广总督们坐镇肇庆，相继平定了长期困扰两广的夙孽。隆庆三年（1569），总督李迁与广西巡抚殷正茂大征广西古田，擒斩韦银豹，改古田县为永宁州，自景泰以来为害不止的“古田之乱”彻底平定。③ 万历三年（1575），总督凌云翼以大军20万大征广东德庆罗旁瑶乱，“克巢五百六十，俘斩、招降四万二千八百余人”，“改泷水县为罗定州”，自成化以来为乱不息的罗旁瑶乱“积患顿息”④。此外，广东的海盗头目如曾一本、林道乾、林凤等在隆庆至万历初年相继被讨平。至万历五年（1577），“岭表悉定”⑤，此后一直到明末，两广社会较为安宁，未再出现大的动乱。这与吴桂芳迁总督府于肇庆是分不开的。

吴桂芳将两广总督府迁至肇庆，对肇庆的积极影响更是不可估量。两广总督总领两广文武之政，两省“将官并三司官悉听节制”⑥。吴桂芳将总督府东移肇庆，实际上就将两广的政治、军事中心迁到了肇庆。肇庆的地位因之骤然提高，

① （明）叶春及：明万历《肇庆府志》卷一〇《建置志》。

② （明）林大春：《改建端州督抚行台碑》，载《苍梧总督军门志》卷二八《碑文》，第373页。按，前面引文未注明出处者均出此。

③ （清）张廷玉等：《明史》卷二二二《殷正茂传》，第5859页。

④ （清）张廷玉等：《明史》卷二二二《凌云翼传》，第5861页。

⑤ （清）张廷玉等：《明史》卷二二二《凌云翼传》，第5861页。

⑥ （明）申时行等：万历重修《明会典》卷二〇九《都察院·督抚建置》，北京：中华书局1989年版，第1040页。

一下跃居省会广州之上，这在肇庆历史上还是第一次。由于总督驻扎于此，广东、广西两省的藩臬大僚不时要来肇庆请示汇报，总督们的亲朋好友、门生故吏及文人墨客等亦不时来肇庆相会，两广重大的官方庆典活动也多在肇庆举行，甚至被誉为“沟通中西文化第一人”的西方传教士利玛窦也要将肇庆作为来华传教的第一站，肇庆因此人气大增、风气大开。此外，两广总督控制的财力、物力等资源更是源源不断地从两广各地输往肇庆。肇庆因此迎来了有史以来最好的发展机遇。从此，肇庆在政治、军事、经济、文化诸方面开始有了长足的发展。至万历十年（1582）前后，在不到二十年的时间内，肇庆已发展成粤西重镇，城市规模十分壮观。据当时西方传教士的描述，肇庆府城“完全被高厚的城垣所围绕，在城垣以内，尽是堂皇宽阔的房屋，道路是非常之优美，不但是宽阔、远长，而且是笔直，从街的这一端可以看清在街的那一端的行人。到处是五光十色的美丽的牌坊，它们的距离，都是按照由风俗习惯而规定的长度。在每座城门上面，有一处极雄健的炮楼，围绕着城垣的四周，有一条深湛的小河，时常有炮船或军舰在其中巡逻。护城河的深度是这样的高强，就是最大的炮舰，也能靠近城垣的身边”①。

六、修学宫培养人才，移风俗造福百姓

吴桂芳任两广提督期间，尽管大部分时间都忙于讨倭平贼的兵戎之事，但他对两广的文教事业及百姓民生亦十分关注。吴桂芳科甲出身，又曾担任过主管一省教育的山东提学副使，故对文教事业情有独钟。嘉靖三十六年（1557），他任广东右参政分守岭西道时，就以作养人才为己任，在肇庆的崧台书院亲自讲学，督促学生学习，积极推动当地文教事业的发展。任两广提督后，他对文教事业的支持更是不遗余力。他筹集经费，主持修葺肇庆学宫，修建尊经阁，创建仰湖书院。此外，他还亲自讲学，一有闲暇，就召集肇庆府学的生员到总督府里听其讲学。哪怕总督府里的官员们仍在办公，他也毫不顾及，照讲不误，秩序井然。由于他重视教育，爱惜人才，当地的读书人对吴桂芳十分敬重，吴桂芳两广提督任满离开肇庆之时，“门人诸生送三百里”，随后还为之立祠②。

嘉靖四十四年（1565）、四十五年（1566）六月，梧州城外的民居连续两个夏天发生重大火灾，成片的民宅化为灰烬，灾民流离失所。因灾情严重，广西

① ［法］裴化行著，肖浚华译：《天主教十六世纪在华传教志》下编第四章，上海：商务印书馆1936年版。

② （明）叶春及：万历《肇庆府志》卷一八《名宦传二·吴桂芳》，第244页。

藩、臬二司及梧州府的官员如坐针毡，急忙向两广提督吴桂芳通报情况，并作自我检讨。官员们认为火灾的出现是由于他们为官失职，招致天谴所致，进而向吴桂芳请求，要求全省的官员做自我反省，以回天意，以消灾难。随后，他们开仓赈济灾民，并在惶恐中等待吴桂芳的处罚。当时，吴桂芳正在指挥军队围剿盘踞广东河源、翁源二县的李亚元。文书送达时，他正在军中劳师。一看到灾情通报，吴桂芳不禁停食泪下，说道："我因东境兵事缠身，而抛下西镇黎民之忧，虽然广西的官员们自己引咎，说来还是我不曾预作筹划，又如何责备他们呢!"于是，同意让广西全省官员做自我反省，以回天意的请求。但吴桂芳并不迷信，认为火灾并非源于天谴，而是当地百姓的居住习俗所致。

他分析道："（火灾的发生）不于秋冬而于盛夏，此非必皆天灾也，其居使之然也。夫沧海之舟，雪山之骑，昏夜索火，必无与者。使童子操竹而磋之，则其火立至。由此观之，竹以致火，亦明验也。而梧之民，乃往往拆竹为椽，编竹为户，上栋下宇，匪竹莫须。环城远近，鳞次而居，井灶相续，寝爨其中，日气下暴，地气上蒸，欲求无火，不可得已。故火之起，自屋脊也。实暑盛竹热极之所致，而反为天灾，不亦误乎！"于是，他决定移风易俗，要梧州的百姓弃竹屋而盖瓦房，以消除火患。他传令梧州官员，"其令民自今皆易竹庐为瓦屋。力不足者，官为赀给助之能，以义昌为。凡民先者，旌之；有不如令者，罚之；甚者，藉以地而墟之。于是乃发窑，戍千人，命中军监制砖瓦，凡累数十巨万，恣贫民所易取。令藩、臬使者以意行之。行之郡县五阅月而镇城内外居民无敢复为竹舍矣"。在吴桂芳的极力推动下，梧州的百姓全部改筑瓦房，从而改变了千百年来以竹为庐的习俗。从此，梧州的火灾大为减少，百姓因此受益无穷。

当年秋天，吴桂芳平定李亚元之后，正准备回到梧州，想看看百姓改建的瓦房，但因朝廷升任吴桂芳为南京兵部侍郎的诏书已到，吴桂芳必须即刻起程赴任。这样，他未能看一眼他在梧州的功绩，就匆匆离开两广赴南京而去。梧州官民闻讯，"争赴郡，请记其事，曰：公之惠我西人者亦多矣，靡得而悉记也；不动声色而遗我西人百世之安者亦大矣，不可得而闻也"。最终，由时任广西按察司佥事的林大春写下了这篇《肇造全镇民居碑》，以歌颂吴桂芳的不朽功绩。其辞曰：

于皇我明，德覆六合，翼翼苍梧，雄镇是作。宛彼江流，宾旅杂沓，民亦繁止，修篁是托。四月为夏，六月徂暑，连衽成帷，挥汗成雨。炎蒸载临，烈焰为灾，使者陈辞，爰告我哀。吴公曰咨，咨尔群黎，祸匪自天，厥迁自贻。我图尔居，陶瓦攸宜，曰止曰时，筑室于兹。乃资尔财，乃佐尔力，庶无后难，以永今夕。百工趋事，庶僚祗式，二劳暂费，其究安宅。于惟我公，泽并鸿钧，潜消点运，大造我民。御灾捍患，户祝户陈，君子万年，正是国人。粤稽史籍，伊谁配矣？夏禹不作，民鱼鳖矣，齐微管仲，吾左衽矣。方公之功，谁今古矣？千载穷碑，毕汉水矣。①

（注：本文曾刊载于《明史研究》第十二辑，黄山书社 2012 年 5 月版）

① （明）林大春：《肇造全镇民居碑》，载《粤西文载》卷四四《碑文》，四库全书本。按，前面引文未出注者均出此。